高等院校通识教育
规 划 教 材

新时代大学生必备法律知识

吴汶燕　袁泉　刘丽霞 ◎ 编著

中国传媒大学出版社
·北京·

图书在版编目（CIP）数据

新时代大学生必备法律知识 / 吴汶燕，袁泉，刘丽霞编著. -- 北京：中国传媒大学出版社，2022.9
ISBN 978-7-5657-3299-7

Ⅰ. ①新… Ⅱ. ①吴… ②袁… ③刘… Ⅲ. ①法律—中国—高等学校—教材 Ⅳ. ①D92

中国版本图书馆 CIP 数据核字（2022）第 177509 号

新时代大学生必备法律知识
XINSHIDAI DAXUESHENG BIBEI FALV ZHISHI

编　　著	吴汶燕　袁　泉　刘丽霞
策划编辑	曾婧娴
责任编辑	曾婧娴
责任印制	李志鹏
封面设计	拓美设计

出版发行	中国传媒大学出版社		
社　　址	北京市朝阳区定福庄东街 1 号	**邮　　编**	100024
电　　话	86-10-65450528　65450532	**传　　真**	65779405
网　　址	http://cucp.cuc.edu.cn		
经　　销	全国新华书店		

印　　刷	北京中科印刷有限公司
开　　本	787mm × 1092mm　1/16
印　　张	16.25
字　　数	376 千字
版　　次	2022 年 9 月第 1 版
印　　次	2022 年 9 月第 1 次印刷

书　　号	ISBN 978-7-5657-3299-7/D・3299	**定　　价**	58.00 元

本社法律顾问：北京嘉润律师事务所　郭建平

引　言 FOREWORD

加强大学生法治教育是高等学校人才培养的重要责任，培养和提高大学生法律信仰与法治意识、保证大学生健康成才，是社会主义建设者和接班人的基本素养。新时代的大学生要坚持德法兼修、明法笃行，打牢法治知识功底，加强道德养成，培养法治精神，做社会主义法治的自觉遵守者、坚定捍卫者。

本书是高等院校思想道德修养与法律基础课程的配套教材，涵盖了习近平法治思想概述、宪法、民法、刑法、经济法、行政法等不同法律部门的基础内容，可以满足对在校大学生普及法律基本知识的需要，有利于帮助大学生掌握基础的法学理论知识，培养法律思维、行为方式，做好法制宣传教育，积极推动大学生法律意识的提高。

本书主要具备以下特点。首先，准确地把握了思想道德与法治课程的定位，注意与思政教材的衔接。根据大学生身心发展特点，将道德、法治教育与学生的生活经验相结合，设计、编写富有实用性的内容，引导学生形成知法、懂法、用法，培养和发展学生的社会责任感，家国情怀等思想道德素养。其次，重视社会主义核心价值观和法治教育，在整体设计上进行了较为系统的思考和安排。教材既关注道德教育与法治教育的各自特点，又关注两者的关联性，在融入和呈现方式上进行了有益的探索。再次，本书选择大学生关心的、具有教育意义的现实问题和典型事例作为素材，引导学生在真实的生活情境中学习，将对矛盾冲突的认识、辨析作为道德价值观形成与发展的必要环节和重要过程。教材生动活泼，又具有一定的深度。最后，本书内容精练，专业特色鲜明。对课程体系进行科学设计，整体优化，针对性强，重点选择与大学生日常学习生活密切相关的法律内容进行论述。

本书编写组成员包括吴汶燕、袁泉、刘丽霞、徐磊、蔡丽辉、胡海春、吕林、陈晓敏、侯琨鹏、杜东杰、郑帅、郭恩泽、高一宁、李邢琪、李军、李享、洪青等，均是从事法学专业教学研究的教师。本书内容源自编写组成员的专业研究心得和教学经验总结，是大家集体智慧的结晶。由于作者水平所限，本书难免存在疏漏之处，恳请读者批评、指正。

编　者

2022 年 7 月

目 录 CONTENTS

第一章　习近平法治思想概述

◆ 本章要点

1. 习近平法治思想的重大意义
2. 习近平法治思想的核心要义
3. 社会主义核心价值观融入法治建设
4. 社会主义核心价值观

第一节　习近平法治思想的重大意义

关键术语

习近平法治思想，是中国特色社会主义法治创新发展的最新成果，形成了内因完备、结构完整、核心清晰、理论特色鲜明的科学理论体系。依法治国是全面深化改革、完善和发展中国特色社会主义制度，提高党的执政能力和执政水平的必然要求。

一、习近平法治思想的政治意义

（一）坚定政治方向

改革开放后，国内一直存在着一些质疑中国特色社会主义、进而否定我国法治建设的声音。习近平法治思想就为什么要依法治国、要走什么样的法治之路以及怎样建设法治中国等重大问题做了深入阐述，提出中国特色社会主义法治道路的有力概念，凸显中国特色社会主义法治的巨大优势，以其原创性贡献为全面推进依法治国、坚持和发展中国特色社会主义起到了铸魂定向的政治作用，带领全党全国在各种思潮中站稳立场，不为任何错误声音所干扰，确保中国特色社会主义法治沿着正确方向前进。

（二）增强法治自信

自信是一种积极健康的态度，是一种向上进取的意识，也是一种富有生机的能量。一个政党、一个国家、一个民族，只有拥有坚定的自信，才能获得强大的内在动力，乘风破浪、攻坚克难。然而，自信也有虚假的自信和真实的自信之分。只有真实的、现实的自信才能给人们提供持久的、深厚的、强大的精神动力，并转化为人们自觉的、主动的、积极的行动。虚假的、想象的自信虽然在一定时期内有着一定的激励作用，但是泡沫被戳破之后结局只会是失败和痛苦。中国特色社会主义自信、中国特色社会主义法治自信不是虚假的自信，而是建立在现实基础之上的、真实的自信。①

二、习近平法治思想的理论意义

（一）引领哲学社会科学发展

习近平法治思想引领着我国哲学社会科学的发展。只会鹦鹉学舌、照猫画虎，没有自主思考和原创探索，中国特色哲学社会科学不仅永远无法自成一脉，而且无法有效地解决当代中国法治建设中出现的各种实际问题。毛泽东说："我们中国人必须用我们自己的头脑进行思考，并决定什么东西能在我们自己的土壤里生长起来。" ② 当代中国的法治建设，不是简单延续我国古代法制史的母版，不是简单套用马克思主义经典作家设想的模板，也不是西方资本主义法治模式的翻版，没有现成的指南。习近平法治思想的原创性贡献体现着知识创新、理论创新、方法创新，贯穿着历史思维、辩证思维、系统思维，对认识及解决当前中国的法治矛盾起到了具有针对性和操作性的方法论层面上的启示。

（二）推进法学三大体系建设

习近平法治思想通过对法治文明新材料、新元素的理论挖掘，对法治实践新经验、新智慧的专业提炼，产出了一系列概念范畴严谨、命题判断严整、结构体系严密的学术成果，在解读中国实践、构建中国理论上发出最强音，引领着中国特色法学学科体系、中国特色法学学术体系和中国特色法学话语体系的建设和创新，让世界看到我国哲学社会科学独树一帜的中国特色、中国风格、中国气派。

三、习近平法治思想的实践意义

（一）解决中国问题

建设中国特色社会主义法治是一项前无古人的开创性事业，是一个在理论与实践上不断探索的过程。当前，我国已进入新的发展阶段，前进道路上新情况、新问题、新矛盾不断涌现。在法治建设中，不少领导干部都不同程度地存在着"新办法不会用、老办法不管用、硬办法不敢用、软办法不顶用"的无奈窘境，不仅不能做好法治工作，而且有落后于时代的危险。全党全国当前面临的一个重要课题，就是如何正确认识和妥善处理我国法治建设发展中不断出现的新情况新问题。要认识好、解决好各种问题，唯一的途径就是增强自身本领，克服新时期的"本领恐慌"，而学习先进理论就是增强本领的重要途径。习近平法治思想的原创性贡献增强了法治工作的科学性、预见性、主动性，

---

① 习近平．深入实施新时代人才强国战略 加快建设世界重要人才中心和创新高地［J］．求是，2021（24）：4–15.
② 中共中央文献研究室．毛泽东思想年编：一九二一～一九七五［M］．北京：中央文献出版社，2011：393.

体现时代性、把握规律性、富于创造性，有助于克服本领不足、本领恐慌、本领落后的问题，避免陷入少知而迷、不知而盲、无知而乱的困境。①

（二）贡献中国方案

习近平作为习近平法治思想的创立者和主要贡献者，在依法治县、依法治市、依法治省、依法治国、全面依法治国的实践过程中积累了丰富经验，在县域、市域、省域、国域不同层面的法治规律上形成了科学认识，做出了许多立时代之潮头、发时代之先声的原创性贡献。习近平法治思想既看局部又看全局，在全面客观分析的基础上，努力揭示我国法治建设发展、世界法治文明发展的大逻辑大趋势，提出解决人类问题的中国方案。

四、习近平法治思想的世界意义

作为一种新型法治文明，习近平法治思想的原创性贡献在接力探索数千年中华传统法律文化和推进建设社会主义法治强国的基础上积累了一大批凝聚着中国智慧的本土法治实践经验和制度元素，在世界法治文明中独具一格。习近平法治思想的原创性贡献不仅是中国的，而且是世界的。在习近平“共同推动国际关系法治化”的法治思想指导下，我国统筹国内法治和涉外法治有助于在法治层面助推人类命运共同体构建、实现全球治理体系的良法善治，为法治滞后国家走向法治现代化提供了中国的法治智慧。“橘生淮南则为橘，生于淮北则为枳。”不少发展中国家就因为盲目移植西方法治模式，而陷入水土不服的发展困境。习近平法治思想的原创性贡献不仅解决了中国的法治现代化问题，还冲击了在世界范围内长期处于垄断地位的西方法治模式，颠覆了惯以西方法治文明为“圭臬”衡量其他国家法治实践的狭隘认知②，让世界发现除了英美法系和大陆法系以外，还有另一种全新的、充满活力的法系的可能。习近平法治思想的原创性贡献围绕我国和世界发展面临的重大问题，提出能够体现中国立场、中国智慧、中国价值的法治方案，不仅让世界知道“舌尖上的中国”，还让世界知道“理论中的中国”“哲学社会科学中的中国”“法治建设中的中国”“为人类法治文明做贡献的中国”。

案例精选

全面依法治国贯彻和落实党的十九大精神，加强依法治国是领导的需求。党的十八大以来，以习近平总书记为核心的党中央一直在将依法治国的战略布局层层深入，将依法治国推进也是协调推进中国特色社会主义法治体系和社会主义法治国家建设的需求。习近平总书记在会议上强调指出了法治建设是为了人民，依靠人民，保护人民。把社会主义公平正义作为法治价值追求，努力地让人民群众感受到公平正义。

---

① 习近平．在中央党校建校 80 周年庆祝大会暨 2013 年春季学期开学典礼上的讲话［N］．人民日报，2013-03-03（002）．

② 张奇．习近平法治思想的理论渊源、基本特征与重要意义［J］．思想教育研究，2021（01）：20-25.

让人民生活在这片土地上能够有安全感，有保障。依法治国的策略是体现了人民所需，切实地维护了人民的利益。

【案例解析】公平正义是法治的基本生命线。在推进依法治国的过程当中，要让人民群众切实地感受到公平正义的存在。对那些试图用金钱来破坏公平正义的现象要及时地打击和给予解决。很多人认为，在现代社会，公平正义只是骗小孩子的话。不管是在学校还是以后走上社会，在工作岗位上，任何情况下公平正义都是不存在的，或多或少都会与金钱挂上钩。其实这样的社会现象也是依法治国推进过程中出现的问题。国家政府和相关的单位都在积极地改善当中，为了建设中国特色社会主义法治国家，必须要将法治建设的步伐走得铿锵有力、掷地有声。谁如果触碰了法律的底线，就一定会遭到惩罚。并且对于那些想要用钱解决一切问题的人，及时地让他们放弃这些念想。扫黑除恶专项斗争，为人民群众营造安宁、和谐的社会环境。让人们去相信世界是公平正义的，有人会为人民撑腰，会为百姓撑腰。真正提升群众对法治建设的满意度，增添美好生活的幸福感、安全感，实现人民的安居乐业。

从古至今，道路问题至关重要。沿着什么样的法治道路前进，直接关系到社会主义法治建设的成败。如果脱离本国实际照抄照搬别国的法治模式，就会对经济社会发展产生消极作用。现实世界中，有的国家就是因为简单照抄照搬别国的法治模式，结果不但没有实现善治，反而增加了社会不稳定因素。法治是现代国家治理的基本特征和根本保障，任何一个国家进行法治建设，都必须探索适合自己的法治道路。习近平法治思想从历史和现实相贯通、理论和实际相结合深刻回答了新时代为什么实行全面依法治国、怎样实行全面依法治国等一系列重大问题，强调从我国革命、建设、改革的实践中探索适合自己的法治道路，提出全面依法治国的基本框架和总体布局。在坚定不移地走中国特色社会主义道路中，我们必须旗帜鲜明、正本清源，不断增强探索适合自身法治道路的自信和决心。

✧ 思考与研讨题

1. 习近平法治思想的主要意义是什么？
2. 习近平法治思想的理论来源是什么？
3. 习近平法治思想坚持全面依法治国的意义是什么？

第二节　习近平法治思想的核心要义

关键术语

全面依法治国，党的十八大提出要全面推进依法治国。在中央全面依法治国委员会第一次会议上，习近平指出："党的十八大以来，我们提出一系列全面依法治国新理念新思想新战略。这次会议对全面依法治国内涵进行了比较系统完备的阐述，使得我们对全面依法治国有了更加明确的认识。"

一、坚持党对全面依法治国的领导

中国特色社会主义最本质的特征、中国特色社会主义制度的最大优势是中国共产党的领导。古语云"六合同风，九州共贯"，在当代中国，只有坚持党的领导，才能实现这种局面。党是中国特色社会主义道路的领航员，党的领导是党和国家事业不断发展的"定海神针"，是社会主义法治的根本保证。党的领导是中国特色社会主义法治之魂，是我们的法治同西方资本主义国家的法治最大的区别，[①]并对此做出了深入阐述：首先，党的领导和中国特色社会主义法治是一致的，[②]党的领导和中国特色社会主义法治都坚持以人民为中心。其次，中国特色社会主义法治必须坚持党的领导，党的领导是中国特色社会主义法治的根本保证和根本要求。[③]是我们党提出依法治国，也是我们党提出把依法治国上升为党领导人民治理国家的基本方略，而且我们党一直带领人民在实践中推进依法治国。[④]最后，党的领导必须依靠中国特色社会主义法治，中国特色社会主义法治是我们党执政兴国的关键。一个现代化的国家，必然是法治国家；一个现代化的政党，必然是依法执政的政党。全面推进依法治国是事关我们党执政兴国的全局性问题和重大战略问题。

二、坚持以人民为中心

全面依法治国最广泛、最深厚的基础是人民，必须坚持为了人民、依靠人民。[⑤]坚持以人民为中心体现了习近平法治思想鲜明的政治属性、深邃的历史智慧、深厚的实践基础。坚持以人民为中心就是要从根本上保障人民当家做主，把保障人民权益贯穿在法

---

① 中共中央文献研究室．习近平关于全面依法治国论述摘编［M］．北京：中央文献出版社，2015：35.

② 习近平．关于《中共中央关于全面推进依法治国若干重大问题的决定》的说明［N］．人民日报，2014-10-29（002）.

③ 习近平．关于《中共中央关于全面推进依法治国若干重大问题的决定》的说明［N］．人民日报，2014-10-29（002）.

④ 习近平．加快建设社会主义法治国家［J］．求是，2015（01）：3-8.

⑤ 习近平．论坚持全面依法治国［M］．北京：中央文献出版社，2020：2.

治建设各个方面，让法治成为全民普遍共识和行为自觉，努力让人民群众在每一项法律制度、每一个执法决定、每一宗司法案件中都感受到公平正义。全面推进依法治国是以实现和保障广大人民群众的切身利益作为根本出发点，也是调动广大人民参与法治建设的动力源泉。一方面，坚持党的领导、推进依法治国都是为了人民利益得到切实维护，在法治运行中维护了人民权益及社会的公平正义。另一方面，我们党的根本政治立场是由人民的历史主体地位决定的，让人民根本权益在公正司法中得到维护。依法治国是治国的基本方式。可以从以下两方面加以理解。首先，我国宪法确认了党的领导地位和依法执政的依据。在此基础上把党的领导同法治运行的各个领域有机结合起来，切实做到党领导下保障司法公正和人民权益、带头遵守法律。其次，坚持依法治国、依规治党相统一，通过依法治国提升广大党员干部遵规守法意识，提高党的执政能力，从而使社会主义法治的人民性得到真正体现，人民当家做主的民主本质得到彰显。

三、坚持中国特色社会主义法治道路

道路决定命运和前途，坚持走中国特色社会主义法治道路，是由我国社会主义制度决定的，是我们党总结社会主义法治建设正反两方面经验和教训得出的根本结论，是正确的道路，我们不能照搬别国模式和做法，决不走西方所谓“宪政”“三权鼎立”“司法独立”的路子。推进全面依法治国，深刻把握中国特色社会主义法治理论与依法治国显得尤为重要。加强全面依法治国的贯彻落实，是国泰安邦、民族复兴、中国特色社会主义发展的强大保障。科学的理论指导对实践有促进作用，理论之所以具有科学性，首要的标准就是以实践为根据，从实践中来，又能经得起实践的检验。同时理论必须吸收人类的文明精华，体现人类共性成果的历史继承性。最后理论要保持生命力必须要具备一定的开放发展性，能够与实践同频共振、与时俱进。中国特色社会主义法治理论是法治工作新的实践，紧紧围绕全面依法治国的重大认识和实践问题，以崭新的视野拓展加深对新时代法治建设的认识，形成了一系列新观点新命题，具有实践性、科学性的鲜明特征，是建设社会主义法治国家的强大思想武器。

四、坚持依宪治国、依宪执政

宪法是我国的根本大法，是治国安邦的总章程，是党和人民意志的集中体现。坚持依宪治国、依宪执政，是我们党在中国革命、建设、改革的实践中得出的重要结论，是推进全面依法治国的迫切需要。全国各族人民、一切国家机关和武装力量、各政党和各社会团体、各企事业组织，都必须以宪法为根本的活动准则[①]。要坚持宪法确定的中国共产党的领导地位、人民民主专政的国体、人民代表大会制度的政体不动摇。党在领导全面推进依法治国的过程中要将依宪治国放在第一位。其中，宪法在我国法律中具有根本大法的地位。另外，党领导全面依法治国的范围不断扩大。没有任何领域可以置身于法治之外，不管是在政治、经济、社会、文化和生态领域，还是党内生活、国防事业、军

---

① 习近平．论坚持全面依法治国［M］．北京：中央文献出版社，2020：3.

队建设和涉外法律工作等各方面，党都需要加强其法治化建设。在运用依法执政的方式时要注重依宪执政。宪法的修改、宪法宣誓制度的建立、国家宪法日的设立等一系列措施有利于全面加强宪法的实施和监督。依宪执政是党通过国家宪法和法律限制国家权力的行使，保障人民群众的合法权益。党坚持依宪执政是指党在治理国家时带头尊重宪法的权威性和维护宪法的尊严，带领人民积极实施宪法，领导人民加强宪法监督。依宪执政具有双重属性，既具有法律性，又具有政治性。

五、坚持在法治轨道上推进国家治理体系和治理能力现代化

法治是国家治理体系和治理能力的集中体现，是治国理政的基本方式，也是衡量一个国家治理体系和治理能力现代化的综合指标。只有全面依法治国才能有效地保障国家治理体系的系统性、规范性、协调性，才能最大限度凝聚社会共识[①]，要重视法治、厉行法治。法治对于社会主义现代化建设的有力保障主要体现在其固根本、稳预期、利长远的作用上。“固根本”是在坚持党对全面依法治国的领导下，牢牢把握法治建设的正确方向，坚持法治为了人民、依靠人民，以法治的手段实现好、发展好、维护好最广大人民群众的根本利益。“稳预期”则要求将法治融入国家治理和社会管理的全过程，以法治的制度优势和治理优势推进党和国家、社会各项事务的制度化、规范化，解放和增强社会活力，促进社会主义现代化建设预期目标的顺利实现。“利长远”则是充分发挥法治“利在千秋”的作用。法治作为现代国家治国理政的一种方式，与人治相比更具稳定性和可靠性。新时代中国特色社会主义建设要充分发挥法治的规范和强制作用，分阶段、有步骤地建设社会主义现代化强国，助力实现中华民族伟大复兴中国梦。

六、坚持建设中国特色社会主义法治体系

法治体系是国家治理体系的骨干工程，是全面推进依法治国的总抓手，必须抓住建设中国特色社会主义法治体系这个总抓手，努力形成完备的法律规范体系、高效的法治实施体系、严密的法治监督体系、有力的法治保障体系，形成完善的党内法规体系。中国共产党历来高度重视法治建设，把法治作为治国兴邦的重要抓手和可靠保障，不断推进马克思主义法治理论的中国化，创造性地构建了中国特色社会主义法治理论。党的十八大以来，面对新的时代形势与要求，法治建设被提到更为重要的关键位置。党的十八大把法治确立为治国理政的基本方式，党的十九大进一步把坚持全面依法治国上升为新时代坚持和发展中国特色社会主义的基本方略之一。习近平总书记精辟而深刻地阐释了全面依法治国的重要意义、工作布局、重点任务，进一步发展了中国特色社会主义法治理论，形成并创立了习近平法治思想。在中央全面依法治国工作会议上，习近平总书记关于依法治国思想的重要讲话特别是突出强调的“十一个坚持”，详细阐明了法治对于治国理政的关键作用，明确了全民参与法治建设的重要意义。习近平法治思想闪耀着马克思主义法治思想的真理光辉，内涵丰富、寓意深刻，指明了中国特色社会主义法

① 习近平．论坚持全面依法治国［M］．北京：中央文献出版社，2020：3.

治道路的前进方向，开拓了国家治理现代化的广阔视域，为中国特色社会主义法治理论贡献了新的智慧。

七、坚持依法治国、依法执政、依法行政共同推进，坚持法治国家、法治政府、法治社会一体建设

法治建设是一个系统工程，涉及经济、政治、文化等各领域，需要通过系统制度来推动经济、政治、文化等的协调发展。法治建设涉及对国家的、对政党的、对政府的、对社会的要求，并且互为影响、相互作用。“共同推进、一体建设”体现了将全面依法治国放在党和国家工作大局中思考谋划的全局思维，体现了整体部署、协同推进的系统思维，体现了目标引领和重点突破相统一的辩证思维。党的十九大明确了我国发展新的历史方位，提出中国特色社会主义进入新时代的重要论断。党的十九届五中全会对 2035 年实现远景规划做出了详细的说明。站在新的历史起点上，面对百年未有之变局，我们要清醒地认识到，我国发展仍然处于重要的战略机遇期，机遇与挑战都前所未有，但总体上是机遇大于挑战。及时抓住机遇，积极应对挑战，必须善于运用法律思维和法治手段，以静制动，以定应变，在实践中占据主动地位，发挥主导作用。建设并完善社会主义法治是满足人民群众在民主、法治、公平、正义等方面的更高要求，是实现人民群众对美好生活的向往的重要举措。然而，中国特色社会主义法治建设仍然面临着国家法律体系有待完善、依法行政水平有待提升、公民法治素养有待提高等问题。解决上述问题，要求我们坚持以习近平法治思想为指导，完善法律体系，加快培育公民法治精神，坚持法治国家、法治政府、法治社会一体化建设。

八、坚持全面推进科学立法、严格执法、公正司法、全民守法

这是新时代法治建设的“十六字”方针，科学立法，以良法保障善治；严格执法，保证法律严格实施；公正司法，守护社会公平正义；全民守法，培育良好法治环境，各环节法治工作相互贯通、相互促进，推动全面依法治国不断取得新成效。党的十八大以后，依法治国开始全面推进，全社会都在积极落实依法治国方略。十九大报告中明确指出：“全面依法治国是国家治理的一场深刻革命和中国特色社会主义的本质要求和重要保障，必须坚持厉行法治，推进科学立法、严格执法、公正司法、全民守法。”习近平总书记指出，“法治和人治问题是人类政治文明史上的一个基本问题，也是各国在实现现代化过程中必须面对和解决的一个重大问题。综观世界近现代史，凡是顺利实现现代化的国家，没有一个不是较好解决了法治和人治问题的。相反，一些国家虽然也一度实现快速发展，但并没有顺利迈进现代化的门槛，而是陷入这样或那样的‘陷阱’，出现经济社会发展停滞甚至倒退的局面”。[①] 其中，最主要的原因就是没有解决好人治和法治的问题，或者说对法治的重视程度不够。因此，如果要推动经济社会持续健康发展、实

① 中共中央文献研究室．习近平关于协调推进“四个全面”战略布局论述摘编［M］．北京：中央文献出版社，2015：99–100.

现国家现代化，就必须高度重视法治，必须解决好人治和法治的关系问题。为此，需要把法治建设提升到国家战略层面，全面推进科学立法、严格执法、公正司法、全民守法，坚持依法治国、依法执政、依法行政共同推进，坚持法治国家、法治政府、法治社会一体建设，不断开创依法治国新局面。

九、坚持统筹推进国内法治和涉外法治

涉外法治在国内法治与国际法治之间发挥着桥梁纽带、互相融通的作用。统筹国内与国际两个大局是我们党治国理政的基本理念和经验，在法治建设领域，体现为统筹推进国内法治与涉外法治，更好地维护国家主权、安全、发展利益。习近平法治思想是在推进伟大斗争、伟大工程、伟大事业、伟大梦想的实践之中形成的完善的科学理论，科学理论的价值在于指导实践，习近平法治思想将科学地指导我们国家着力解决法治领域突出问题，加快建设社会主义法治国家，加快推进国家治理体系和治理能力现代化等实践活动，是今后我们党和国家全面依法治国的根本遵循和行动指南。中国走向世界，以负责任的大国形象参与国际事务，加强国际合作，推动全球治理体系变革，构建人类命运共同体须善于运用法治，为此，必须加强涉外法治体系建设。新时代背景下，习近平法治思想的重要内容包含统筹推进国内法治和涉外法治，它是在维护国家主权与根本利益基础上积极参与全球治理，将中国智慧贡献于人类文明，推动构建人类命运共同体规则体系的重大战略判断。具体而言，它有四个层面，即推进全面依法治国的必定方向；构建新发展格局的必然要求；预防与解决国际经贸争端的必要保障；推动构建人类命运共同体的必由之路。

十、坚持建设德才兼备的高素质法治工作队伍

要加强理想信念教育，深入开展社会主义核心价值观和社会主义法治理念教育，推进法治专门队伍革命化、正规化、专业化、职业化，创新法治人才培养机制，努力培养造就一大批高素质法治人才及后备力量。法治工作队伍基本形成是党全面依法治国领导力提升的队伍基础。目前，我国法治队伍已经基本具备了正规、专业和职业等特点。法治工作队伍是维护国家安全和社会稳定的中坚力量，主要由法治专门队伍和社会法律服务队伍构成。法治工作队伍基本形成为提升党全面依法治国的领导力提供人才支持。全面推进依法治国离不开一支在政治、专业、素质等方面都有过硬本领的法治工作队伍。第一，高素质法治队伍的建设为党领导全面依法治国提供有质量的法治工作队伍。一方面，法治工作人员自身的专业本领不断提升。法治工作人员需要具备良好的法律专业素养，专业水平和业务能力直接影响到法治工作的质量和效率。另一方面，各法治工作部门之间的交流不断加强。畅通立法、执法、司法等法治工作部门工作人员之间的交流沟通渠道有利于建立一支具备高素质、高效率的法治工作队伍。第二，法治人才培养机制的创新为党领导全面依法治国提供了新活力。加强法治人才培养机制的创新建设为党领导全面依法治国提供高质量人才保障，为党领导的法治工作队伍建设注入发展新动力，

为提升党全面依法治国的领导力增添活力。

十一、坚持抓住领导干部这个“关键少数”

领导干部具体行使党的执政权和国家立法权、行政权、监察权、司法权，是全面依法治国的关键，在推进全面依法治国中肩负重要责任，领导干部要做遵法学法守法用法的模范，不断提高运用法治思维和法治方式深化改革、推动发展、化解矛盾、维护稳定的能力。加强党对司法机关的政治、思想、组织、制度等方面的领导，从而实现党对司法机关的全面领导。党员、领导干部带头守法是形成全民守法的局面，实现党领导能力提升的重要手段。提升党在推动依法治国各环节中的领导力，为新时代党全面依法治国领导力的提升打下了坚实的领导基础。在党领导全面依法治国的进程中，党发挥着先锋模范作用，尤其是党员领导干部发挥着表率作用。发挥好党员领导干部遵守法律法规的表率作用，首先要坚定党员领导干部的法治信念，带头守法。在守法过程中，党员领导干部要树立法治意识，坚定法治信念，要认真学习和掌握中国特色社会主义法律体系，要自觉发挥模范先锋作用，主动学习宪法法律、遵守法律法规、运用法律武器，绝不触碰宪法法律、党章党规的底线。其次，党员领导干部要弘扬法治精神，引导全民守法。党员领导干部要在工作中积极弘扬法治精神，宣传法律文化知识，带动人民群众遵纪守法，引导和带动人民群众在遇到困难时寻求法律的帮助，通过合法的方式解决问题。

案例精选

2020年11月，中央全面依法治国工作会议召开，最重大的成果是确立了习近平法治思想，明确了习近平法治思想在全面依法治国工作中的指导地位。

【案例解析】从古至今，道路问题至关重要。沿着什么样的法治道路前进，直接关系到社会主义法治建设的成败。如果脱离本国实际照抄照搬别国的法治模式，就会对经济社会发展产生消极作用。现实世界中，有的国家就是因为简单照抄照搬别国的法治模式，结果不但没有实现善治，反而增加了社会不稳定因素。法治是现代国家治理的基本特征和根本保障，任何一个国家进行法治建设，都必须探索适合自己的法治道路。习近平法治思想从历史和现实相贯通、理论和实际相结合深刻回答了新时代为什么实行全面依法治国、怎样实行全面依法治国等一系列重大问题，强调从我国革命、建设、改革的实践中探索适合自己的法治道路，提出全面依法治国的基本框架和总体布局。在坚定不移地走中国特色社会主义道路中，我们必须旗帜鲜明、正本清源，不断增强探索适合自身法治道路的自信和决心。

✧ 思考与研讨题

1. 习近平新时代法治思想形成的原因是什么？

2. 习近平法治思想的主要内容由哪几个部分组成？

3. 习近平法治思想的理论特色是什么？

第三节　把社会主义核心价值观融入法治建设

关键术语

富强、民主、文明、和谐是国家层面的价值目标，自由、平等、公正、法治是社会层面的价值取向，爱国、敬业、诚信、友善是公民个人层面的价值准则，这 24 个字是社会主义核心价值观的基本内容。

一、社会主义核心价值观的概述

（一）社会主义核心价值观的概念

社会主义核心价值观是社会主义核心价值体系的内核，体现社会主义核心价值体系的根本性质和基本特征，反映社会主义核心价值体系的丰富内涵和实践要求，是社会主义核心价值体系的高度凝练和集中表达。

（二）社会主义核心价值观的基本内容

党的十八大提出，倡导富强、民主、文明、和谐，倡导自由、平等、公正、法治，倡导爱国、敬业、诚信、友善，积极培育和践行社会主义核心价值观。富强、民主、文明、和谐是国家层面的价值目标，自由、平等、公正、法治是社会层面的价值取向，爱国、敬业、诚信、友善是公民个人层面的价值准则，这 24 个字是社会主义核心价值观的基本内容。

二、社会主义核心价值观和法治建设

（一）法治建设的概念

法治建设就是在一定的阶级范围内，在宪法和法律的框架下，按照平等原则和少数服从多数原则来共同管理国家事务的国家制度。它表现在三个方面，即完善立法，严格执法，大力普法。贯彻落实“依法治国”基本治国方略，不断完善中国特色社会主义法律体系。

（二）社会主义核心价值观融入法治建设的必要性

社会主义核心价值观是当代中国精神的集中体现，凝结着全体人民共同的价值追求。把社会主义核心价值观融入法治建设，是坚持依法治国和以德治国相结合的必然要

求，是加强社会主义核心价值观建设的重要途径，对巩固全体人民团结奋斗的共同思想道德基础具有重要意义。

（一）巩固全体人民团结奋斗的共同思想道德基础

核心价值观是一个民族、一个国家最持久、最深层的力量。习近平指出："如果没有共同的核心价值观，一个民族、一个国家就会魂无定所、行无依归。"① 核心价值观，其实就是一种德，既是个人的德，也是一种大德，就是国家的德、社会的德。国无德不兴，人无德不立。也就是说，核心价值观是国家之德、社会之德、公民之德，践行社会主义核心价值观就要明大德、守公德、严私德。法律法规体现鲜明道德导向，社会主义法律法规直接影响人们对社会主义核心价值观的认知认同和自觉践行。要充分认识把社会主义核心价值观融入法治建设的重要性，切实发挥法治的引导、推动、规范、保障作用，推动社会主义核心价值观内化于心、外化于行，为实现"两个一百年"奋斗目标、实现中华民族伟大复兴的中国梦提供强大价值引导力、文化凝聚力和精神推动力。

（二）坚持依法治国和以德治国相结合的必然要求

习近平总书记指出："核心价值观是一个民族赖以维系的精神纽带，是一个国家共同的思想道德基础。"国家和社会治理需要法律和道德共同发挥作用，必须坚持一手抓法治、一手抓德治。把社会主义核心价值观融入法治建设，将社会主义核心价值观转化为刚性的法律约束，既强化了法律对道德建设的促进作用，也强化了道德对法治文化的支撑作用，体现了依法治国和以德治国的有机结合，有助于推动社会主义核心价值观内化于心、外化于行，为实现中华民族伟大复兴的中国梦提供最持久、最深层的力量。

（三）加强社会主义核心价值观建设的重要途径

构建具有强大感召力的核心价值观，关系社会和谐稳定，关系国家长治久安。习近平总书记强调："我们要在全社会大力弘扬和践行社会主义核心价值观，使之像空气一样无处不在、无时不有，成为全体人民的共同价值追求，成为我们生而为中国人的独特精神支柱，成为百姓日用而不觉的行为准则。"实现这一目标，把社会主义核心价值观融入法治建设是重要途径，也是有效途径。法治是治国理政的基本方式，法律法规具有鲜明的价值导向。将社会主义核心价值观转化为刚性的法律约束，才能有效保障社会主义核心价值观落地生根，确保人们对社会主义核心价值观认知认同和自觉践行。要切实按照中共中央印发的《社会主义核心价值观融入法治建设立法修法规划》要求，着力把社会主义核心价值观融入法律法规的立改废释全过程，确保各项立法导向更加鲜明、要求更加明确、措施更加有力，力争经过 5 年到 10 年时间，推动社会主义核心价值观全面融入中国特色社会主义法律体系。

三、如何将社会主义核心价值观融入法治建设

培育和弘扬社会主义核心价值观，不仅要靠思想教育、实践养成，而且要用体制机

① 习近平．在文艺工作座谈会上的讲话（2014 年 10 月 15 日）[M] // 中共中央文献研究室．十八大以来重要文献选编（中）．北京：中央文献出版社，2016：133.

制来保障。习近平指出："要发挥政策导向作用，使经济、政治、文化、社会等方方面面政策都有利于社会主义核心价值观的培育。要把社会主义核心价值观的要求转化为具有刚性约束力的法律规定，用法律来推动核心价值观建设。"①

法律是成文的道德，道德是内心的法律。把社会主义核心价值观融入法治建设，要坚持将其融入法治建设全过程各环节，即融入法治国家、法治政府、法治社会建设全过程，融入科学立法、严格执法、公正司法、全民守法各环节。

（一）通过科学立法强化核心价值观

要推动社会主义核心价值观入法入规，把社会主义核心价值观的要求体现到宪法法律、行政法规、部门规章中，把实践中广泛认同、较为成熟、操作性强的道德要求及时上升为法律规范，引导全社会崇德向善；要把社会主义核心价值观的要求体现到党内法规和公共政策之中，形成有利于培育和弘扬社会主义核心价值观的良好政策导向和利益引导机制，实现公共政策和道德建设良性互动；尤其要加强道德领域突出问题专项立法，弘扬美德义行。坚持立改废释并举，积极推进相关领域立法，清理与社会主义核心价值观相违背的法律法规，使法律法规更好体现"富强、民主、文明、和谐"国家价值目标、"自由、平等、公正、法治"社会价值取向、"爱国、敬业、诚信、友善"公民价值准则。

（二）通过严格执法倡导核心价值观

坚持法律面前人人平等，严格规范公正文明执法，依法惩处各类违法行为，保护人民群众合法权益；加强执法监督，坚决排除对执法活动的干扰，畅通涉及执法过程的利益表达渠道，严禁选择性执法、任性执法，严惩执法腐败现象，以执法公正促进社会公正，使符合社会主义核心价值观的行为得到倡导和鼓励，违背社会主义核心价值观的行为受到制约和惩处。

（三）通过公正司法彰显核心价值观

司法公正对社会公正具有重要引领作用。要坚持以事实为依据、以法律为准绳，严格依照事实和法律办案；建立社会主义核心价值观典型案例定期发布制度，全面落实司法责任制，努力让人民群众在每一个司法案件中感受到公平正义。司法活动要实现法、理、情的有机统一，使社会主义核心价值观在司法环节得到充分彰显。

（四）通过全民守法践行核心价值观

一方面，增强全民法治观念，通过普法宣传营造全社会讲法治、重道德的良好环境，引导全体公民自觉守法、遇事找法、解决问题靠法，在遵纪守法的同时自觉践行社会主义核心价值观；另一方面，坚持法治教育与德治教育相结合，发挥法治在解决道德领域突出问题中的作用，健全公民和组织守法信用记录，完善守法诚信褒奖机制和违法失信惩戒机制，用制度的力量使法治精神和道德敬畏成为全体公民的价值共识。

---

① 习近平．在十八届中央政治局第十三次集体学习时的讲话（2014 年 2 月 24 日）［M］// 中共中央文献研究室．习近平关于社会主义文化建设论述摘编．北京：中央文献出版社，2017：111.

案例精选

2020 年 5 月 28 日，十三届全国人大三次会议表决通过了《中华人民共和国民法典》，自 2021 年 1 月 1 日起施行。民法典的颁布是社会主义核心价值观全面融入法治建设迈出的重要一步。民法典将弘扬社会主义核心价值观作为一项重要的立法目的，体现了坚持依法治国与以德治国相结合的鲜明中国特色，对社会主义核心价值观在民法典中的全面贯彻落实从规范体系上发挥了统帅作用。从人格权独立成编的民法典编排体例的创新，到居住权等权利的创设；从民法典以基本原则为基础的价值体系的构建，到内在价值体系引领下逻辑严密的外在规范体系的成就，都在更高程度上体现和表达了富强、民主、文明、和谐，自由、平等、公正、法治，爱国、敬业、诚信、友善的社会主义核心价值观。

✧ **思考与研讨题**

1. 社会主义核心价值观的基本内容是什么？
2. 如何理解社会主义核心价值观“三个层面”的相互关系？
3. 作为当代大学生应如何理解个人层面的价值准则？
4. 如何将社会主义核心价值观融入法治建设全过程各环节？

第四节　大学生如何践行社会主义核心价值观

党的十八大提出加强社会主义核心价值体系建设，积极培育和践行社会主义核心价值观，对于全面推进文化强国建设和全面建成小康社会有着十分重要的意义。社会主义核心价值观是社会主义核心价值体系内核的最高概括，党的十八大报告把社会主义核心价值观从国家、社会和个人三个层面概括为“三倡导”，即倡导富强、民主、和谐、文明，倡导自由、平等、公正、法治，倡导爱国、敬业、诚信、友善，积极培育和践行社会主义核心价值观。习近平指出：当代中国青年要自觉践行社会主义核心价值观，要担当起党和人民赋予的历史重任，在激扬青春、开拓人生、奉献社会的进程中书写无愧于时代的壮丽篇章。那么，作为当代大学生，践行社会主义核心价值观应从以下几方面要求自己。

一、要勤学，下得苦功夫，求得真学问

知识是树立核心价值观的重要基础。古希腊哲学家说：“知识即美德。”我国古人说：“非学无以广才，非志无以成学。”大学的青春时光，人生只有一次，应该好好珍惜。为学之要贵在勤奋、贵在钻研、贵在有恒。鲁迅先生说过：“哪里有天才，我是把别人喝咖啡的工夫都用在工作上。”大学阶段，恰同学少年，风华正茂，有老师指点，有同学

切磋，有浩瀚的书籍引路，可以心无旁骛求知问学。此时不努力，更待何时？要勤于学习、敏于求知，注重把所学知识内化于心，形成自己的见解，既要专攻博览，又要关心国家、关心人民、关心世界，学会承担社会责任。

二、要修德，加强道德修养，注重道德实践

蔡元培先生说过："若无德，则虽体魄智力发达，适足助其为恶。"道德之于个人、之于社会，都具有基础性意义，做人做事第一位的是崇德修身。这就是我们的用人标准为什么是德才兼备、以德为先，因为德是首要、是方向，一个人只有明大德、守公德、严私德，其才方能用得其所。修德，既要立意高远，又要立足平实。要立志报效祖国、服务人民，这是大德，养大德者方可成大业。同时，还得从做好小事、管好小节起步，见善则迁，有过则改，踏踏实实修好公德、私德，学会劳动、学会勤俭，学会感恩、学会助人，学会谦让、学会宽容，学会自省、学会自律。

三、要明辨，善于明辨是非，善于决断选择

学而不思则罔，思而不学则殆。是非明，方向清，路子正，人们付出的辛劳才能结出果实。面对世界深刻复杂的变化，面对信息时代各种思潮的相互激荡，面对纷繁多变、鱼龙混杂、泥沙俱下的社会现象，面对学业、情感、职业选择等多方面的考量，一时有些疑惑、彷徨、失落，是正常的人生经历。关键是要学会思考、善于分析、正确抉择，做到稳重自持、从容自信、坚定自励。要树立正确的世界观、人生观、价值观，掌握了这把总钥匙，再来看看社会万象、人生历程，一切是非、正误、主次，一切真假、善恶、美丑，自然就洞若观火、清澈明了，自然就能作出正确判断、作出正确选择。正所谓"千淘万漉虽辛苦，吹尽狂沙始到金"。

四、要笃实，扎扎实实干事，踏踏实实做人

道不可坐论，德不能空谈。于实处用力，从知行合一上下功夫，核心价值观才能内化为人们的精神追求，外化为人们的自觉行动。《礼记》中说："博学之，审问之，慎思之，明辨之，笃行之。"青年有着大好机遇，关键是要迈稳步子、夯实根基、久久为功。心浮气躁，朝三暮四，学一门丢一门，干一行弃一行，无论为学还是创业，都是最忌讳的。天下难事，必作于易；天下大事，必作于细。成功的背后，永远是艰辛努力。青年要把艰苦环境作为磨炼自己的机遇，把小事当作大事干，一步一个脚印往前走。滴水可以穿石。只要坚韧不拔、百折不挠，成功就一定在前方等你。

社会主义核心价值观是社会主义核心价值体系的内核，是社会发展的必然要求。我们生在这个时代，必定要有这个时代的信仰，而我们的信仰就是坚持社会主义核心价值观。核心价值观的养成绝非一日之功，要坚持由易到难、由近及远，努力把核心价值观的要求变成日常的行为准则，进而形成自觉奉行的信念理念。当代大学生是国家的希望，也是未来国家发展的脊梁和中坚力量，从个人层面来说，爱国、敬业、诚信、友

善，都是我们应当秉持的信念。因此，作为当代大学生，应该心怀祖国，在学习和生活中积极努力践行社会主义核心价值观，担当起复兴中华民族的伟大重任。

案例精选一：爱国篇

秦玥飞，留学美国，毕业于耶鲁大学，光鲜的履历看起来与“乡村”一点都不符。可当很多年轻人涌入“北上广深”时，他选择去湖南做了一名大学生村官，脚踏泥泞，扎根乡村，带领乡亲们致富。乡村，被他看作大有可为的广阔天地。在第二个大学生村官任期结束时，秦玥飞再次婉拒了组织上的提拔。“这六年我过得很开心，我的价值在农村，这条路才刚刚开始走，还要继续。”

【案例解析】爱国是一个公民起码的道德，是中华民族的优秀传统，也是调节个人与祖国关系的行为准则。它同社会主义紧密结合在一起，要求人们以振兴中华为己任，促进民族团结、维护祖国统一、自觉报效祖国。在秦玥飞的身上，有做好本职工作的坚韧，有不怕苦累的青年人的底色，更有对祖国事业的担当，这就是爱国！

案例精选二：敬业篇

2022 年 1 月 19 日，北京交通大学 2022 年冬奥会和冬残奥会志愿者出征动员大会上，600 多名大学生志愿者将奔赴各自岗位服务冬奥。北京团市委二级巡视员、大学中专部部长刘炳全为该校冬奥会、冬残奥会志愿者团授旗。据悉，1 月下旬至 4 月上旬，北京交通大学 355 名场馆志愿者、265 名城市志愿者、25 名赛事实习生将服务于国家体育馆赛会运行，五棵松体育馆、冰立方体育馆、国家速滑馆场馆周边点位，全面开展冬奥、冬残奥服务保障工作。

【案例解析】敬业是对公民职业行为准则的价值评价，要求公民具有积极向上的劳动态度和艰苦奋斗的精神，忠于职守、精益求精、服务社会，充分体现现代主义职业精神。大学生志愿者将奔赴各自岗位服务冬奥，为成功举办冬奥将忠于职守、勇担重任、不惧困难、赤诚奉献，体现了当代大学生践行志愿服务理念、服务社会的爱国敬业精神。

案例精选三：诚信篇

在高校里，每逢期中检测、期末考试都是学生最忙的时候。熬夜刷题、背重点、押考点，临时抱佛脚，希望获得一个好分数。与此同时，作弊刷绩点、求及格也成为高校考风学风的严重问题。但是，内蒙古民族大学走出了一条诚信考试育人的新路子。内蒙古民族大学设置的诚信考场，由学生自愿报名参加。报名参加的学生普遍学习成绩都较好，这无形中也给其他同学增加了压力同时也产生了动力，大大激发了那些没参加诚信考试学生的荣誉感和学习的积极性，进而有勇气报名参加诚信考试，促进了学生诚信意识的提升。内蒙古民族大学还规定，学生在四年本科学习期间一直坚持参加无人监考的诚信考试，毕业就可获得学校颁发的“诚信证书”，并装进档案。

【案例解析】诚信即诚实守信，是人类社会千百年传承下来的道德传统，也是社会主义道德建设的重点内容，是为人之道、立身之本。它强调做人要诚实劳动、信守承诺、诚恳待人。诚信考场，就是无人监考的考场，学生在考场内答题全凭自律自觉。对学校来说，这是一个大胆的决定，是对学生的高度信任；对学生来说，更是一个极大的考验，在无人监督下是否能经得住想作弊拿好分的诱惑。事实证明，内蒙古民族大学的学生经受住了考验，真正把诚信当成了一种自觉。

案例精选四：友善篇

2018 年 2 月 26 日，沈阳一名老人在过马路时突然倒地。车水马龙的街头，倒在斑马线上的老人危在旦夕！一名大学生推着电动车毅然闯入车流，将电动车停在老人身前，防止老人被来往车辆碾压。随后，过往行人围在老人身旁，为老人筑起一道“人墙”，在众人的帮助下，老人被及时送往医院治疗。

【案例解析】作为社会主义核心价值观的重要组成部分，友善有着深刻的内涵，描述了人与人之间互相尊重、互相关心、互相帮助、和睦友好的美好状态，在维系社会成员的和谐关系中发挥着不可或缺的作用。案例中的大学生为救助摔倒老人，与行人一起筑起“人墙”，体现了人与人互相关心、互相帮助、和睦友好的友善精神。

✧ 思考与研讨题

1. 大学生践行社会主义核心价值观存在哪些问题？
2. 当代大学生应如何践行社会主义核心价值观？

第二章　大学生必备宪法知识

◆ **本章要点**

1. 宪法概论
2. 宪法基本原则
3. 公民的政治权利和自由
4. 国家机构
5. 选举制度

我国《宪法》的序言规定："全国各族人民、一切国家机关和武装力量、各政党和各社会团体、各企业事业组织，都必须以宪法为根本的活动准则，并且负有维护宪法尊严、保证宪法实施的职责。"大学生应当认真学习宪法，准确把握宪法的内容、原则，贯彻宪法精神，真正做到自觉遵守宪法和维护宪法，保证宪法的实施。本章主要介绍宪法概论、公民政治权利和自由、国家机构和选举制度。

第一节　宪法概论

关键术语

宪法是规范、控制国家权力及其他相关公权力，保障公民基本权利，调整国家和公民及其他主体之间基本社会关系的根本法。

一、宪法概念

通常所说的"宪法"，是指根本法意义上的宪法，指不仅制定了宪法的成文法典，且成文法典在一国法的体系中居于最高地位，具有最高法律效力。宪法可以界定为：是规范、控制国家权力及其他相关公权力，保障公民基本权利，调整国家和公民及其他主体之间基本社会关系的根本法。宪法是控制法律的法律，对此有以下几点需要注意：第一，保障公民基本权利是宪法的根本任务和目的，而规范和控制国家权力及其他公权力是实现保障人权的手段和途径。第二，宪法调整的对象主要是国家和公民之间的权力和权利之间的关系，但不限于国家与公民之间的关系，也包括国家和其他社会主体与政党、社会团体、其他国家、国家机关等相互之间的关系。第三，狭义的宪法仅指国内宪法。区域性宪法和世界宪法属于广义上的宪法。第四，宪法是控制法律的法律，宪法的效力比法律更高，对法律具有控制作用。对一个国家来说，立法机关往往会制定法律对各类社会主体进行管理控制，但很少会制定约束自己的法律，这就需要宪法来规范和控制立法机关制定法律的行为。

二、宪法的特征

（一）形式特征

宪法不同于普通法律，具有不同的形式特征。宪法在形式上的特征主要有以下三方面。

1. 内容特征

宪法规定的内容比普通法律更为全面、广泛和重大。宪法所调整的是国家最根本的社会关系，是国家的根本制度和根本任务等根本性问题。宪法的内容是国家生活中最根本、最重要的问题，是国家和公民活动的法律基础。而部门法是根据宪法的内容，为实现和保障宪法所规定的根本任务而制定的具体规定，所涉及的是国家和社会生活中某一特定方面和局部的问题。

2. 程序特征

在制定和修改程序上，宪法比普通法律更为严格，需要经过特别的批准程序。我国《宪法》第 64 条规定：宪法的修改，由全国人民代表大会常务委员会或者五分之一以上的全国人民代表大会代表提议，并由全国人民代表大会以全体代表的三分之二以上的多数通过。法律和其他议案由全国人民代表大会以全体代表的过半数通过。

3. 效力特征

宪法与普通法律相比具有最高的法律效力。宪法是其他法律的立法依据。一切法律规范的制定都必须以宪法为依据，其内容和精神不得与宪法的原则和规定相抵触、相违背，否则就会因违宪而无效。

（二）实质特征

规范国家权力和保障公民权利，是宪法的根本宗旨和目的所在，是其实质性特征。

1. 保障公民权利

保障公民权利，是宪法的核心价值，宪法的基本功能和任务就是保障公民不受包括法律在内的公权行为侵犯，保障宪法确认的权利与自由的实现。

2. 规范和控制国家权力的运作

宪法对公民权利和自由的保障，除了具体规定公民应享有的权利和自由外，更主要的是通过国家权力的规范与限制来实现的。宪法通过规定国家机构的组织活动原则，使国家机关权责分明，运行有序，阻止国家权力的滥用，保障公民权利和自由的切实实现。从这个意义上说，宪法就是限权之法。[①]

---

① 朱应平，宪法学基础［M］. 北京：北京大学出版社，2016：4.

三、宪法基本原则

宪法基本原则在宪法中处于根本指导思想的地位，不仅指导宪法的制定和修改，而且指导宪法的解释和实施。

（一）宪法基本原则的作用

就宪法的制定、修改和实施而言，宪法基本原则主要有以下作用：第一，在宪法制定和修改中，宪法基本原则具有衔接宪法指导思想和宪法规范、构建宪法规则体系的作用。第二，在宪法实施中，宪法基本原则是遵守宪法和适用宪法的重要依据。第三，宪法基本原则在维护宪法稳定与社会发展关系方面发挥重要作用。

（二）我国宪法的基本原则

1. 坚持中国共产党的领导原则

现行《宪法》序言对中国共产党领导地位和执政地位的规定，既是对党领导人民进行革命、建设和改革历史经验的总结和胜利成果的确认，也是对我国国体和社会主义制度的确认。全国各族人民、一切国家机关和武装力量、各政党和各社会团体、各企业事业组织，都必须以宪法为根本活动准则，严格遵守和实施宪法，毫不动摇地坚持中国共产党的领导。

2. 一切权力属于人民原则

在社会主义制度下，人民是国家和社会的主人，国家的一切权力来自人民并属于人民。国家权力必须服从人民的意志，服务人民的利益。国家权力的行使和运用，必须符合宪法。现行《宪法》第 2 条规定："中华人民共和国的一切权力属于人民。"这一规定既是我国国家制度的核心内容和根本准则，也是一切权力属于人民原则的根本依据。

3. 尊重和保障人权原则

人权是指作为一个人所应该享有的权利。从宪法规定和实施来看，这一原则的特点主要表现在：（1）宪法一方面规定国家尊重和保障人权，另一方面具体列举了公民的基本权利和义务。（2）宪法规定了公民广泛的基本权利，包括公民政治、经济、社会和文化权利。（3）从宪法规定的权利内容和保障措施看，尊重和保障人权的宪法原则突出了生存权和发展权的重要性，体现了我国人权观以生存权和发展权为首的人权的立场。（4）宪法不仅规定公民的基本权利，而且规定公民的基本义务，体现了人权是权利与义务相统一的基本观念。（5）尊重和保障人权的宪法原则注重人权在社会主义中国实现的基本条件，强调稳定是实现人权的前提，发展是实现人权的关键，法治是实现人权的保障。

案例精选

2007 年，媒体接连曝光发生在山西的多起黑砖窑主非法限制民工人身自由、非法雇用童工、强迫民工超强度劳动、殴打民工致死致残等事件，引起强烈反响。5 月，山西洪洞警方破获一起黑砖场虐工案，解救出 31 名民工，其中有部分童工。7 月 31 日，山西省临汾市和运城市五家法院，依法对一批“黑砖窑”案件公开宣判，31名被告人被判有罪，打手赵延兵被判处死刑。另有95名党员干部、公职人员因该案受处分。

【案例解析】本案黑砖窑主非法限制民工人身自由、非法雇用童工、强迫民工超强度劳动、殴打民工致死致残的行为侵害了民工的基本人权。在媒体曝光后，民工、童工才得以解救，反映出当地政府在人权保障上的缺席和失职。这不仅是一个违反劳动法、违反刑法的事件，更是一个涉及人权保障、政府责任的宪法性事件。2004年，“国家尊重和保障人权”被写入宪法，这一原则不仅是国家在人权保障方面的态度宣示，同时意味着国家要切实承担起人权保障的现实责任。

4. 民主集中制原则

民主集中制主要体现在国家机关的组织与活动中。根据现行《宪法》的规定，民主集中制原则的主要内容是：（1）在国家机构和人民的关系上，国家权力来自人民，人民代表大会由民主选举产生，对人民负责，受人民监督。（2）在国家权力机关与其他国家机关的关系上，国家权力机关居于核心地位，其他的国家机关都由它产生并对它负责，受它监督。（3）在中央国家机关和地方国家机关的关系上，遵循在中央的统一领导下，充分发挥地方的主动性与积极性的原则。（4）国家权力机关制定法律和作出决策都经过广泛讨论，实行少数服从多数的决策原则，集中体现人民的意志和利益。

5. 权力监督与制约原则

权力监督与制约原则是为确保人民的权力属于人民、避免权力滥用而设计各种制度和方法以规范控制国家权力范围及其行使方式的原则。根据宪法的相关规定，权力监督与制约原则主要体现在人民对国家权力的监督、公民对国家机关和国家工作人员的监督、国家机关之间的监督。

案例精选

2009年1月，云南玉溪北城镇男子李乔明因盗伐林木被刑拘，进入晋宁县看守所，2月8日受伤住院，2月12日死于“重度颅脑损伤”。对于死因，晋宁县公安机关称，李乔明受伤，是由于其与同监室狱友在看守所天井里玩“躲猫猫”游戏时不小心撞到墙壁所致。结论一出，舆论哗然，“躲猫猫”一词迅速走红网络。2月27日，云南省检察机关、公安机关公布“躲猫猫”事件调查结论：李乔明系因同监室在押人员殴打、拳击头部后撞击墙面致死。4月至9月，高检院与公安部联合开展专项检查活动，集中解决看守所监管及看守所法律监督中存在的突出问题。11月9日，国务院法制办公布《拘留所条例（征求意见稿）》，规定执行拘留活动应当接受检察院的法律监督。

【案例解析】本案是因公众在网络上关注“躲猫猫”事件而得以查清案件事实，进而推动相关部门集中解决看守所监管及看守所法律监督中存在的问题并制定相关法律法规，反映了人民对公权力监督的必要性及重大意义。国务院法制办公布的《拘留所条例(征求意见稿)》规定执行拘留活动应接受检察院法律监督,反映了公检法三机关互相配合,互相制约,互相监督,以保证准确有效地执行法律。

6. 法治原则

现行《宪法》序言明确规定,宪法是国家的根本法,具有最高的国家效力。根据现行《宪法》第 5 条规定,中华人民共和国实行依法治国,建设社会主义法治国家。依法治国是社会主义法治的核心内容,是指广大人民群众在党的领导下,依照宪法和法律规定,通过各种途径行使管理国家和社会事务、管理经济文化事业的权利,保证国家各项工作和社会政治生活都依法进行,逐步实现社会主义民主的制度化、法律化。

✧ 思考与研讨题

1. 什么是宪法?
2. 宪法有哪些特征?
3. 如何理解我国宪法的基本原则?
4. 谈谈依法治国与宪法的关系。

第二节　公民的政治权利与自由

一、政治权利与自由的概念

所谓政治权利与自由是指公民参与国家政治生活的权利和自由的统称。它的行使主要表现为公民参与国家、社会组织与管理的活动。

二、选举权与被选举权

所谓选举权是指选民依法选举代议机关代表的权利;所谓被选举权是指选民依法被选举为代议机关代表的权利。选举权和被选举权的基本特征如下。

1. 享有选举权与被选举权必须具备法定资格,即宪法和法律具体规定公民选举权与被选举权的要件。

2. 选举权与被选举权的行使对象主要是选举或被选举为代议机关代表。

3. 选举权与被选举权的行使原则方式和程序是法定的,具体由选举法规定。

三、言论自由

言论自由是指公民通过各种语言形式表达、传播自己的思想和观点的自由。言论自由是宪法规定的公民的基本权利之一,是公民参与国家管理、自由地表达思想的基本形式。

我国《宪法》规定的言论自由具有特定的范围与表现形式，主要包括：（1）公民作为基本权利主体，有以言论方式自由地表达思想和见解的权利；（2）通过言论自由表达的内容受法律保护，不受非法干涉，言论的内容既包括政治、经济方面的内容，也包括对社会、文化等各个领域公共政策的看法和见解；（3）言论自由的表现形式是多样化的，既可采取口头形式，也可采取书面形式，必要时可以利用广播、电视、网络等传播媒介。在信息化时代，言论自由的表现形式越来越多样化，内容也越来越丰富。

案例精选

2013年5月22日，孙杰（微博账号："作业本"）在新浪微博发文对邱少云烈士进行侮辱、丑化，在网络和现实社会中引起了强烈反响。而加多宝公司于2015年4月16日以该公司新浪微博账号"加多宝活动"发博文称："多谢@作业本，恭喜你与烧烤齐名。作为凉茶，我们力挺你成为烧烤摊CEO，开店十万罐，说到做到。"孙杰用"作业本"的账号于2015年4月16日转发并公开回应："多谢你这十万罐，我一定会开烧烤店，只是没定哪天，反正在此留言者，进店就是免费喝！"孙杰与加多宝公司以违背社会公德的方式贬损烈士形象用于市场营销的低俗行为，在社会上造成了极其恶劣的影响。

【案例解析】言论自由不是绝对的，任何个人在网络上发表言论都应当遵守宪法法律，遵守公共秩序，尊重社会公德。本案中，孙杰（微博账号："作业本"）和加多宝公司的网上言论及传播行为，已明显超越了言论自由的边界，属于恶意贬损和侮辱邱少云烈士的名誉和人格，且在互联网上广泛传播，已经造成侵权后果，应当承担法律责任。

四、出版自由

出版自由是指公民可以通过公开发行的出版物，包括报纸、期刊、图书、影像制品、电子出版物等形式，自由地表达自己对国家事务、经济和文化事业、社会事务的见解和看法。

当然出版自由与其他权利一样，并不是绝对的，也受到法律的限制。从出版自由的本质和功能看，出版自由的保障与出版管理是相统一的，依法管理出版事业是实现出版自由的重要条件。出版管理必须遵循宪法确定的基本原则，保障公民依法行使出版自由的权利，促进社会文明的发展。

五、结社自由

结社自由是指公民为了实现一定的目标而依法律规定的程序组织某种社会团体的自由。作为公民的一项基本自由，结社自由在国家生活中发挥着重要作用。社会团体的功能是代表某个群体的共同意愿和利益，并为其实现而开展活动，其社会定位是作为政府同社会相互沟通的重要桥梁和纽带。

根据我国《宪法》和法律的规定，公民一方面享有结社的权利，另一方面也要履行相应的义务。为了维护社会公共利益，在法律规定的范围内，国家可以依法对结社自由的行使作出必要的限制。公民组成社会团体应当依法登记。我国社会团体的登记管理机关是国务院民政部门和县级以上的地方各级民政部门。成立全国性的社会团体，由国务院的登记管理机关负责登记管理；成立地方性的社会团体，由所在地人民政府的登记管理机关负责管理；登记成立跨行政区域的社会团体，向所跨行政区域的共同上一级人民政府的登记管理机关申请登记。

六、集会、游行、示威自由

集会、游行、示威是公民表达政治意愿的一种重要方式。根据《中华人民共和国集会游行示威法》的规定，集会是指聚集于露天公共场所。发表意见、表达意愿的活动；游行是指在公共道路、露天公共场所列队行进、表达共同愿望的活动；示威是指在露天公共场所或者公共道路上以集会、游行、静坐等方式表达要求、抗议或者支持、声援等公共意愿的活动。

《中华人民共和国集会游行示威法》具体规定了行使这一自由的内容、程序等，从法律上确定了保障与限制集会、游行、示威自由的合理界限。具体的限制性规定包括：

1. 集会、游行、示威应当和平地进行，不得携带武器、管制刀具和爆炸物，不得使用暴力或者煽动使用暴力。

2. 不得妨碍社会公共秩序。

3. 举行集会、游行、示威，必须依法向主管机关提出申请并获得许可，同时需符合法律的相关规定。

案例精选

2017 年 5 月 25 日至 27 日，60 余名未安置大中专毕业生被别有用心之人煽动，未经批准连续三日在康巴什区成吉思汗广场聚集，采取长时间滞留、呼喊口号等方式非法聚集，严重扰乱了公共场所秩序，其中刘某和乔某带头呼喊口号。康巴什公安分局现场处置民警经多次对非法集会人员进行劝阻、教育和批评警告无效后，果断处置，命令其解散，对拒不听从命令的人员采取了强行驱散措施，并依法传唤了 10 名拒不服从违法人员到公安机关接受调查。

【案例解析】集会游行示威自由不是绝对的自由，应当受到合法限制。根据《中华人民共和国集会游行示威法》等法律法规规定，集会、游行、示威应该严格依法开展：一、公民行使集会、游行、示威权利，必须依照法律的规定向公安机关提出申请并获许可。二、对非法集会、游行、示威活动，公安机关有权依法命令解散，拒不解散的，公安机关有权采取必要的手段强行驱散，并对拒不服从的人员强行带离现场或者立即予以拘留。对举行非法集会、游行、示威活动的负责人和直接责任人、聚众扰乱社会秩序和借机进行打砸等违法犯罪的人员，公安机关将坚决依法查处。构成犯罪的，依法追究刑事责任。本案中60余名大中专毕业生未经批准非法聚集，涉嫌违反治安管理规定，公安机关可以追究负责人和直接责任人员的法律责任。

✧ 思考与研讨题

1. 公民的政治权利与自由有哪些？
2. 公民应当如何行使政治权利？
3. 谈谈你对公民政治权利与自由的界限的理解。

第三节 国家机构

关键术语

国家机构是国家为实现其管理社会、维护社会秩序职能而建立起来的国家机关的总和，它包括立法机关、行政机关、监察机关、审判机关、检察机关和军事机关等。

一、国家机构的概念

国家机构是国家为实现其管理社会、维护社会秩序职能而建立起来的国家机关的总和，它包括立法机关、行政机关、监察机关、审判机关、检察机关和军事机关等。

我国现有的国家机构，包括全国人民代表大会及其常务委员会、国家主席、国务院、中央军事委员会、地方各级人民代表大会和地方各级人民政府、民族自治地方的自治机关、监察委员会、人民法院和人民检察院。

二、中央国家机关

（一）全国人民代表大会及其常务委员会

1. 全国人民代表大会

全国人民代表大会既是最高国家权力机关，也是国家的立法机关。全国人大在我国国家机关体系中居于首要地位，其他任何国家机关都不能超越于全国人大之上。

根据《宪法》和《选举法》的规定，全国人民代表大会由省、自治区、直辖市、特别行政区和军队选出的代表组成。全国人民代表大会每届任期5年。全国人民代表大会有以下职权：（1）修改宪法和监督宪法实施的权力；（2）制定和修改基本法律的权力；（3）对中央国家机关组成人员选举、决定人选和罢免的权力；（4）决定重大国家事项的权力；（5）监督其他中央国家机关的权力；（6）应当由最高国家权力机关行使的其他职权。

全国人民代表大会会议一般每年举行一次，于每年第一季度由全国人大常委会召集。

2. 全国人民代表大会专门委员会

全国人民代表大会专门委员会是全国人民代表大会的常设工作机构。全国人大现设有：民族委员会、宪法和法律委员会、财政经济委员会、教育科学文化卫生委员会、外事委员会、华侨委员会、监察和司法委员会、环境与资源保护委员会、农业与农村委员会、社会建设委员会。

3. 全国人民代表大会代表

全国人民代表大会代表，简称全国人大代表，是按照法律规定选举产生的最高国家权力机关的组成人员，代表人民的意志和利益，依照宪法和法律赋予全国人大的各项职权，行使国家权力。全国人大代表享有如下权利：出席会议，参加审议各项议案、报告和其他议题，发表意见，依法联名提出议案、质询案、罢免案等，提出对各方面工作的建议、批评和意见，参加选举、表决，获得依法执行代表职务所需的信息和各项保障等权利。人大代表享有言论免责权，在人大各种会议上的发言和表决不受法律追究。人大代表享有身份保障权，非经人大主席团的许可，不受逮捕或刑事审判。

4. 全国人民代表大会常务委员会

全国人民代表大会常务委员会，是全国人民代表大会的常设机关，对全国人民代表大会负责并报告工作。全国人大常委会由委员长、副委员长若干人、秘书长、委员若干人组成。全国人大常委会的组成人员不得担任国家行政机关、监察机关、审判机关和检察机关的职务。全国人大常委会每届任期同全国人民代表大会每届任期相同。委员长、副委员长连续任职不得超过两届。全国人大常委会具有以下职权：（1）解释宪法，监督宪法的实施；（2）立法权，在全国人民代表大会闭会期间，对全国人民代表大会制定的法律进行部分补充和修改，但不得同该法律的基本原则相抵触；（3）法律解释权；（4）对“一府两院”工作的监督权；（5）重大国家事项决定权；（6）人事任免权；（7）全国人民代表大会授予的其他职权。

（二）中华人民共和国主席

根据《宪法》的规定，国家主席、副主席由全国人民代表大会选举。有选举权和被选举权的年满45周岁的中华人民共和国公民可以被选举为国家主席、副主席。国家主席、副主席每届任期同全国人民代表大会每届任期相同。

国家主席具有以下职权：

1. 根据全国人大及其常委会的决定公布法律、发布命令。

2. 任免权。国家主席根据全国人大及其常委会的决定，任免国务院总理、副总理、国务委员、各部部长、各委员会主任、审计长、秘书长。

3. 外事权。国家主席代表中华人民共和国，进行国事活动，接见外国使节；根据全国人大及其常委会的决定，派遣和召回驻外全权代表，批准和废除同外国缔结的条约和重要协定。

4. 授予荣誉权。国家主席根据全国人大及其常委会的决定，授予国家的勋章和荣誉称号。

（三）国务院

中华人民共和国国务院，即中央人民政府，是最高国家权力机关的执行机关，是最高国家行政机关。国务院由总理、副总理若干人、国务委员若干人、各部部长、各委员会主任、审计长和秘书长组成。国务院实行总理负责制，各部委实行部长、主任负责制。

国务院主要有以下职权：

1. 规定行政措施、制定行政法规、发布决定和命令的权力。

2. 对所属部委和地方各级行政机关的领导权和监督权。

3. 对国防、民族、民政、文教、经济、华侨、外交等各项行政工作的领导和管理权。

4. 编制和执行国民经济和社会发展计划和国家预算。

5. 批准省、自治区、直辖市的区域划分，批准自治州、县、自治县、市的建置和区域划分。

6. 依照相关法律，任免国家行政机关的领导人员。

7. 依照法律规定，决定省、自治区、直辖市的范围内部分地区进入紧急状态。

8. 全国人大及其常委会授权国务院的其他职权。

（四）中央军事委员会（简称“中央军委”）

中华人民共和国中央军事委员会领导全国武装力量，是国家的最高军事领导机关，中央军委领导的我国武装力量包括中国人民解放军现役部队和预备部队、中国人民武装警察部队、中国民兵。

中央军委由主席、副主席若干人、委员若干人组成。中央军委主席由全国人大选举产生，中央军委每届任期同全国人大每届任期相同。

中央军委实行主席负责制，中央军委主席对全国人大和全国人大常委会负责。中央军委副主席和委员均由中央军委主席提名。中央军委其他组成人员必须接受中央军委主席的领导。

三、地方国家机关

（一）地方各级人民代表大会及其常务委员会

1. 地方各级人民代表大会

地方各级人民代表大会是本行政区域的国家权力机关，本行政区域内的同级人民政府、监察委员会、人民法院和人民检察院都由其产生，对其负责，受其监督。地方各级人民代表大会由人民选举的代表组成，每届任期 5 年。

地方各级人民代表大会享有以下职权：（1）地方性法规的制定权；（2）地方重大事项决定权；（3）选举和罢免权；（4）监督权；（5）其他。

2. 县级以上地方各级人民代表大会常务委员会

县级以上地方各级人大常委会是本级人民代表大会闭会期间行使地方国家权力的机

关，它从属于本级人大，对本级人大负责并报告工作。县级以上地方各级人大常委会由主任、副主任若干人、委员若干人组成，每届任期 5 年。

县级以上地方各级人大常委会行使的职权包括：（1）重大事项决定权；（2）人事任免权；（3）监督权；（4）地方性法规的制定权；（5）领导或主持本级人民代表大会代表的选举。

（二）地方各级人民政府

地方各级人民政府是地方各级权力机关的执行机关，由同级人民代表大会产生，对同级人大及其常委会负责并报告工作。地方各级人民政府每届任期与本届人民代表大会每届任期相同。

县级以上地方各级人民政府的职权包括：

1. 执行本级人大及其常委会的决议以及上级国家行政机关的决定和命令，执行国民经济和社会发展计划、预算。

2. 规定行政措施，发布决定和命令。

3. 领导所属工作部门和下级人民政府的工作。

4. 任免、培训、考核、奖惩国家行政机关工作人员。

5. 改变或撤销所属各工作部门的不适当的命令、指示和下级人民政府的不适当的决定、命令。

6. 办理上级国家行政机关交办的其他事项。

四、民族自治地方的自治机关

（一）民族自治地方的自治机关概念

民族自治地方的自治机关是指在民族自治地方设立的，依法行使同级地方国家机关职权并行使自治权的一级地方政权机关。

民族自治地方的自治机关是自治区、自治州和自治县的人民代表大会和人民政府。

（二）民族自治地方的自治机关的组成

民族自治地方的人大常委会中应当有实行区域自治的民族的公民担任主任或副主任；自治区主席、自治州州长、自治县县长由实行区域自治的民族的公民担任。民族自治地方的自治机关所属工作部门的干部中，应当合理配备实行区域自治的民族和其他少数民族的人员。

（三）民族自治地方的自治机关的自治权

民族自治地方的自治机关的自治权是指民族自治地方的自治机关根据《宪法》《民族区域自治法》和其他法律规定的权限，根据实际情况自主地管理本地方、本民族内部事务的权利，主要包括以下内容：

1. 贯彻执行国家的法律和政策，对不适合民族自治地方实际情况的，可变通执行。

2. 依照当地民族特点，制定自治条例和单行条例。

3. 在国家计划的指导下，自主安排和管理地方性的经济建设事业。

4. 管理地方财政自治权。

5. 自主管理教育、文化、科学技术、卫生、体育和环境保护等事业。

6. 经国务院批准，可组织本地方维护社会治安的公安部队。

7. 民族自治地方的自治机关在执行职务时，可以使用当地通用的一种或几种语言文字。

五、监察委员会、人民法院和人民检察院

（一）监察委员会

各级委员会是国家的监察机关，行使国家监察职能，依法对所有行使公权力的公职人员进行监察。国家监察委员会由全国人大产生，对全国人大及其常委会负责，并接受其监督。地方各级监察委员会由本级人大产生，对本级人大及其常委会和上一级监察委员会负责，并接受其监督。

监察委员会由主任、副主任若干人、委员若干人组成。监察委员会主任每届任期同本级人民代表大会每届任期相同。国家监察委员会主任连续任职不得超过两届。

监察委员会依照法律规定独立行使监察权，不受行政机关、社会团体和个人的干涉。监察机关办理职务违法和职务犯罪案件，应当与审判机关、检察机关、执法部门相互配合、相互制约。

（二）人民法院

人民法院是国家审判机关，是适用法律的专门机关，独立行使国家的审判权。人民法院根据事实和法律审判刑事案件、民事案件、经济案件、行政案件以及其他法律规定应由人民法院受理的案件。

人民法院由院长一人，副院长、审判委员会委员、庭长、副庭长以及审判员若干人组成。根据法律规定，各级人民法院院长的任期同本级人大的每届任期相同。最高人民法院院长连续任职不得超过两届。

最高人民法院是我国最高的审判机关，依法行使国家最高审判权，同时监督地方各级人民法院和专门人民法院的工作。地方各级人民法院分为高级人民法院、中级人民法院、基层人民法院。专门人民法院主要有军事法院、海事法院、知识产权法院、金融法院。

（三）人民检察院

人民检察院是国家的法律监督机关。人民检察院的组织系统由最高人民检察院、地方各级人民检察院和专门人民检察院构成。

最高人民检察院是国家最高检察机关，领导全国人民检察院的工作。地方各级人民检察院分为省级人民检察院、设区的市级人民检察院、基层人民检察院。专门人民检察院主要有军事检察院和铁路运输检察院等。

✧ **思考与研讨题**

1. 全国人民代表大会与全国人民代表大会常务委员会的关系是什么?
2. 如何理解国家主席的宪法地位?
3. 地方各级人民代表大会和各级人民政府的主要职权有哪些?
4. 我国民族自治地方的自治权有哪些?
5. 监察委员会如何行使职权?

第四节 选举制度

关键术语

选举制度是一国统治阶级通过法律规定的关于选举国家代议机关代表与国家公职人员的原则、程序与方法等各项制度的总称。

一、选举制度概述

（一）选举制度的概念

选举制度是一国统治阶级通过法律规定的关于选举国家代议机关代表与国家公职人员的原则、程序与方法等各项制度的总称。各国选举法都具体规定了选民的资格、选区划分、选民登记、投票程序、选举诉讼等制度。

（二）选举制度的作用

1. 选举制度为选民选出自己信赖的代表组成国家机构，从而为实现国家权力的转移提供了制度保障。

2. 选举制度为选民监督权力行使者，并在一定条件下为更换权力行使者提供了重要途径。

3. 选举制度是促进民意的形成、表达，并使选民民主意识得以提高的重要手段。

4. 选举制度还是缓和社会矛盾、解除社会危机、维持社会安定的重要措施。

二、选举制度的基本原则

选举制度的基本原则是选举制度的重要组成部分，它基于宪法的民主精神，决定着选举制度的民主程度。①

我国选举制度主要有如下基本原则，这些原则体现了我国国家政权的本质，反映了我国的社会现实。

① 周叶中，宪法［M］. 北京：高等教育出版社，2010：284.

（一）选举权的普遍性原则

选举权的普遍性原则是就享有选举权的主体范围而言的，其含义在于，具有一国国籍，达到一定年龄的公民享有选举权的广泛程度。

我国《宪法》规定，除依照法律被剥夺政治权利的人以外，凡年满18周岁的公民，不分民族、种族、性别、职业、家庭出身、宗教信仰、教育程度、财产状况、居住期限，都有选举权与被选举权。

（二）选举权的平等性原则

选举权的平等原则，是指选民在权利和地位上平等，每个选民在每次选举中只有一次投票权，并且每票的价值相等。

在我国，选举权的平等性是代表机关民主性的前提，是法律面前人人平等原则的具体表现，其基本含义是每个年满18周岁并享有政治权利的公民都享有参加选举的权利；每个选民在每次选举中只有一次投票权；每个选民所投选票权的效力是等同的；选举权与被选举权相统一，即享有选举权的人原则上享有被选举权。由于我国地域广阔以及民族构成复杂等多方面的原因，我国选举权的平等性具有相对性，主要表现在：（1）对少数民族给予特殊照顾。国家在代表名额分配上，对少数民族给予照顾，人口特少的民族在全国人大也至少应有一名全国人大代表。（2）军队代表情况特殊。我国军队代表不是按人口比例平等原则产生的。这种不平等是由于军队在我国政治生活中的特殊地位决定的。

案例精选

2010年3月，第十一届全国人民代表大会第三次会议通过《全国人民代表大会关于修改〈中华人民共和国全国人民代表大会和地方各级人民代表大会选举法〉的决定》，取消了城乡差别，实现城乡公民的平等选举权，调整了代表机构，规定应当有适当数量的妇女代表，并逐步提高妇女代表的比例。

【案例解析】2010年选举法的修改实现了我国公民选举权的城乡平等，实现同票同权，提高了代表构成的合理性，是平等性原则的充分体现，保障了选举权的人人平等。

（三）直接选举与间接选举并用的原则

直接选举是指由选民直接投票选出国家代议机关代表和国家公职人员的选举。间接选举是指不是由选民直接投票选出，而是由下一级国家代议机关或由选民选出的代表选举上一级国家代议机关代表和国家公职人员的选举。

我国选举法从基本国情出发，规定不设区的市、市辖区、县、自治县、乡、民族乡、镇的人大代表，由选民直接选举产生。全国人大代表、省、自治区、直辖市、设区的市、自治州的人大代表，由下一级人民代表大会选举产生。

（四）无记名投票原则

无记名投票也称秘密投票，是指选民不署自己的姓名，亲自书写选票并将选票投入密封票箱的一种投票方法。

我国《选举法》规定，各级人大代表的选举一律采用无记名投票的方法。对于因客观原因，而不能书写选票的人可以委托他人代写。

（五）差额选举的原则

差额选举是指在选举中候选人的人数多于应选代表名额的选举。

我国《选举法》规定，全国和地方各级人民代表大会代表实行差额选举，代表候选人的人数应当多于应选代表的名额。由选民直接选举人民代表大会代表的，代表候选人的人数应多于应选代表名额 1/3 至 1 倍；由县级以上的地方各级人民代表大会选举上一级人民代表大会代表的，代表候选人的人数应多于应选代表名额 1/5 至 1/2。差额选举有利于选民根据自己的自由意志选择满意的候选人。

（六）选举权利保障原则

我国《选举法》第 8 条规定：全国人民代表大会和地方各级人民代表大会的选举经费，列入财政预算，由国库开支。这一规定从物质上保障了选民根据自己的意愿投票，保障了候选人不因经济条件的差别而在选举时受到限制。

三、选举的程序

（一）直接选举程序

1. 选举组织机构

我国《选举法》第 9 条规定：不设区的市、市辖区、县、自治县、乡、民族乡、镇设立选举委员会，主持本级人民代表大会代表的选举。不设区的市、市辖区、县、自治县的选举委员会，受本级人民代表大会常务委员会的领导。乡、民族乡、镇的选举委员会，受不设区的市、市辖区、县、自治县的人民代表大会常务委员会的领导。

2. 划分选区

选区是以一定数量的人口为基础划分的区域，是选民选举产生人民代表的基本单位。根据选举法的规定，不设区的市、市辖区、县、自治县、乡、民族乡、镇的人民代表大会的代表名额分配到选区，按选区进行选举。选区可以按居住状况划分，也可以按生产单位、事业单位、工作单位划分，同时一般按选区大小，按照每一选区选一名至三名代表划分。

3. 选民登记

选民登记是公民取得选民资格的基本程序。根据我国选举法的规定，选民登记应按选区进行，凡年满 18 周岁未被剥夺政治权利的公民都应列入选民名单。

4. 提名并确定代表候选人

在直接选举中，代表候选人由各选区选民和各政党、各人民团体提名推荐。各政党、各人民团体可以联合或者单独推荐代表候选人。选民 10 人以上联名，也可以推荐代表候选人。各政党、各人民团体联合或者单独推荐的代表候选人的人数，每一选民参加联名推荐的代表候选人的人数，均不得超过本选区或者选举单位应选代表的名额。

5. 候选人的介绍

我国《选举法》规定，推荐者应向选举委员会介绍代表候选人的情况。接受推荐的代表候选人，应当向选举委员会如实提供个人身份简历等基本情况。选举委员会应当向选民介绍代表候选人的情况。

6. 组织投票

选举投票应在选举委员会主持下进行。选民在选举期间，经选举委员会同意，可以书面委托其他选民代为投票，但每一选民接受的委托不得超过三人。

7. 确定当选

选举结束以后，就进入选举结果的确定程序:（1）确定选举是否有效。在直接选举时，选区全体选民的过半数参加投票，选举有效。每次所投票数多于投票人数的无效，等于或者少于投票人数的有效。每一选票所选的人数，多于规定应选代表人数的作废，等于或者少于规定应选代表人数的有效。（2）代表候选人当选的确定。在直接选举中，选区全体选民的过半数参加投票选举有效，代表候选人获得参加选举投票的选民过半数的选票始得当选。若获得过半数选票的代表候选人的人数超过应选代表名额时，得票多的当选。获得过半数选票的当选代表的人数少于应选代表的名额时，不足的名额另行选举。（3）宣布选举结果。

（二）间接选举程序

1. 选举工作的主持机构

间接选举由各级人大常委会主持，即省、自治区、直辖市、设区的市、自治州的人民代表大会常务委员会主持本级人民代表大会代表的选举。

2. 代表候选人的提出

按照选举法的规定，间接选举的代表候选人由选举单位提名产生，各政党、各人民团体联合或者单独推荐代表候选人，代表 10 人以上联名也可以推荐代表候选人。

3. 确定正式代表候选人

4. 确定当选

选举大会由主席团主持，采用无记名投票方式，以代表候选人获得全体代表过半的选票者当选。公民不得同时担任两个以上无隶属关系的行政区域的人民代表大会代表。

✧ 思考与研讨题

1. 我国选举制度的基本原则有哪些?
2. 谈一谈我国选举制度的基本原则如何体现宪法精神?
3. 我国直接选举程序与间接选举程序有什么区别?

第三章 大学生必备民事法律知识

◆ **本章要点**

1. 民法的定义及其特点
2. 民事行为能力的划分
3. 代理与诉讼时效
4. 合同订立的要约与承诺
5. 人格权的保护
6. 侵权责任的承担
7. 婚姻的效力
8. 法定继承

2020 年 5 月 28 日，第十三届全国人民代表大会第三次会议通过了《中华人民共和国民法典》，并已于 2021 年 1 月 1 日正式施行，同时，多年以来规范民事主体民事活动的《中华人民共和国婚姻法》《中华人民共和国继承法》《中华人民共和国民法通则》《中华人民共和国收养法》《中华人民共和国担保法》《中华人民共和国合同法》《中华人民共和国物权法》《中华人民共和国侵权责任法》《中华人民共和国民法总则》同时废止。

《中华人民共和国民法典》（以下简称《民法典》）几乎涵盖了自然人从胎儿到死亡、法人及非法人组织从成立到注销过程中的方方面面，因此被称为“社会生活的百科全书”。

第一节 民法概论

一、民法的概念

民法（Civil law），是规定并调整平等主体的自然人、法人及非法人组织之间的人身关系和财产关系的法律规范的总称，是国家法律体系中的一个独立的法律部门，与人们的生活密切相关。[①] 民法既包括形式上的民法（即《民法典》），也包括单行的民事法

① 王利明等编著．民法学［M］．北京：高等教育出版社，2019：16.

律和其他法律、法规中的民事法律规范。

从性质上讲，民法是调整社会主义市场经济关系的基本法；从内容上讲，是规定权利主体有无权利、义务的法律，因此是实体法，而不是程序法；就其适用范围来说，是施行于一国范围内的法律，因此是国内法，而不是国际法；就其效力来说，是全国范围内主体间一般通用的法律，因此是普通法，而不是特别法。

作为一个法律概念，民法有实质意义与形式意义之分。实质意义的民法是指作为部门法的民法。形式意义的民法是指以一定体例编纂的并以民法命名的成文法典，因此《民法典》作为民事基本法，规范民事活动的基本准则，是我国形式意义上的民法。

实质意义的民法又有广义民法与狭义民法之分。广义民法是指调整平等主体之间的财产关系和人身关系的法律规范的总称，也就是私法的全部。因此，凡调整平等主体之间的财产关系和人身关系的法律规范，不论其以何种形式表现出来，均属于民法的范畴。狭义的民法，在民商分立的国家，指商法以外的私法；在我国由于采民商合一的立法例，商法并非作为一个独立的法律部门，因此，实质意义的民法是指广义的民法。

二、民法的调整对象

民法的调整对象是指民法所调整的平等主体之间发生的人身关系和财产关系。民事主体的人身权利、财产权利以及其他合法权益受法律保护，任何组织或者个人不得侵犯。民法调整平等主体的自然人、法人和非法人组织之间的人身关系和财产关系。

（一）平等主体之间的人身关系

人身关系，是人们在社会生活中形成的具有人身属性，与主体的人身不可分离的、不是以经济利益而是以特定精神利益为内容的社会关系。人身关系具有以下特点：

1. 主体的地位平等

民法所调整的人身关系的主体地位是平等的，主体相互间没有管理和被管理、命令和被命令、领导和被领导的关系，任何一方都不能支配另一方，而应平等相待，互不干涉。凡是主体地位不平等、相互间一方可支配另一方的人身关系，不由民法调整。

2. 与民事权利的享受和行使有关

人身关系，有的与民事权利的享受与行使有关；有的与政治权利的享受与行使有关，而与民事权利的享受和行使无关。民法只调整前者而不调整后者。例如，基于自然人的身体、健康、姓名、名誉而发生的人身关系，与自然人享受和行使民事权利有关，属于民法调整的人身关系；而基于选民身份或者基于某一党团成员身份而发生的人身关系，与民事权利的享受与行使无关，则不属于民法的调整对象。

3. 与主体的人身不可分离并不具有经济内容

所谓人身，是指主体的自身。因此，人身关系是基于体现自身属性的价值和身份而发生的社会关系，与主体的人身是不可分离的。这类社会关系不具有经济内容而是以特定的精神利益为内容的。当然，这并不是说民法所调整的人身关系无任何内容。有的人身关系与财产关系无直接的联系，却是主体存在的条件，是主体取得财产利益的前提，如自然人的生命健康关系；有的人身关系是与财产关系有直接联系的，如基于自然人的创作、发明而发生的人身关系。

（二）平等主体之间的财产关系

民法所调整的财产关系是以商品经济为基础的财产归属和财产流转关系，一般具有平等自愿和等价有偿的性质。财产关系具有以下特点：

1. 主体的地位是平等的

从主体的地位上说，有的财产关系的主体地位是不平等的，相互之间有隶属关系；有的财产关系的主体地位是平等的，相互间并无隶属关系。前者如财政税收关系，俗称为纵向经济关系；后者如借款关系，俗称为横向经济关系。只有主体地位平等的财产关系，才是民法的调整对象。

2. 一般是当事人自愿发生的

财产关系，有的是根据主体自己的意愿发生的，有的并不是主体自愿发生的，因民法所调整的财产关系的主体地位是平等的，各自独立，任何一方都不能将自己的意志强加给另一方，因此这种财产关系一般是主体在自愿基础上确立的。

3. 受价值规律支配

平等主体之间的财产关系因大多是当事人基于自己的利益需要按照自己的意愿设立的，因此一般遵循价值规律。正因为如此，民法调整的财产关系多是等价有偿的。

关键术语

民法是规定并调整平等主体的自然人、法人及非法人组织之间的人身关系和财产关系的法律规范的总称。

第二节　民事行为能力

民事法律关系是指由民事法律规范所调整的社会关系，也就是由民事法律规范所确认和保护的以民事权利和民事义务为基本内容的社会关系。法律关系主体是法律关系的参加者，即在法律关系中一定权利的享有者和一定义务的承担者。在我国，根据各种法律的规定，能够参与法律关系的主体包括：自然人、法人、非法人组织、国家等。自然人要能够成为法律关系的主体，享有权利和承担义务，就必须具有相应的权利能力和行为能力，即具有法律关系主体构成的资格。

一、民事权利能力和民事行为能力

自然人的民事权利能力是指法律赋予自然人享有民事权利和承担民事义务的资格。[①]这是自然人民事主体资格的法律依据和标志。

自然人的民事权利能力与其人身不可分离，自然人一生中每时每刻都必须享有，否

① 王利明．民法（第七版）［M］．北京：中国人民大学出版社，2018：42.

则其主体资格就会受到影响。所以自然人的民事权利能力与其生存的时间是一致的。关于自然人民事权利能力开始的时间，绝大多数国家都规定从出生时开始。根据我国《民法典》第 13 条的规定，“自然人从出生时起到死亡时止，具有民事权利能力，依法享有民事权利，承担民事义务”。我国自然人的民事权利能力从出生时开始。自然人基于出生这一事实就依法当然取得民事权利能力，而无须履行任何法定手续。

民事行为能力是指自然人能够以自己的行为独立参加民事法律关系，行使民事权利和设定民事义务的资格。[①] 自然人的行为能力是自然人的意识能力在法律上的反映。其标准有二：一是能否认识自己行为的性质、意义和后果；二是能否控制自己的行为并对自己的行为负责。

二、民事行为能力的划分

自然人的行为能力问题，是由法律予以规定的。世界各国的法律，一般都把本国自然人的民事行为能力划分为如下三类：完全行为能力人、限制行为能力人和无行为能力人。

行为能力必须以权利能力为前提，无权利能力就谈不上行为能力。对自然人来讲，有权利能力不一定有行为能力。根据我国《民法典》的规定，自然人分为完全民事行为能力人、限制民事行为能力人和无民事行为能力人三种：

（一）完全民事行为能力人

根据《民法通则意见》第 2 条的规定：“16 周岁以上不满 18 周岁的公民，能够以自己的劳动取得收入，并能维持当地群众一般生活水平的，可以认定为以自己的劳动收入为主要生活来源的完全民事行为能力人。”十八周岁以上的自然人为成年人。不满十八周岁的自然人为未成年人。成年人为完全民事行为能力人，可以独立实施民事法律行为。十六周岁以上的未成年人，以自己的劳动收入为主要生活来源的，视为完全民事行为能力人。

（二）限制行为能力人

八周岁以上的未成年人为限制民事行为能力人，实施民事法律行为由其法定代理人代理或者经其法定代理人同意、追认；但是，可以独立实施纯获利益的民事法律行为或者与其年龄、智力相适应的民事法律行为。

（三）无行为能力人

不满八周岁的未成年人为无民事行为能力人，由其法定代理人代理实施民事法律行为。不能辨认自己行为的成年人为无民事行为能力人，由其法定代理人代理实施民事法律行为。

---

① 王利明等编著 . 民法学［M］. 北京：高等教育出版社，2019：50.

案例精选

2017年6月某日，年满18周岁的大一学生小枫未经学校老师和家长同意私自外出。当日，他与另一同学乘坐高某驾驶的出租车赴北戴河玩耍，高某收取车费800元，又另外收取了高速公路过路费200元。小枫到达北戴河后，在某工地玩耍，造成该工地经济损失3000元。小枫的父母为了将小枫从北戴河接回，花费了1800元路费。小枫的父母认为，高某在明知小枫属于学生的情况下，同意搭载其去北戴河，违反了出租车运营规范。并且，他们认为高某对于小枫之后的闯祸行为负有不可推卸的责任，遂向法院提起诉讼，请求高某赔偿双倍路费共计2000元，接回小枫的路费1800元，小枫给工地造成的经济损失3000元。此外，他们还要求出租汽车公司对其司机教育不当作出书面道歉，并对上述诉讼请求承担连带赔偿责任。法庭上，高某辩称：我驾驶运营车辆搭载小枫并不违反运营规范。因为小枫要求出京，按照规定资费由双方协商支付路费。另外，高速公路过路费应当由乘客支付，故我没有过错，不应承担赔偿责任。出租汽车公司表示：公司已经尽到了对司机的教育管理义务，不断教育培训司机不得违规搭载乘客出京，没有规定出租车不可以载学生。

法院经审理查明，出租车张贴的“敬告乘客”价格标示中第8项为：“出北京市行政区客运业务收费由双方议定”，第9项为：“路通行费由乘客支付。”法院认为，本市出租车可以搭载乘客出北京市行政区客运，出北京市行政区时，乘客应当与出租车司机协商议定车费，故路费800元并没有不合理之处，其运营行为并不违反规定，高某无须就搭乘小枫赴北戴河一事承担民事责任，故驳回原告的诉讼请求。①

【案例解析】本案中小枫已属于成年人，也属于完全民事行为能力人，可以独立实施民事法律行为。出租车搭载小枫的行为无任何不当或不法的理由，属于正常的驾驶运营，故不应当承担赔偿责任。至于小枫在工地玩耍造成的经济损失，也应由其本人承担，本人承担有困难的，可先由其监护人小枫的父母垫付。

第三节　代理

一、代理的概念与种类

（一）代理的概念

代理是指代理人在代理权限内，以被代理人的名义与第三人实施法律行为，由此产生的法律后果直接由被代理人承担的一种法律制度。在代理制度中，以他人名义或自己名义为他人实施民事行为的人，称为代理人。由他人代为实施民事行为的人，称为被代理人，也称本人。与代理人实施民事行为的人，称为第三人。

① 陈慧芳编著．身边的民法［M］．上海：上海大学出版社，2017：13.

（二）代理的种类

1. 委托代理

委托代理又称为意定代理，是基于被代理人的委托授权所发生的代理。委托代理按照被代理人的委托行使代理权，民事法律行为的委托代理，可以用书面形式，也可以用口头形式。法律规定用书面形式的，应当用书面形式。书面委托代理的授权委托书应当载明代理人的姓名或者名称、代理事项、权限和期间，并由委托人签名或者盖章。委托书授权不明的，被代理人应当向第三人承担民事责任，代理人负连带责任。

2. 法定代理

法定代理是指基于法律的直接规定而发生的代理，法定代理人依照法律的规定行使代理权。法定代理主要适用于被代理人为无民事行为能力人或限制民事行为能力人的情况。《民法典》第 27 条规定，父母是未成年子女的监护人。无民事行为能力人、限制民事行为能力人的监护人是他的法定代理人。因此，未成年人的父母根据其监护人身份成为未成年人的法定代理人。

3. 指定代理

指定代理是指基于法院或有关机关的指定行为发生的代理，指定代理人按照人民法院或者指定单位的指定行使代理权。有关机关是指依法对被代理人的合法权益负有保护义务的组织，如未成年人住所地的居民委员会、村民委员会等。在没有法定代理人和委托代理人的情况下，人民法院或者有权机关可以依法为不能亲自处理自己事务的人指定代理人。在指定代理中，依法被指定为代理人的，如无特殊原因不得拒绝担任。

二、代理权的行使

代理权的行使就是代理人的义务之履行。通过履行自己的义务，代理人就实现了被代理人设立代理的目的。

（一）代理权行使的要求

1. 亲自行使代理权

被代理人之所以委托特定的代理人为自己服务，是基于对该代理人知识、技能、信用的信赖。因此，代理人必须亲自实施代理行为，才符合被代理人的愿望。除非经被代理人同意或有不得已的事由发生，否则不得将代理事务委托他人处理。

案例精选

2018 年 10 月，某书画装裱店与著名书法家赵某签订了一份委托书法作品创作合同。双方约定，赵某在 2019 年 2 月以前交付装裱店 20 副对联作品，装裱店支付赵某 5000 元报酬。2018 年 12 月，赵某因不慎跌倒致使右臂受伤，不能创作，于是他委托自己的儿子代为书写了全部对联，以此交付装裱店，装裱店支付了全部报酬。但是不久后装裱店感到作品风格与赵某不同，遂请专家作鉴定，结果发现属他人作品。赵某能否委托他的儿子代理其创作？[①]

【案例解析】赵某不能委托他的儿子代理其创作。《民法典》第161条规定："民事主体可以通过代理人实施民事法律行为。依照法律规定、当事人约定或者民事法律行为的性质，应当由本人亲自实施的民事法律行为，不得代理。"本案中合同既约定由赵某创作全部20副对联，同时书法创作具有很强的人身属性，必须由本人亲自实施，是不得代理的行为，赵某无权委托他人代为履行。

2. 谨慎、勤勉、忠实地行使代理权

代理制度为被代理人的利益而设，被代理人设立代理的目的，是利用代理人的知识和技能为自己服务，代理人的活动是为了实现被代理人的利益。因此，代理人行使代理权，应从被代理人的利益出发，而不是从他自己的利益出发，应谨慎、勤勉、忠实地处理好被代理人的事务，以增进被代理人的福利。

（二）代理权的滥用

1. 自己代理

所谓自己代理，是指代理人在代理权限内与自己为民事行为。

2. 双方代理

双方代理又称同时代理，是指一个代理人同时代理一个民事法律关系的双方当事人为民事行为的情况。

3. 代理人和第三人恶意串通

代理人和第三人恶意串通，损害被代理人利益的，代理人应当承担民事责任，第三人和代理人负连带责任。

关键术语

代理是代理人在代理权限内，以被代理人的名义与第三人实施法律行为，由此产生的法律后果直接由被代理人承担的一种法律制度。

第四节　诉讼时效

一、诉讼时效的概念与种类

（一）诉讼时效的概念

诉讼时效是指权利人在法定期间内不行使权利即丧失请求人民法院保护其民事权利的权利的法律制度。[②] 法律关于诉讼时效的规定属于强制性规范，其具体内容，如时效

① 王轶. 民法练习题集［M］. 北京：中国人民大学出版社，2018：48.

② 王利明. 民法总则［M］. 北京：中国人民大学出版社，2017：429.

期间的长度、适用条件、适用范围等都由法律规定，当事人不得协议变更或限制。权利人在诉讼时效期间不行使权利，不影响债权人提起诉讼，即不丧失起诉权。债权人起诉后，法院在确认诉讼时效届满的情况下，应驳回其诉讼请求，即债权人丧失胜诉权。超过诉讼时效期间，当事人自愿履行的，不受诉讼时效限制。

权利人长期不行使权利，会导致呈现一种权利不存在的状态，并使他人对这种事实状态基于合理的信赖，产生相应的预期，形成当事人之间相应的稳定关系。如果允许权利人无论何时均得主张其权利，势必影响法律秩序的稳定，损害不特定第三人的信赖利益。诉讼时效制度可以促使权利人按时行使自己的权利，维持既定法律秩序的稳定。

（二）诉讼时效的种类

1. 普通诉讼时效期间

《民法典》第 188 条规定："向人民法院请求保护民事权利的诉讼时效期间为 3 年，法律另有规定的，依照其规定。" 3 年的诉讼时效即普通诉讼时效。

2. 特殊诉讼时效期间

又分为短期诉讼时效、长期诉讼时效和最长诉讼时效。

（1）短期诉讼时效。如我国《海商法》第 257 条规定，就海上货物运输向承运人要求赔偿的请求权，时效期间为 1 年。第 260 条规定，有关海上拖航合同的请求权，时效期间为 1 年。第 263 条规定，有关共同海损分摊的请求权，时效期间为 1 年。

（2）长期诉讼时效。《民法典》第 594 条规定，因国际货物买卖合同和技术进出口合同争议提起诉讼或者申请仲裁的时效期间为 4 年。

（3）最长诉讼时效。《民法典》第 188 条规定："自权利受到损害之日起超过 20 年的，人民法院不予保护。有特殊情况，人民法院可以根据权利人的申请决定延长。" 20 年的诉讼时效期间为最长诉讼时效期间。最长诉讼时效期间从权利被侵害时计算，而非从权利人知道或者应当知道之时起算。最长诉讼时效期间可以适用诉讼时效的延长，但不适用诉讼时效期间的中断、中止等规定。

二、诉讼时效期间的计算

（一）诉讼时效期间的起算

我国《民法典》第 188 条规定：诉讼时效期间自权利人知道或者应当知道权利受到损害以及义务人之日起计算。这是关于诉讼时效期间起算的一般规定。特别法上有规定的，应当适用特别规定。

《民法典》第 189—190 条规定：当事人约定同一债务分期履行的，诉讼时效期间自最后一期履行期限届满之日起计算。无民事行为能力人或者限制民事行为能力人对其法定代理人的请求权的诉讼时效期间，自该法定代理终止之日起计算。未成年人遭受性侵害的损害赔偿请求权的诉讼时效期间，自受害人年满十八周岁之日起计算。

案例精选

北京市民张三常年在深圳工作，在北京只有其父。2018 年 12 月 1 日邻居从张三父亲那里借走了 2 万元，约定在 12 月 31 日归还并开了借条。结果张三父亲于 2018 年 12 月 25 日不幸去世。张三回京奔丧，没有发现借条，邻居也未告知张三借钱之事。假如张三一直不知道此事，那么张三收回借款的诉讼期间如何确定？假如到了 2019 年 4 月 5 日清明节，张三回北京祭奠其父，此时发现这张借条，诉讼期间如何确定？假如张三回到深圳后 20 年都未回京，第 20 年的 12 月 25 日才回来，此时发现借条，诉讼期间如何确定？

【案例解析】假如张三一直不知情，从 2019 年 1 月 1 日开始，张三的合法权益就受到侵犯，只起算 20 年的诉讼时效，3 年的诉讼时效则不起算。假如到了 2019 年 4 月 5 日清明节，张三得知此事，这时就从 2019 年 4 月 5 日开始起算 3 年的诉讼时效。假如张三第 20 年的 12 月 25 日得知此事，但距离 20 年时效只剩下 6 天的时间，那么张三剩余的时间就是 6 天。

（二）诉讼时效期间的中止、中断和延长

1. 诉讼时效期间的中止及法定事由

诉讼时效期间的中止，是指在诉讼时效期间进行中，因发生一定的法定事由使权利人不能行使请求权，暂时停止计算诉讼时效期间，待阻碍时效期间进行的法定事由消除后，继续进行诉讼时效期间的计算。诉讼时效期间中止的目的，在于当权利人不行使权利，是因为不得已的事由时，使权利人承担不利后果，未免失之不公。

依据《民法典》第 194 条的规定，在诉讼时效期间的最后六个月内，因下列障碍，不能行使请求权的，诉讼时效中止：一是不可抗力；二是无民事行为能力人或者限制民事行为能力人没有法定代理人，或者法定代理人死亡、丧失民事行为能力、丧失代理权；三是继承开始后未确定继承人或者遗产管理人；四是权利人被义务人或者其他人控制；五是其他导致权利人不能行使请求权的障碍。自中止时效的原因消除之日起满六个月，诉讼时效期间届满。

2. 诉讼时效期间的中断及法定事由

诉讼时效期间中断，是指在诉讼时效进行期间，因发生一定的法定事由，使已经经过的时效期间统归无效，待时效期间中断的事由消除后，诉讼时效期间重新计算。

依据《民法典》第 195 条的规定，有下列情形之一的，诉讼时效中断，从中断、有关程序终结时起，诉讼时效期间重新计算：一是权利人向义务人提出履行请求；二是义务人同意履行义务；三是权利人提起诉讼或者申请仲裁；四是与提起诉讼或者申请仲裁具有同等效力的其他情形。

诉讼时效期间中断的法律效果位于中断事由发生后，已经经过的时效期间全部作废，重新开始计算时效期间。诉讼时效的中断可以数次进行，当然不得超过 20 年最长诉讼时效的限制。

3. 诉讼时效期间的延长

通常情况下，权利人在诉讼时效期间内不行使权利，于时效期间届满后，向法院要求保护权利的，法院不予支持。但有的权利人在诉讼时效期间内未能行使权利确有正当原因，其原因不包括在使时效期间中止、中断的法定事由内，严格适用诉讼时效期间的规定将造成不公平的结果。针对这种情况，依据《民法典》第 188 条的规定，有特殊情况的，人民法院可以根据权利人的申请决定延长。以便保护特殊情况下权利人由于特殊原因未能及时行使的权利，避免造成不公平的结果。诉讼时效期间的延长，是对诉讼时效期间的中止和中断的补充。法律特别设立诉讼时效期间的延长制度予以平衡。

第五节　合同法

一、合同概述

（一）合同的概念与特征

合同是指平等主体的自然人、法人、其他组织之间设立、变更、终止民事权利义务关系的协议。[①] 合同具有以下法律特征：

1. 合同是平等主体之间的民事法律关系

合同是平等当事人之间从事的法律行为，任何一方不论其所有制性质及行政地位，都不能将自己的意志强加给对方。

2. 合同是双方或者多方法律行为

合同至少需要两个或两个以上的当事人；合同是法律行为，故当事人的意思表示是合同的核心要素；而且要求当事人之间的意思表示一致。

3. 合同是当事人之间民事权利与义务关系的协议

婚姻、收养、监护等有关身份关系的协议，不适用合同法律规范的调整。

（二）合同的分类

根据不同的分类标准，可将合同分为不同的种类。一般情况，在立法与合同法理论上对合同作以下分类：

1. 典型合同与非典型合同

以法律是否设有规范并赋予一个特定的名称为标准，合同分为典型合同和非典型合同。典型合同是立法上规定了确定名称与规则的合同，如分则中规定的买卖合同、赠与合同、借款合同、租赁合同等各类合同。非典型合同是立法上尚未规定有确定名称与规则的合同。

2. 单务合同与双务合同

以给付义务是否由双方当事人互负为标准，可将合同分为单务合同与双务合同。单务合同是指仅有一方当事人承担义务的合同，如赠与合同。双务合同是指双方当事

---

① 王利明 . 民法［M］. 北京：中国人民大学出版社，2018：407.

人互负对价义务的合同，如买卖合同、承揽合同、租赁合同等。区分两者的法律意义在于，双务合同中存在同时履行抗辩权和风险负担的问题，而这些情形并不存在于单务合同中。

3. 有偿合同与无偿合同

以当事人取得权益是否须付相应代价为标准，可将合同分为有偿合同与无偿合同。有偿合同是指合同当事人为从合同中得到利益要支付相应对价给付的合同。买卖、租赁、雇用、承揽、行纪等都是有偿合同。无偿合同是指只有一方当事人做出给付，或者虽然是双方作出给付但双方的给付价值不具有对价意义的合同。赠与合同是典型的无偿合同。

4. 诺成合同与实践合同

以合同的成立是否须交付标的物为标准，可以将合同分为诺成合同与实践合同。诺成合同是指当事人意思表示一致即可认定合同成立的合同。实践合同是指在当事人意思表示一致以外，尚须有实际交付标的物或者有其他现实给付行为才能成立的合同。如保管合同、自然人之间的借贷合同、定金合同等。

5. 要式合同与不要式合同

根据合同的成立是否必须符合一定的形式为标准，可将合同分为要式合同与不要式合同。要式合同是按照法律规定或者当事人约定必须采用特定形式订立方能成立的合同。不要式合同是对合同成立的形式没有特别要求的合同。确认某种合同属于要式合同必须法律有规定或者当事人之间有约定。

案例精选

大学生甲因购买苹果手机向其朋友乙同学借款一万元，借款时，双方对利息未约定，请分析该合同的性质？

【案例解析】该合同涉及自然人之间的借款合同，自然人之间的借款合同标的物交付时，合同成立，故该合同为实践合同；本合同中双方未约定利息，因此该合同系无偿合同。

二、合同的订立

（一）合同订立程序

订立合同采取要约、承诺的方式进行。当事人意思表示真实一致时，合同即可成立。

1. 要约

（1）要约的概念。要约是指希望和他人订立合同的意思表示。要约可以向特定人发出，也可以向非特定人发出。根据民法典合同编相关规定，该意思表示应当符合下列规定：①内容具体确定。②表明经受要约人承诺，要约人即受该意思表示约束。

（2）要约邀请。要约邀请是希望他人向自己发出要约的意思表示。寄送的价目表、拍卖公告、招标公告、招股说明书、商业广告等，性质都为要约邀请。但若商业广告的内容符合要约的规定，如悬赏广告，则视为要约。

（3）要约的生效时间。要约到达受要约人时生效。采用数据电文形式订立合同，收件人指定特定系统接收数据电文的，该数据电文进入该特定系统的时间，视为到达时间；未指定特定系统的，该数据电文进入收件人的任何系统的首次时间，视为到达时间。

（4）要约的撤回。要约可以撤回。撤回要约的通知应当在要约到达受要约人之前或者与要约同时到达受要约人。撤回要约是在要约尚未生效的情形下发生的。

2. 承诺

（1）承诺的概念。承诺是受要约人同意要约的意思表示。承诺应当由受要约人向要约人作出。

（2）承诺期限。承诺应当在要约确定的期限内到达要约人。要约没有确定承诺期限的，承诺应当依照下列规定到达：要约以对话方式作出的，应当即时作出承诺，但当事人另有约定的除外；要约以非对话方式作出的，承诺应当在合理期限内到达。

要约以信件或者电报作出的，承诺期限自信件载明的日期或者电报交发之日开始计算。信件未载明日期的，自投寄该信件的邮戳日期开始计算。要约以电话、传真等快速通讯方式作出的，承诺期限自要约到达受要约人时开始计算。

（3）承诺的生效时间。承诺自通知到达要约人时生效。承诺不需要通知的，自根据交易习惯或者要约的要求作出承诺的行为时生效。承诺生效时合同成立。

（4）承诺的撤回。承诺人发出承诺后反悔的，可以撤回承诺，其条件是撤回承诺的通知应当在承诺通知到达要约人之前或者与承诺通知同时到达要约人。

3. 合同成立的时间与地点

（1）合同成立的时间。由于合同订立方式的不同，合同成立的时间也有不同：承诺生效时合同成立。这是大部分合同成立的时间标准；当事人采用合同书形式订立合同的，自双方当事人签字或者盖章时合同成立。如双方当事人未同时在合同书上签字或盖章，则以当事人中最后一方签字或盖章的时间为合同的成立时间；当事人采用信件、数据电文等形式订立合同的，可以要求在合同成立之前签订确认书。签订确认书时合同成立。

（2）合同成立的地点。由于合同订立方式的不同，合同成立地点的确定标准也有不同：承诺生效的地点为合同成立的地点。这是大部分合同成立的地点标准；采用数据电文形式订立合同的，收件人的主营业地为合同成立的地点；当事人采用合同书形式订立合同的，双方当事人签字或者盖章的地点为合同成立的地点。如双方当事人未在同一地点签字或盖章，则以当事人中最后一方签字或盖章的地点为合同成立的地点。

（二）合同的内容与形式

1. 合同的内容

合同的内容，就是合同当事人的权利与义务，具体体现为合同的各项条款。根据《民法典》第 470 条的规定，合同内容由当事人约定，一般包括下列条款：（1）当事人的名称或者姓名和住所；（2）标的；（3）数量；（4）质量；（5）价款或者报酬；（6）履行期限、地点和方式；（7）违约责任；（8）解决争议的方法。

格式条款，是指当事人为了重复使用而预先拟定并在订立合同时未与对方协商的条款。《民法典》第496—498条，从维护公平、保护弱者出发，对格式条款从三个方面予以限制：第一，提供格式条款一方有提示、说明的义务，应当提请对方注意免除或者限制其责任的条款，并按照对方的要求予以说明；第二，免除提供格式条款一方当事人主要义务、排除对方当事人主要权利的格式条款无效；第三，对格式条款的理解发生争议的，应按通常理解予以解释。对格式条款有两种以上解释的，应当作出不利于提供格式条款一方的解释。

2. 合同的形式

合同的形式，是指合同当事人意思表示一致的外在表现形式。当事人订立合同，可以采取书面形式、口头形式和其他形式。合同形式在对于固定证据、警告当事人郑重其事、区分磋商与缔结两个阶段均有重要意义。

案例精选

大学生甲去乙超市购物，将随身携带的电脑包（内有笔记本电脑一部）存放于超市设置的储物柜内，购物后甲在取回自己物品时发现，其储物柜被撬，个人物品包括笔记本电脑丢失，甲遂要求乙超市赔偿自己的损失。乙超市辩称自己已经将购物须知明显张贴于超市入口，须知上明确说明储物柜不得存放贵重物品，否则丢失概不负责。因此乙超市没有赔偿义务。后经公安机关查明，该储物柜挂锁早已损坏，很容易撬开，不具备保险功能。问：购物须知是否属于合同的一部分？本案应该如何处理？[①]

【案例解析】购物须知属于合同的一部分，其性质是格式条款。本案中，购物须知被明显置于超市入口处，已经以一种合理方式提醒顾客注意，因此应该认为顾客接受了该条款，该条款属于合同的一部分。

该免责条款中，实际上免除了乙超市因重大过失或故意造成对方财产损失的责任，该部分免责条款无效，本案中，乙超市在储物柜挂锁早已损坏的情况下，仍然不予修理或更换，应该认为其存在重大过失。因此给大学生甲造成的损失，乙超市应该承担赔偿责任。

三、合同的履行

（一）合同约定不明的履行规则

合同生效后，当事人就质量、价款或者报酬、履行地点等内容没有约定或者约定不明确的，可以协议补充；不能达成补充协议的，按照合同有关条款或者交易习惯确定。依照上述规则仍不能确定的，依照下列规则确定：

① 房绍坤．合同法练习题集（第四版）［M］．北京：中国人民大学出版社，2019：112.

第一，质量要求不明确的，按照国家标准、行业标准履行；没有国家标准、行业标准的，按照通常标准或者符合合同目的的特定标准履行。

第二，价款或者报酬不明确的，按照订立合同时履行地的市场价格履行；依法应当执行政府定价或者政府指导价的，按照规定履行。

第三，履行地点不明确，给付货币的，在接受货币一方所在地履行；交付不动产的，在不动产所在地履行；其他标的，在履行义务一方所在地履行。

第四，履行期限不明确的，债务人可以随时履行，债权人也可以随时要求履行，但应当给对方必要的准备时间。

第五，履行方式不明确的，按照有利于实现合同目的的方式履行。

第六，履行费用的负担不明确的，由履行义务一方负担。

合同约定执行政府定价或者政府指导价的，在合同约定的交付期限内政府价格调整时，按照交付时的价格计价。逾期交付标的物的，遇价格上涨时，按照原价格执行；价格下降时，按照原价格执行。

（二）双务合同的履行抗辩权

双务合同的履行抗辩权，是当事人在符合条件时，将自己的给付暂时保留的权利。合同法为双务合同的债务人规定了同时履行抗辩权、先履行抗辩权和不安抗辩权三种履行抗辩权，使债务人可以在法定情况下对抗相对人的请求权，使保留给付的行为不构成违约。

1. 同时履行抗辩权

是指双务合同的当事人应同时履行义务的，一方在对方未履行前，有拒绝对方请求自己履行合同的权利。当事人互负债务，没有先后履行顺序的，应当同时履行。一方在对方履行之前有权拒绝其对自己提出的履行要求。一方在对方履行债务不符合约定时，有权拒绝其相应的履行要求。

2. 先履行抗辩权

是指双务合同中应当先履行义务的一方当事人未履行时，对方当事人有拒绝对方请求履行的权利。当事人互负债务，有先后履行顺序，先履行一方未履行的，后履行一方有权拒绝其履行要求。先履行一方履行债务不符合约定的，后履行一方有权拒绝其相应的履行要求。

3. 不安抗辩权

是指双务合同中应先履行义务的一方当事人，有确切证据证明相对人财产明显减少或欠缺信用，不能保证对待给付时，有暂时中止履行合同的权利。应当先履行债务的当事人，有确切证据证明对方有下列情形之一的，可以中止履行：（1）经营状况严重恶化；（2）转移财产、抽逃资金，以逃避债务；（3）丧失商业信誉；（4）有丧失或者可能丧失履行债务能力的其他情形。主张不安抗辩权的当事人如果没有确切证据中止履行的，则应当承担违约责任。

当事人行使不安抗辩权中止履行的，应当及时通知对方。对方提供适当担保时，应当恢复履行。中止履行后，对方在合理期限内未恢复履行能力并且未提供适当担保的，中止履行的一方可以解除合同。

四、合同的变更

（一）合同变更的概念

合同的变更是指合同内容的变更，不包括合同主体的变更。合同主体的变更属于合同的转让。除了双方通过合意变更合同以外，还存在法定变更的情形，即一方当事人单方通知对方变更合同的权利。

（二）合同变更的形式

1. 债权转让

是指债权人将合同的权利全部或者部分转让给第三人的法律制度。其中债权人是转让人，第三人是受让人。债权人转让权利的，无须债务人同意，但应当通知债务人。

（1）禁止债权转让的情形

下列债权不得转让：①根据合同性质不得转让，主要指基于当事人特定身份而订立的合同，如出版合同、赠与合同、委托合同、雇用合同等；②按照当事人约定不得转让；③依照法律规定不得转让。

（2）债权转让的效力

对债权人而言，在全部转让的情形下，原债权人脱离债权债务关系，受让人取代债权人地位。在部分转让情形下，原债权人就转让部分丧失债权。对受让人而言，债权人转让权利的，受让人取得与债权有关的从权利，如抵押权。对债务人而言，债权人权利的转让，不得损害债务人的利益，不应影响债务人的权利。

2. 债务承担

债务人将合同义务的全部或者部分转移给第三人的，应当经债权人同意。这是因为新债务人的资信情况和偿还能力须得到债权人的认可，以免债权人的利益受到不利影响。债务人转移义务的，新债务人可以主张原债务人对债权人的抗辩。

3. 债权债务的概括移转

是指合同一方当事人将自己在合同中的权利义务一并转让的法律制度。当事人一方经他方当事人同意，可以将自己在合同中的权利义务一并转让给第三人。

五、合同的终止

（一）合同终止的概念

合同的终止，是指因发生法律规定或当事人约定的情况，使当事人之间的权利义务关系消灭，而使合同终止法律效力。合同消灭的效力，除当事人之间的权利义务终止外，从属于主债的权利义务，也随之消灭。

（二）合同终止的原因

合同作为一种民事法律关系，必须因一定的法律事实才能终止，引起合同终止的法律事实主要有：债务已经按照约定履行；合同解除；债务相互抵销；债务人依法将标的物提存；债权人免除债务；债权债务同归于一人，即混同；法律规定或者当事人约定终止的其他情形。

1. 清偿

又叫履行，是指为了实现合同目的，满足债权，合同债务人依照合同的约定圆满完成约定义务的行为和终局状态。

2. 解除

是指合同有效成立以后，没有履行或者没有完全履行之前，双方当事人通过协议或者一方行使解除权的方式，使合同关系终止的法律制度。

合同的解除，分为合意解除与法定解除两种情况。合意解除，是指根据当事人事先约定的情况或经当事人协商一致而解除合同。法定解除是指根据法律规定而解除合同。根据《民法典》第 562 条的规定，当事人可以约定一方解除合同的事由。解除合同的事由发生时，解除权人可以解除合同。

3. 抵销

是双方当事人互负债务时，一方通知对方以其债权充当债务的清偿或者双方协商以债权充当债务的清偿，使双方的债务在对等额度内消灭的行为。抵销分为法定抵销与约定抵销。法定抵销是指当事人互负到期债务，该债务的标的物种类、品质相同的，任何一方可以将自己的债务与对方的债务抵销，但依照法律规定或者按照合同性质不得抵销的除外。约定抵销是指当事人互负债务，标的物种类、品质不相同的，经双方协商一致，也可以抵销。

4. 提存

是指非因可归责于债务人的原因，导致债务人无法履行债务或者难以履行债务的情况下，债务人将标的物交由提存机关保存，以终止合同权利义务关系的行为。

标的物提存后，毁损、灭失的风险由债权人承担。提存期间，标的物的孳息归债权人所有。提存费用由债权人负担。标的物不适于提存或者提存费用过高的，债务人依法可以拍卖或者变卖标的物，提存所得的价款。

债权人可以随时领取提存物，但债权人对债务人负有到期债务的，在债权人未履行债务或者提供担保之前，提存部门根据债务人的要求应当拒绝其领取提存物。

债权人领取提存物的权利，自提存之日起 5 年内不行使则消灭，提存物扣除提存费用后归国家所有。此处规定的“5 年”时效为不变期间，不适用诉讼时效中止、中断或者延长的规定。

5. 免除与混同

债权人免除债务人部分或者全部债务的，合同的权利义务部分或者全部终止。债权和债务同归于一人，即债权债务混同时，合同的权利义务终止。

第六节　人格权法

在2020年颁布的《民法典》中，人格权编的独立成编，不仅是《民法典》在体系结构的创新，也是《民法典》充分地保障人权和人格尊严的重大亮点。人格权是民事主体对其生命、身体、健康、姓名和名称、肖像、名誉、隐私、个人信息等人格利益所依法享有排除他人侵害的权利。如果说保护民事主体的财产性权利是为主体的生存和发展提供物质基础，那么保护人格利益则是维护人的主体性存在，保障每个人的人格尊严。

在信息化和网络化的社会中，网络上侵害公民人格权的案件越来越多，但是网络不是法外之地，互联网时代为充分保护公民的人格权增加了更高要求。大学生是祖国的未来，同时大学生也是网络平台最广泛的使用者，让大学生充分了解人格权、尊重他人的人格权、合法维护自己的人格权具有深远意义。那么，何谓人格权？人格都保护哪些内容？当人格权受到侵害，该如何维护自己的权利？等等。因而认识和把握人格权的基本含义、基本特征和权利内容、维权途径，以案释法的说明，是首要的任务。

一、人格权的概述

（一）人格权的概念

依据现代民法学的主流认识，结合《民法典》第990条[①]、《民法典》第110条[②]的规定，可以对人格权作出如下定义：人格权是指民事主体依法享有的，实现人格尊严和人格自由，并排斥他人侵害的权利。

案例精选

甲是一名老板，身家数亿。他将自己一箱书信委托朋友乙保管。乙偷看了这些书信，认为若将这些书信在网上披露，将引起网民的广泛关注。于是，乙就联系一个微信公众号的运营者丙，双方签订协议，将甲的部分信件在微信公众号上陆续推出，对方支付数万元。在该公众号发出一封书信之后，被甲发现。甲要求该公众号的运营者丙停止推送，而丙提出其获得了授权。甲向法院申请颁发禁令，请求该微信公众号的运营者删除已经发出的书信，并禁止其发出其他的书信。

【案例解析】乙未经甲的许可擅自将甲的书信在微信公众号上发布，构成对甲的隐私权的侵害。乙和丙之间已订立推送书信的协议，且丙已经发出了一封书信，符合

---

①《民法典》第990条规定："人格权是民事主体享有的生命权、身体权、健康权、姓名权、名称权、肖像权、名誉权、荣誉权、隐私权等权利。除前款规定的人格权外，自然人享有基于人身自由、人格尊严产生的其他人格权益。"

②《民法典》第110条规定："自然人享有生命权、身体权、健康权、姓名权、肖像权、名誉权、荣誉权、隐私权、婚姻自主权等权利。法人、非法人组织享有名称权、名誉权和荣誉权。"

《民法典》第997条所规定的“有证据证明行为人正在实施或者即将实施侵害其人格权的违法行为”，所以，甲有权请求法院颁发禁令，删除已经发出的书信，并禁止其发出其他的书信。

（二）人格权的类型

人格权分为具体人格权和一般人格权。

一般人格权是以法律形式对公民或法人等民事主体享有的具体权利的高度概括，亦是“具体人格权”的对称。我国《民法典》第990条第2款规定：“除前款规定的人格权外，自然人享有基于人身自由、人格尊严产生的其他人格利益。”由此可见，此种权利主要以主体的人格独立、人格自由、人格尊严为其基本内容。

《民法典》第110条规定了具体人格权的内容。[①] 详见下文。

二、具体人格权[②]

（一）生命权

生命权是法律所保护的最高利益。由《民法典》第1002条的规定，可知生命权是以自然人生命安全利益为内容的人格权。生命权的存在和生命权的享有，是每个人最重要的人格利益，是每个自然人从事民事活动和其他一切活动的基础和前提，切实关系到每个自然人的根本利益。因此，法律赋予每个自然人生命权，禁止任何机关、单位和个人非法剥夺他人的生命权。

1. 生命权的主要特征

（1）生命权的客体是生命及其安全利益，这与其他人格权明显不同，生命权具有至高无上性。

（2）生命权的行使具有消极预防性。生命权只有在遭受侵害后，相关权利主体才能以受到侵害生命权为由主张救济，在生命安全未遇到危险或者威胁时，就没有主张权利的必要。

（3）生命权救济方式的特殊性。生命权一旦受到实际侵害，任何权利救济对于权利主体都是毫无意义的。救济的唯一途径就是权利主体的利害关系人得到财产上的补偿和精神上的抚慰。

案例精选

甲是一名著名艺人，乙是甲的司机。某日，乙开车带甲去公司，行至半路，遇到酒后超速驾驶的丙，两车相撞，导致甲和乙当场死亡。后甲和乙的近亲属诉至法院请求丙赔偿，请问甲、乙的主张能否成立？

---

①《民法典》第110条的规定：民事主体的人格权自然人享有生命权、身体权、健康权、姓名权、肖像权、名誉权、荣誉权、隐私权、婚姻自主权等权利。法人、非法人组织享有名称权、名誉权和荣誉权。

②《民法典》第1002条规定：自然人享有生命权。

【案例解析】该案是侵害生命权的典型案例，根据《民法典》第 1002 条和第 1180 条的规定，甲和乙的近亲属的诉讼请求应当得到支持，甲和乙的近亲属有权得到财产上的赔偿和精神损害赔偿。

2. 生命权的内容

（1）生命安全维护权。内容是维护生命的延续，包括不受他人非法侵害生命健康，他人非法剥夺生命，当生命权受到侵害或者威胁，权利人有权请求停止侵害、消除危险。生命安全维护权包括两方面的内容：一是消极维护权，体现为生命安全的维护。如权利人可以进行自助行为，可以进行正当防卫。

（2）生命尊严维护权。包括两方面的内容：一是维护生命存续的质量；二是维护生命结束的质量。这就意味着，人既要活得有尊严，同时，个人也可以选择有尊严的死亡。现代人格权理论主张有限的生命利益支配权，生命对于个人具有最高的人格价值和利益价值，但当个人利益与社会利益相比时，社会利益高于个人利益，个人毅然放弃自己的生命是道义上值得尊敬的，在法律上也是允许的。

（二）健康权

健康权是自然人以其身体的生理机能的完整性和保持持续、稳定、良好的心理状态为内容的权利。具体包括肉体组织、生理及心理机能三个方面，不受任何机关、单位和个人的侵害。健康权的内容包括：

1. 健康享有权。自然人享有保持其身心健康的权利。健康是指人体的各器官系统发育良好、功能正常、体质健壮、精力充沛并且有良好劳动效能的状态。权利人只要遵守法律规定和公序良俗，就可以用尽一切权利维护自己的健康权。

2. 健康维护权。健康权属于支配权的范畴，健康权的支配性体现为健康维护权。权利人可以采取合法途径维护自己的健康并排除他人侵害的权利。依据《民法典》的规定，作为人格权的健康权，不仅生理健康，而且心理健康。

案例精选

甲长期在外地工作，很少回家，其父母年迈，一直居住在某山区。乙为甲的同事，某天给甲写了一封信，谎称甲的父亲在老家去世。甲收到信后，立即与父母联系，由于一直联系不上，甲没有顶住巨大的心理打击，导致精神崩溃，身体状况日益恶化。后甲得知是乙所为，因此起诉至法院，请求乙承担赔礼道歉、赔偿损失等责任。甲的请求能否成立?

【案例解析】该纠纷属于健康权纠纷。在该案中，乙故意写信谎称甲的父亲去世，导致甲的精神痛苦，并造成甲心理健康遭受严重损害，侵害了甲的健康权，甲有权依据《民法典》第 1004 条请求乙承担赔礼道歉、赔偿损失等责任。

（三）身体权

身体权，是指自然人保持其身体组织完整并支配其肢体、器官和其他身体组织的权利。身体是生命的物质载体，是生命得以产生和延续的最基本条件，由此决定了身体权对自然人至关重要。身体权与生命权、健康权密切相关，侵害自然人的身体往往导致对自然人健康的损害，甚至剥夺自然人的生命。生命权保护自然人生命的延续，健康权保护身体各组织及整体功能正常，身体权所保护的是身体组织的完整及对身体组织的支配。

案例精选

甲为个体工商户，经营一家餐馆。甲向乙购买了一罐煤气，但由于乙交付的煤气罐质量不合格，使用过程中发生煤气爆炸，导致甲面部3级烧伤。甲以身体权、健康权受损为由，请求乙承担侵权责任，赔偿其财产和精神损害。甲的主张能否成立?

【案例解析】该案属于侵害人格权的案件，在该案中，乙提供质量不合格的煤气罐，导致甲遭受人身损害，甲有权请求乙承担侵权责任。因煤气罐爆炸导致甲的面部烧伤，构成对甲身体权、健康权的侵害，甲有权依据《民法典》第1003条和第1004条关于身体权和健康权的规定，请求乙赔偿其财产和精神损害。

身体权的内容包括：

一是身体完整权。身体完整是自然人身体不受侵害，依法维护自己的身体完整。权利人在其身体的安全和完整受到他人侵害的情况下，有权采取一定的措施排除他人的侵害或妨害。包括正当防卫、紧急避险等积极措施，也包括行使消极的请求权。

二是行动自由权。个人依法享有身体活动自由，不受他人的非法拘禁和限制。行动自由是权利人在法律规定的范围内自主支配自己行动自由，也是人身自由的组成部分。在法律规定的范围内，权利人有行动的自由，且不受他人干涉。

三是依法自决权。身体权是一种绝对权，则权利人享有一定的支配权，并在符合法律和公序良俗的前提下，对其身体的某一部分。例如患者享有知情同意权，权利人可以依法捐献人体器官，权利人可以无偿献血。

（四）姓名权

姓名权是自然人依法决定、使用、变更或者许可他人使用自己的姓名。姓名是人的生理属性、社会属性的代号和标志，是每一个人区别于他人的符号。

1. 姓名权的特征

（1）姓名权具有专有性。它与自然人的人身不可分割，也不得由权利人抛弃。而且依据我国法律的规定，姓名权的主体仅限于自然人。

（2）姓名权具有非财产性。它本身不具有财产内容，也无法体现为具体确定的财产价值。同时姓名权不像其他财产权客体一般可以转让或继承。

（3）姓名是自然人特定化的标志，是自然人人格的外在表现。

2. 侵犯姓名权的类型[①]

（1）干涉姓名权的行为。行为人违反权利人的意愿，积极地实施了侵害他人姓名的行为。该种侵权行为的成立不以行为人存在不正当目的为要件。比如，张三干涉其成年养子女决定和使用其姓名、派出所不予进行姓名登记，等等。

（2）盗用行为。行为人没有取得权利人的同意，擅自使用他人的姓名，其结果造成他人或者社会的损害。比如，甲将乙的名字署在自己的作品上、甲冒用乙的名字领取就业补助金，等等。

（3）假冒行为。指冒名顶替、冒充他人姓名进行活动。例如，莫言是著名的作家，王鑫写了一本小说《高粱地》，也署名为莫言，这就侵犯了莫言的姓名权。

（五）名称权

所谓名称权，是指特定团体依法享有的决定、使用、变更及依照法律规定转让自己的名称并排除他人的非法干涉及不当使用的权利。法人和其他组织享有名称权，企业的名称例如阿里巴巴集团。

案例精选

甲是某著名连锁咖啡店老板，乙新开了一家咖啡店，为了吸引顾客，乙在咖啡店宣传条幅和大堂内的装潢中使用了甲的咖啡店的名称。甲得知情形后，诉至法院，请问甲的诉讼请求能否得到支持？

【案例解析】法人享有名称权，他人未经法人同意，不得擅自使用法人的名称。本案中，乙擅自使用甲的咖啡店名称，侵犯咖啡店的名称权。

（六）名誉权

名誉是社会或他人对特定自然人、法人的信誉、商誉、资历、品德、才干等一系列的社会声望和形象的客观评价。而名誉权是自然人或者法人依法享有的维护其社会公正评价并排斥他人侵害的权利。这种权利的客体表现在权利人依法享有的为社会所公正评价名誉。侵犯名誉权的行为主要表现为侮辱和诽谤。侵权的结果将导致权利人的社会评价降低。比如，张三故意向社会传播李四是被失信执行人，对李四造成不好的影响，侵害了李四的名誉权。

（七）肖像权

肖像权是通过影像、雕塑、绘画等方式在一定载体上反映特定自然人的可以被识别的外部形象。

1. 肖像权的特征

（1）肖像权的主体仅限于自然人，只有自然人享有肖像权，法人或非法组织使用自然人的肖像需要得到自然人的同意。例如，小丽是大一新生，但小丽天生丽质，学校官

① 吴鹏 . 姓名权的“映射”侵权研究［D］. 北京：中国政法大学，2011.

网的招新广告想使用小丽的照片，要事先经过小丽的同意。

（2）客体为肖像利益。肖像权人享有各项权利，如依法制作、使用、公开或者许可他人使用自己的肖像，并有权获得商业利益的专有权利。例如，大学生小明是一个帅哥，在学校的影像店拍了证件照。影像店在没有得到小明同意的情况下，擅自使用小明的照片作为宣传页，这一行为侵犯了小明的肖像权。影像店是商业使用，小明可以要求影像店支付合理的费用。

2. 肖像权的内容

（1）肖像制作权。自然人可以根据自己的形象。自己或者许可可以通过造型或者其他途径在线自己的形象。大学生李磊是学校美术工作室的成员，热爱绘画。一天他在学校发现同学李梅看书的景象特别美好，便进行绘画，随后将照片发布在网上，引发关注。李磊的行为是对李梅肖像制作权的侵害。

（2）肖像使用权。使用他人的肖像要事先得到他人的许可，权利人许可他人使用，可以获得一定的财产性利益。大学生小可是抖音爱好者，在抖音发布了很多自己的图片和影像，得到广泛关注，服装店店主觉得小可的形象比较好，擅自使用小可的图片作为服装店宣传照。服装店侵害了小可的肖像权，应事先得到小可的同意。

（3）禁止侵害权。当自然人的权利人肖像权受到侵害时，权利人可以请求进行相应赔偿。

案例精选

甲为某著名整形医院，乙是某大学舞蹈系的女大学生，容貌俏丽，乙曾陪朋友去甲整形医院。甲为夸大医院的整容手术效果，盗用乙的照片为手术后的效果图，进行宣传。乙发现后将甲医院诉至法院，主张甲医院侵害了其肖像权，乙的请求能否得到支持？

【案例解析】该案属于肖像权纠纷。依据《民法典》第1018条第2款，肖像知护的前提是，行为人所利用的肖像应当具有可识别性，即通过行为人所利用的肖像能够识别出特定的肖像权人。在该案中，甲医院未经乙同意擅自使用了乙的照片制作了广告宣传图片，侵犯了乙的肖像权。乙所提出的甲医院侵害其肖像权的主张可以得到支持。

（八）隐私权

隐私是个人生活秘密不受他人披露和干涉的状态，具有私人性、非公开性。隐私权就是指个人对其私生活安宁、私生活秘密等享有的权利，是自然人对其个人私生活领域进行支配的一种人权。隐私权的特征包括：

一是主体的特定性。隐私权只能由自然人享有，法人或其他组织不享有隐私权。隐私权在根本上体现了对个人的尊重和人格尊严的维护。

二是内容的广泛性。隐私权的内容不仅包括私生活的信息秘密、私生活的安宁，还包括对个人私生活事务的自主决定权。

三是客体的可利用性。隐私权虽然是一种精神性人格权，但具有一定的财产属性。隐私权人有权保护自己的隐私不受非法披露和公开。同时隐私权的行使，以隐私权人的隐私受到侵害为前提，只有当权利受到侵害才可以主张隐私权。

案例精选

大学生小雪是著名的网络漫画家。某一天，小雪发现古城堡公司经营的"孔夫子旧书网"上出现大量她及其家人、朋友间的私人信件以及她的漫画手稿的拍卖信息，涉及大量家庭内部的生活隐私，其中的18封书信和手稿由赵某某拍卖。小雪认为赵某某未经授权公开她的书信和手稿，古城堡公司未对赵某某的出售行为进行审核，构成对她隐私权的侵犯，请问小雪的请求能否得到支持？①

【案例解析】涉案书信中有一部分涉及小雪及其家庭成员之间的亲密交流，属于个人隐私，涉案手稿未公开发表，其内容涉及小雪在当时历史时期的思想表达，仍属小雪的隐私。赵某某出售小雪的书信和手稿，完全基于营利目的，与社会公共利益无关，构成对小雪隐私权的侵害。古城堡公司对在其平台出售的书信和手稿等涉及隐私属性的内容应当尽到相应的审核义务，其对交易双方均收取成交价一定比例的佣金，并组织小雪书信拍卖专场活动，应认定其明知涉案书信和手稿涉及隐私而没有尽到相应的审核义务，故古城堡公司应对赵某某的侵权行为承担连带责任。

第七节　侵权责任法

我国民法典侵权责任编是在侵权责任法的基础上编纂的，与侵权责任法相比，结构进行了调整，内容有了新的增加，特别是对侵权责任的性质进行了根本性的改变，通过立法的传承和发展，形成了新的面貌，体现了鲜明的中国特色。

大学生对于侵权责任法的了解是至关重要的，大学生青春年少，容易冲动犯下错误，对于侵权责任法的学习可以让大学生更好地规制自己的行为。同时，通过对于侵权责任法的学习，可以让大学生在自己的合法权益受到侵害时，采用合法途径救济自己的权利。那么，什么是侵权责任？侵害他人的合法权益需要承担什么责任？侵权行为应该如何认定？如何保护自己的合法权益？等等。因而，认识和把握侵权责任编的具体内容，是主要的任务。

① 丁某诉北京古城堡图书有限公司、赵某某案［EB/OL］.（2019-08-01）［2021-12-08］. https：//www.bjinternetcourt.gov.cn/.

一、侵权责任法概述

（一）侵权责任法的概念

侵权责任法，是规定侵权行为及其法律责任的法律规范的总称。《民法典》第2条明确规定，侵害民事权益，应当依照本法承担法律责任。由此可以明确侵权责任是侵权人侵害被侵害人，应当依法承担不利的法律后果。例如，大学生小丽拥有一部相机，同学小美非常嫉妒，某日小美趁着小丽不在，偷偷毁坏了小丽放在教室的相机，教室的监控录像记录了小美毁坏相机的全过程。小丽有权要求小美主张毁坏相机的经济损失。

（二）侵权责任法的保护范围

依据《民法典》的规定，侵权责任保护范围包括民事权益，包括生命权、健康权、姓名权、名誉权、荣誉权、肖像权、隐私权、婚姻自主权、监护权、所有权、用益物权、担保物权、著作权、专利权、商标专用权、发现权、股权、继承权等人身、财产权益。

二、侵权责任的承担方式

《民法典》第179条明确规定了11种民事责任的承担方式，其中9种侵权责任的承担方式，包括停止侵害、排除妨碍、消除危险、返还财产、恢复原状、赔偿损失、赔礼道歉、消除影响、恢复名誉。这些侵权责任的承担方式，既可以单独适用，也可以合并适用。比如，大学生张某因在宿舍违规使用电器将李某炸伤，此时张某除了赔偿李某的医疗费、护理费、营养费等财产损失外，还应当给李某赔礼道歉，如果宿舍还存在其他的违规电器，张某还应当停止侵害，消除危险。

（一）停止侵害

1. 概念

停止侵害，是指侵权人实施侵权行为，导致被侵权人造成或者可能造成损害结果的，被侵权人要求侵权人停止正在进行（而非已经停止或者尚未实施）的侵害行为。该侵权责任承担方式主要有如下几个特点：

（1）适用范围广泛。只要侵权行为持续侵害权利人的权利，权利人均有权要求侵权人停止继续侵权行为。

（2）停止侵害的适用不必要以现实的损害结果为前提。只要侵权行为继续存在，不论是否给权利人造成了客观的实际损害，权利人均有权要求其停止侵害。

（3）不适用诉讼时效。实践中停止侵害往往与损害赔偿并用，但是当损害赔偿因诉讼时效原因失去司法强制力保护时，权利人依然可以要求侵权人停止侵害。

2. 实现方式

停止侵害通常适用侵害权利人的绝对权领域，如物权、人身权或者知识产权。侵害行为的表现形态不同，则停止侵害的具体实现方式也有所不同。因此，权利人应当根据侵权人具体实施的侵权行为来确定采用何种方式实现停止侵权的目的。比如，张某在网络上散播王某出轨的信息，那么王某有权要求张某在网站上删除相关信息；倘若张某未经王某同意，擅自将其文章在报纸杂志上发表并出售，则王某有权要求张某停止发行和出售行为。

案例精选

大四学生张某在借用室友刘某笔记本电脑时发现了刘某尚未完成的毕业论文初稿，于是将其复制至自己手机，将其简单修改以后投稿到某杂志社。2018年12月，该杂志社以张某为作者将该篇文章收录。后张某又将该文章中大篇幅论述摘抄到自己毕业论文中。刘某知晓后将张某诉至法院。本案中，刘某是否有权要求张某停止侵害并赔偿损失?

【案例解析】本案中张某未经刘某同意，擅自将刘某享有著作权的毕业论文发表，侵犯了刘某的著作权。鉴于此刘某当然有权要求张某赔偿损失。此外，因为张某又摘抄该文章到自己的毕业论文中，而且该侵权处于一种持续的状态，持续侵害了刘某的著作权。因此，刘某有权要求张某停止继续使用其毕业论文。

（二）排除妨碍

1. 概念

排除妨碍，是指侵权人实施的侵权行为使被侵权人无法行使或者无法正常行使权利时，被侵权人有权要求侵权人将此种妨碍加以排除的侵权责任承担方式。比如，大学生张某故意在舍友李某的床铺旁边堆积了大量刺鼻性的杂物，使李某无法正常休息，对李某来说，他有权利要求张某将这些杂物处理以恢复自己正常休息的生活环境。

我国《民法典》第179条、第1167条均做出了排除妨碍的规定，在侵权案件中，被侵权人主张使用排除妨碍，应当符合以下几个要件：

（1）妨碍必须是对被侵权人权利实现的圆满状态构成了持续性的干涉。比如，张三家的大树倒在了李四家的门口，导致李四及家人无法正常出入，那么张三构成对李四实现物权的干涉。再比如甲把自己废弃的汽车放在乙家的停车位，构成对乙的车位所有权行使的持续干涉。

（2）妨碍必须是以违法的方式进行的。如果侵权人实施的是一种合法行为，那么被侵权人无权要求排除妨碍。比如学校依据合法的校规管理规定，禁止学生在上课时使用手机，于是在教室上课期间开启信号屏蔽器，因该校规并不违法，因此学生不能据此要求排除妨碍。

（3）排除妨碍是一种绝对权请求权，不以被侵权人过错为要件。任何人只要对他人的绝对权的干涉没有约定或法定的权利作为基础，那么被侵权人就有权要求侵权人排除妨碍。

2. 实现方式

排除妨碍，原则上应当由侵权人加以实现。被侵权人自行排除妨碍的，有权要求其支付一定的报酬。当然，在侵权人拒不履行排除妨碍的生效判决时，可以申请人民法院强制实施排除妨碍的司法措施。

（三）消除危险

消除危险，是指行为人的行为虽然没有造成他人现实的实际损害，也没有对他人权利的实现造成侵害或妨碍，当时该行为的存在造成损害或妨害的现实危险，因此被侵权人有权要求行为人消除这一危险。

我国《民法典》第1167条也明确规定了该种侵权责任的承担方式。在侵权成立的案件中，适用消除危险，应当符合以下要件：

1. 危险是现实存在的。危险指的是危及人身、财产安全的危险，被侵权人负有举证证明危险存在的义务。

2. 危险是因侵权人的不法行为所致。一方面，只有当违法行为导致的危险，被侵权人才有权要求侵权人加以消除。另一方面，危及他人人身、财产安全的状态是因为侵权人的侵权行为所致，即侵权行为与危险状态存在因果关系。

案例精选

2021年，大学生张某生活在校外出租屋里，因其担心房内财物被盗，于是在门口安装了防盗网。由于防盗网超出了墙体，给其他租客造成不便，如果一不小心便会划伤其他租客。

本案中，房东是否有权要求张某消除设置防盗网带来的风险？

【案例解析】本案中房东及其他租客均有权要求张某消除设置防盗网带来的风险。因为张某的行为可能导致其他租客人身安全受到损害，这是一种现实的危险，该不法行为给他人造成损害可能时，即应当禁止。

（四）返还财产

侵权责任中的返还财产一般指的是返还原物。根据《民法典》第462条第1款第1项规定，无权占有不动产或者动产的，权利人可以请求返还原物。换句话说，当侵权人没有合同约定或没有法律规定，擅自占有他人的财产时，应当将无权取得的财物返还给被侵权人。在适用条件上，应当符合以下要件：

1. 侵权人无权占有被侵权人的财产。所谓无权占有指的是被侵权人在被请求返还财产时没有占有的合法权利。比如，李某将借用舍友王某的笔记本电脑据为己有，在王某要求返还的时候拒不归还，此时，王某有权要求李某返还笔记本电脑，李某在王某要求返还财产时没有任何占有笔记本电脑的权利，因此李某对于笔记本电脑的占有即是无权占有。

2. 财产能够返还，即侵权人可以履行返还财产的责任。如果财产被损坏或者被他人善意取得，则侵权人无法履行返还财产的责任，被侵权人只能要求侵权人承担损害赔偿责任。

（五）损害赔偿

损害赔偿，是指侵权人给被侵权人造成了损害（包括人身伤亡、财产损失）的，被侵权人基于其损害结果有权要求侵权人赔偿相应的损失。损害赔偿包括两方面内容：一是财产损害赔偿，主要包括人身损害赔偿和财产损失赔偿；二是精神损害赔偿，包括侵害自然人人身权益的精神损害赔偿和侵害具有人身意义的特定物的精神损害赔偿。

1. 财产损害赔偿

财产损害赔偿是指侵权人侵害他人民事权益并造成财产损失时，侵权人应当向被侵权人承担的损害赔偿。所谓人身损害赔偿，是指因侵害他人的生命权、健康权、身体权而给被侵权人造成的财产损失，包括医疗费、护理费、交通费、营养费、残疾赔偿金、死亡赔偿金、丧葬费等各项损失。财产损失赔偿是指侵权人故意或过失损害被侵权人的财产造成的损害。

案例精选

某高校大二学生刘某在教室因与同学周某发生肢体冲突，顺手拿起邻座同学闫某新买的价值 6000 元的 iPhone13 扔向周某，导致闫某手机摔碎。同时手机砸向周某时造成周某脸部受伤，花费医疗费 2 万元。本案中，刘某应当承担何种民事责任？

【案例解析】因刘某故意毁坏了闫某的手机造成了闫某的财产损失，应当承担损害赔偿责任，将手机的价值 6000 元赔偿给闫某。此外，刘某的侵权行为还造成了周某的人身损害，应当赔偿周某的医疗费、护理费、住院伙食补偿费、营养费等实际损失，造成周某残疾的，还应当赔偿周某残疾赔偿金。

2. 精神损害赔偿

精神损害赔偿，是指因侵害他人的人身权益造成被侵权人的严重精神损害时，侵权人应当向被侵权人支付精神损害抚慰金。根据我国《民法典》第 1183 条的规定，精神损害赔偿的适用范围包括两方面内容：一是侵害自然人人身权益的精神损害赔偿；二是侵害具有人身意义的特定物的精神损害赔偿。

精神损害赔偿数额应当根据具体的因素确定，比如侵权人的过错程度、侵害的手段、场合及行为方式、侵权人承担责任的经济能力等。

案例精选

2018 年 10 月，张某与某摄影店约定由其承担张某结婚典礼的录像工作。后因摄影店员工操作失误，导致其录像被永久删除。张某到期去摄影店取录像带时被告知实情。于是将摄影店告上法庭。本案中，摄影店是否应当承担精神损害赔偿的责任？

【案例解析】因摄影店员工的失误，导致张某结婚典礼的纪念录像带永久丢失，该录像带对张某来说，是具有人身意义的特定纪念物，该物品的损失给张某造成严重的精神损害。因此，摄影店应当赔偿张某精神损害抚慰金。

三、侵权责任的类型

（一）一般侵权责任

一般侵权责任是指因行为人对因故意或过失侵害他人财产权和人身权，并造成损害的违法行为应当承担的民事责任。

一般侵权责任的构成要件包括四个方面：第一，有加害的行为；第二，有损害的事实；第三，加害行为与损害事实之间有因果关系；第四，行为人主观上有过错。

（二）多数人侵权责任

多数人侵权责任是指由两人或两人以上的人共同实施的侵权行为造成他人损害时需承担的侵权责任，多数人侵权责任是与单独侵权责任相对应的概念。

依据有无意思联络即是否有共同故意的主观意识，多数人侵权责任分为两大类：

1. 共同侵权行为

共同加害行为、共同危险行为、教唆帮助行为。

2. 无意思联络的数人侵权

承担连带责任的无意思联络的数人侵权、承担按份责任的无意思联络的数人侵权。

四、特殊侵权责任

（一）特殊侵权责任概述

特殊侵权责任是指适用无过错原则与过错推定原则的侵权责任。特殊侵权责任涉及监护人责任、用工责任、网络服务提供者的侵权责任、违反安全保障义务的侵权责任、教育机构的侵权责任、产品责任、机动车交通事故责任、医疗损害责任、环境污染责任、高度危险责任、饲养动物损害责任、物件损害责任等。[①]

（二）监护人责任

1. 监护人责任的概念

指无民事行为能力人或限制民事行为能力人因自己的行为致人损害，由行为人的父母或其他监护人承担赔偿责任的特殊侵权责任。我国监护人责任承担无过错责任原则。

2. 监护人责任的承担

（1）监护人尽到监护责任的，可以减轻其侵权责任。

（2）如果被监护人有财产的，那么应当首先从被监护人的财产中支付赔偿费用，不足的部分再由监护人承担赔偿责任。

例如：张三 6 岁的儿子在幼儿园拿玩具把其他小朋友砸伤了，此时张三作为监护人应承担受害人医疗费的赔偿责任。

---

① 王利明 杨立新. 侵权行为法［M］. 北京：法律出版社，2000：221.

（三）用工责任

用工责任又称“雇主责任”，因执行工作任务或劳务造成他人损害时，用人者应当承担的法律责任。用人者承担无过错责任，不论用人者是否有过错都应当承担侵权责任。但用人单位承担侵权责任后，可以向有故意或者重大过失的工作人员追偿。

例如：小明是海伦公司的员工，小明晚上熬夜通宵玩游戏，第二天工作无精打采，操作失误，造成同事小海左手粉碎性骨折，海伦公司作为用人单位对小海负有赔偿责任。海伦公司在对小海进行赔偿后，可以基于小明工作的重大过失，向小明进行追偿。

（四）网络服务提供者的侵权责任

《民法典》第 1194—1197 条规定了网络服务提供者损害民事权利的法律责任。

案例精选

某公众号使用者甲通过公众号评论留言的方式，大量散布诽谤、侮辱某模特公司模特乙和丙的不实言论，在评论中更加使用了不雅字眼辱骂乙和丙，乙和丙在被朋友告知后，当即与该公众号经营者丁交涉，要求其删除相关的言论，但丁未予理睬。数日后，丁通过公众号个人消息答复乙和丙，声称由于其举报的证据不足，无法判断故无法受理，请其提供相关证据或通过其他途径处理。乙和丙与该公司协商不成向法院起诉。

【案例解析】本案是典型的网络侵权，网络服务的提供者承担连带责任。虽然涉嫌诽谤乙和丙的言论并非由丁公司直接作出，但其为甲发布此言论提供了平台，并且在乙和丙要求删除的情况下，未予理睬，对乙和丙的名誉造成了严重影响，因此，丁应当承担侵权责任，并且删除评论，对乙和丙造成的影响进行赔偿。

（五）违反安全保障义务的侵权责任

违反安全保障义务侵权责任是指依照法律规定或者约定对他人负有安全保障义务的人，违反该义务，因而直接或者间接地造成他人人身或者财产权益损害，应当承担损害的赔偿责任。宾馆、商场、银行、车站、娱乐场所等公共场所的管理人或者群众性活动的组织者，未尽到安全保障义务，造成他人损害的，应当承担侵权责任。因第三人的行为造成他人损害的，由第三人承担侵权责任；管理人或者组织者未尽到安全保障义务的，承担相应的补充责任。

案例精选

大学生黎某在坂田某餐厅处与几个朋友一起聚餐，有饮酒，途中去洗手间，去洗手间需要穿过坂田某餐厅外面的一条过道，黎某在途经过道时，因地板湿滑而摔倒，摔倒的过程中碰倒了坂田某餐厅正在熬制的汤锅，随被滚烫的汤水烫伤。黎某可否请求坂田某餐厅承担赔偿责任，支付医疗费、护理费等费用。

【案例解析】从事餐饮的经营者应对在餐馆内消费的顾客承担安全保障的义务，该责任属于法律直接规定的责任，违反该责任致他人损害的，应依法予以赔偿。本案中坂田某餐厅作为餐饮场所的提供者，煮沸的汤锅未放置在厨房，致使黎某路过摔倒的时候碰倒了汤锅，造成烫伤，故其未能尽到安全保障义务，应当对黎某的合理损失予以赔偿。同时黎某作为完全民事行为能力人，应当对自身安全尽到一定的注意义务，黎某到坂田某餐厅就餐，走路过程中未尽到注意义务，故综合双方的过错程度，黎某应自行承担部分损失。

（六）教育机构的侵权责任

民事行为能力人和限制民事行为能力人在幼儿园、学校和其他教育机构学习、生活期间遭受人身伤害时，教育机构因未尽到应有的教育、管理职责而承担的侵权责任。

案例精选

某学校春季迷你马拉松比赛，学生小佳参加，在比赛过程中小佳因自身过失不慎摔倒，造成手臂骨折，在骨折后学校及时安排老师带小佳就医，且学校在比赛中尽到合理的保障义务。小佳可否请求学校赔偿医药费？

【案例解析】在参与活动时受伤是常见的现象，因学生是自愿参与的活动，是自担风险的行为；且过失方不存在故意或者重大过失的情况下，那么受害人不得请求过失方承担侵权责任。

（七）高度危险责任

1. 概述

高度危险责任是指从事高度危险的作业对他人人身和财产造成损害时所应当承担的侵权责任。

2. 构成要件

（1）须有危险活动或者危险物对周围环境致损行为；

（2）须有损害后果存在和严重危险存在；

（3）须有因果关系存在。

（八）饲养动物损害责任

1. 概述

饲养动物损害责任，是指动物饲养人或者管理人因饲养的动物造成他人损害的，应当承担侵权责任，但能够证明损害是因被侵权人故意或者重大过失造成的，可以不承担或者减轻责任。

2. 侵权责任的划分

（1）由于被侵权人的过错。即损害是由被侵权人故意造成，动物饲养人或管理人不承担民事责任，而被侵权人应当承担民事责任。例如，张三到李四家，张三故意将李四家的锁在笼中的狗放出后，将张三咬伤。

（2）由于第三人的过错。即损害是由第三人故意造成的，动物饲养人或者管理人不承担民事责任，第三人应当承担民事责任。例如，张三到李四家，第三人（王五）故意将李四家的锁在笼中的狗放出后，将张三咬伤。

（3）由于被侵权人的过失。是指损害是由被侵权人过失造成的，动物饲养人或者管理人，可以减轻责任。例如，张三到李四家，张三“过失”将李四家的锁在笼中的狗放出后，将张三咬伤。

第八节　婚姻法

一、婚姻法概述

婚姻家庭编是《民法典》中的一项基本制度。婚姻家庭是指《民法典》中调整因婚姻家庭产生的民事关系。在古代罗马，调整婚姻家庭关系的法律称为亲属法，是罗马司法的重要组成部分，在中国历代封建法律中，调整婚姻家庭关系的法律称为户婚律（也有称为婚户律或径称户律的），此外还有户令等法律形式。[①]

我国现行有效的婚姻家庭法律是《民法典》中婚姻家庭编。之前调整我国婚姻家庭的法律都称为《婚姻法》。1950 年和 1980 年都有各自版本的《婚姻法》，我们可以了解到，调整婚姻家庭的法律只叫作《婚姻法》，那么就会相应地忽视一些有关家庭制度的规定，这样的规定是不科学的，所以我们国家在 2020 年 5 月 28 日第十三届全国人民代表大会第三次会议通过的《民法典》就以婚姻家庭制度单独称编，科学、合理地对婚姻家庭做了全面的规定。

二、婚姻法基本原则

婚姻自由包括结婚自由和离婚自由，《民法典》中第 1041 条规定：婚姻家庭受国家保护；实行婚姻自由、一夫一妻、男女平等的婚姻制度；禁止包办、买卖婚姻和其他干涉婚姻自由的行为。禁止借婚姻索取财物。

（一）婚姻自由

婚姻自由既是一项法律原则，也是一项道德原则。法律保障当事人在婚姻问题上基于自由意志而为的合法行为不受他人非法干涉；至于当事人行使这一权利的思想基础，包括行为的动机和目的，只能依据一定的道德标准加以评断。

第一，是否结婚，与谁结婚决定权完全属于当事人本人，现今社会不会出现封建社会那种包办婚姻的情况，也侧面保证了婚姻的幸福。如果婚姻之中的感情确已破裂，可以通过一定的法律途径，解除这段名存实亡的婚姻关系。

第二，婚姻自由是相对的，不是绝对的。婚姻自由也是有一定的限制的。有权利就

① 杨大文，龙翼飞，夏吟兰．婚姻家庭法学［M］．北京：中国人民大学出版社，2007：44.

有义务。婚姻自由并不意味着在结婚和离婚的时候就可以为所欲为，自由也需要一定的限制。我国法律规定了结婚必须具备的条件和必须履行的程序，也规定了离婚的法定程序和法定事由。

（二）一夫一妻

一夫一妻又称为单偶制，是一男一女互为配偶的婚姻形式。私有制社会中片面的一夫一妻制为社会主义社会中男女平等的、真正的一夫一妻制所取代，是人类婚姻史上重大进步。

婚姻是一男一女的合法结合，任何人不得同时有两个或两个以上的配偶，有配偶者在婚姻终止，即配偶死亡（包括宣告死亡）或者离婚后，可以再行结婚。违反一夫一妻制是结婚的法定障碍，是婚姻无效的原因，犯重婚罪的须依法追究刑事责任。禁止有配偶者与他人同居，抵制其他形式的婚外性关系，取缔卖淫嫖娼活动等，也是维护一夫一妻原则的必然要求。

（三）男女平等

男女两性在婚姻家庭关系中的地位，总是与其社会地位相一致的。男女两性之间的关系是平等的关系，还是尊卑、主从、依赖和被依赖的关系，这只能从一定的社会制度中去寻找答案。从历史上来看，私有制和阶级剥削制度是男女不平等、妇女受压迫的社会根源。私有制社会中，广大劳动妇女受着来自剥削阶级和男权制度的双重压迫，即使是剥削阶级的女性，也受着来自男权制度的束缚。

在我国，男女平等不仅是婚姻家庭法的原则，而且是宪法原则和相关法律的共同原则。

在家庭关系中，不同性别的家庭成员的权利义务是完全平等的，在夫妻人身关系方面，双方都有各用自己姓名的权利，都有参加生产、工作、学习和社会生活的自由。如《民法典》第 1043 条规定：家庭应当树立优良家风，弘扬家庭美德，重视家庭文明建设；夫妻应当互相忠实，互相尊重，互相关爱；家庭成员应当敬老爱幼，互相帮助，维护平等、和睦、文明的婚姻家庭关系。

（四）保护妇女、儿童和老人的合法权益

我国婚姻家庭法在坚持男女平等原则的同时，还特别强调保护妇女的合法权益，男女平等原则和保护妇女合法权益原则在立法上是一致的。我国之前的《婚姻法》与《妇女权益保障法》继承和发扬了这一传统。

保护儿童的权益是社会发展的需要，是培养社会主义建设者和社会主义事业接班人的需要。我国对儿童和老人合法权益的保护是很全面的。在父母抚养、教育和保护子女，子女赡养扶助父母，祖孙间的抚养、赡养以及收养和监护等问题上，均有各种详细的规定。

《民法典》中第 1024 条规定：禁止包办、买卖婚姻和其他干涉婚姻自由的行为。禁止借婚姻索取财物；禁止重婚，是有配偶者在婚姻终止前又与他人结婚的行为，由于重婚关系中一方或者双方的合法婚姻并未终止，故对发生于后的违法结合以重婚相称。重婚侵害配偶的婚姻权益，是对一夫一妻制的严重破坏；为了坚持一夫一妻原则，保护公民的婚姻权益，法律上仅有禁止重婚的规定是不够的，还需要禁止有配偶与他人同居的规定。禁止虐待和遗弃家庭成员有助于保障公民的婚姻家庭权益，特别是保障妇女、老人和儿童的利益。

三、结婚制度

结婚，即婚姻的成立，是指男女双方按照法律规定的条件和程序确立夫妻的法律关系的行为。结婚有以下特征：第一，结婚行为主体是男女两性；第二，结婚行为是法律行为；第三，结婚行为的后果是确立夫妻关系。婚姻关系产生后，会产生一系列的法律效力。

结婚是一种法律行为，必须符合法律规定的结婚要件，包括实质要件和形式要件。凡是缺少结婚要件的男女结合，都不具有婚姻的法律效力。

（一）结婚的要件

当事人以及双方之间的关系，必须符合法律规定的结婚条件。包括结婚必备条件以及结婚禁止条件。

婚姻成立的方式或程序必须符合法律规定的条件。分为事实婚和形式婚。事实婚就是当事人双方只具有共同生活的意愿和以夫妻名义共同生活的事实，婚姻即成立。形式婚是指必须履行一定的程序，符合一定的方式，法定的结婚程序是婚姻成立的必要条件。

（二）结婚的条件

结婚必备条件又称为结婚的积极要件，是当事人必须满足的法定条件。根据我国《民法典》的规定，结婚应当男女双方完全自愿，禁止任何一方对另一方加以强迫，禁止任何组织或者个人加以干涉。结婚年龄，男不得早于二十二周岁，女不得早于二十周岁；结婚必须双方确立结婚的合意；必须符合一夫一妻制。结婚的禁止条件：禁婚亲，法律规定的禁止结婚的亲属。直系血亲或者三代以内的旁系血亲禁止结婚。

（三）无效婚姻和可撤销婚姻

无效婚姻，男女两性的结合因违反了法律规定的结婚要件而不具有法律效力的违法结合。《民法典》规定了以下几种情况无效：重婚；有禁止结婚的亲属关系；未到法定婚龄。

可撤销婚姻，因欠缺结婚合意，法律赋予当事人申请撤销的权利。《民法典》规定：因胁迫结婚的，受胁迫的一方可以向人民法院请求撤销婚姻；请求撤销婚姻的，应当自胁迫行为终止之日起一年内提出；被非法限制人身自由的当事人请求撤销婚姻的，应当自恢复人身自由之日起一年内提出。

一方患有重大疾病的，应当在结婚登记前如实告知另一方；不如实告知的，另一方可以向人民法院请求撤销婚姻；请求撤销婚姻的，应当自知道或者应当知道撤销事由之日起一年内提出；无效的或者被撤销的婚姻自始没有法律约束力，当事人不具有夫妻的权利和义务。同居期间所得的财产，由当事人协议处理；协议不成的，由人民法院根据照顾无过错方的原则判决。对重婚导致的无效婚姻的财产处理，不得侵害合法婚姻当事人的财产权益。当事人所生的子女，适用本法关于父母子女的规定。

四、离婚制度

婚姻关系终止即婚姻关系的消灭，是指合法有效的婚姻关系因发生一定的法律事实而消灭，包括两种形式：一是配偶一方自然死亡，或被宣告死亡；二是婚姻当事人双方离婚。

离婚是配偶在生存期间依法解除婚姻关系的行为。我国《民法典》规定：夫妻双方自愿离婚的，应当签订书面离婚协议，并亲自到婚姻登记机关申请离婚登记。

（一）登记离婚

通过行政程序解除婚姻关系，即凡是男女双方自愿离婚的，必须到婚姻登记机关进行离婚登记。离婚冷静期：自婚姻登记机关收到离婚登记申请之日起三十日内，任何一方不愿意离婚的，可以向婚姻登记机关撤回离婚登记申请。前款规定期限届满后，双方应当亲自到婚姻登记机关申请发给离婚证；未申请的，视为撤回离婚登记申请。

（二）诉讼离婚

我国《民法典》规定：夫妻一方要求离婚的，可以由有关组织进行调解或者直接向人民法院提起离婚诉讼。人民法院审理离婚案件，应当进行调解；如果感情确已破裂，调解无效的，应当准予离婚。

（三）离婚的效力

夫妻身份因结婚而产生，因离婚而消灭。离婚后，夫妻间身份上的权利义务随之解除。

离婚后，随着夫妻身份关系消灭，夫妻间解除了共同生活的权利义务，相互之间的扶养义务也同时解除。婚姻关系解除后，夫妻称谓消除，彼此不以夫妻相待，各自重新成为单身，双方均恢复了结婚的资格，取得了再婚的自由，一方对他方不得加以干涉。离婚后子女的抚养、父母与子女间的关系，不因父母离婚而消除。离婚后，子女无论由父或者母直接抚养，仍是父母双方的子女；离婚后，父母对于子女仍有抚养、教育、保护的权利和义务。

案例精选

刘某、陈某系夫妻，有一子刘小某。2014 年 5 月刘某突发脑出血昏迷，被送入医院抢救，其后多次住院治疗，花费近 30 万元的医药费，而绝大部分都由其父母垫付。其妻子陈某领取了刘某的工资等收入，但除了支付入院当天的抢救费用和住院费外，未支付任何其他医疗费用，未探望照顾刘某。于是，刘某起诉至法院，主张陈某有遗弃行为，要求与陈某离婚，分割夫妻共同财产以及偿还共同债务，要求婚生子由自己抚养。[①]

法院认为，双方婚后在刘某突发重病昏迷丧失行为能力期间，陈某只交纳了当天的抢救费用和住院费，在半年多的治疗期间未探望照顾。需要高额医疗费时陈某未出

---

① 杜建 . 社会工作师辅助审理解决离婚纠纷［J］. 法庭内外，2017（1）：12-13.

资，由刘某父母承担，而刘某工资收入及房屋出租收益均由陈某领取支配，最终导致双方感情破裂，刘某要求离婚，理由充分，予以支持。双方均要求抚养子女，双方之子刘小某年满十周岁，法院询问其本人意愿，其表示如父母离婚愿随母亲陈某共同生活，故刘小某由陈某抚养。判决还就双方的共同财产、共同债务进行了分割和承担。为疏解双方心结，帮助当事人进一步修复关系，法院特采用了由社会工作师辅助家事审判的方式。庭审结束后，在法院组织下，由社会工作师与双方进行了有益的沟通与交流。此外，考虑到刘小某与其母陈某共同生活之现状，以及离婚诉讼之际双方就刘小某今后的探视问题在本案中尚未能达成一致的协商意见，为照顾老人与双方同刘小某的情感需求，法院特组织刘某及其父母在法庭之外对刘小某进行了探视。

【案例解析】

本案在审理离婚案件中开创了三个“首例”——系北京法院首例由社会工作师参与辅助审理的离婚类家事案件，首例由社会工作师对当事人及其近亲属（委托代理人）进行心理疏导，首例由法院组织进行隔代探视。与以往审理离婚案件多因涉及个人隐私而不公开的工作模式不同的是，本案有社会工作师这一具有专业资质的人员参与进来，以社会力量辅助离婚案件审理，从以往人民法院对离婚纠纷的审理较为注重是否应当离婚及离婚财产分割等问题直接深入当事人双方甚至近亲属的实质诉求层面，有效帮助了解双方当事人甚至老人、孩子的心理、情感需求，保障了家事审判从其实际需要出发解决问题。特别是本案中一方当事人曾身患重病而致生命垂危，父母年迈，孩子方满十岁，双方又有矛盾，通过组织社会工作师在开庭后与上述诉讼参与人进行有效沟通，进行专业的心理疏导，从而配合法官与当事人深入地交流，不仅对年迈的老人及未成年子女可能因男女双方离婚而受到的负面影响大大稀释，更是对离婚案件双方关系促进的有利尝试，为其此后就孩子的进一步并在此基础上调和矛盾，化解怨怼提供可能。本案从家事案件审判方式上作了创新探索与尝试，在审理工作基本程序之外，借助社会力量的参与，直接回应当事人的实质诉求和情感需要，真诚沟通，实际作为，取得良好效果。案件审结后，当事人服判并送来锦旗致谢。

第九节　继承法

一、继承概述

（一）继承的概念与特征

继承是指自然人死亡后，其遗留的个人财产依法转移给他人所有的法律制度。

继承的法律特征：

1. 自然人死亡（包括自然死亡和宣告死亡）是发生继承的前提。只有财产所有人死亡，才能发生继承问题。

2. 死者有遗留的个人合法财产是财产继承的基本条件。继承是对死者遗产的继承，如果死者没有遗留财产，继承不会发生。

3. 依法或依遗嘱，死者应有合法继承人。合法继承人是指依照法律规定或者死者的合法有效遗嘱，依法享有继承权的法定继承人或遗嘱继承人。

4. 继承的结果是死者的遗产转移给继承人所有。

（二）继承的类型

1. 法定继承与遗嘱继承

法定继承，又称无遗嘱继承，是指由法律直接规定继承人的范围、顺序、遗产分配原则的一种继承方式。遗嘱继承是法定继承的对称，又称指定继承或意定继承，是指按照被继承人所立的合法有效遗嘱继承被继承人遗产的继承制度。前者的依据是法律规定，后者依据的是有效的遗嘱；遗嘱继承具有优先于法定继承的效力。①

2. 代位继承

代位继承，是指被继承人的子女先于被继承人死亡，由死亡的子女的晚辈直系血亲继承其应继承的遗产份额的制度。代位继承仅限于法定继承，遗嘱继承不适用代位继承。

先于被继承人死亡的子女，称为被代位人，仅限于被继承人的子女，其他继承人先于被继承人死亡的，不发生代位继承。被代位人旁系血亲、长辈直系血亲和被代位人的配偶均无代位继承的权利。这里的子女包括亲生子女、养子女和有扶养关系的继子女。

代位继承只能继承被代位人应得的遗产份额，即使代位继承人为两人以上，也无权要求与被代位人处于同一顺序的其他法定继承人平分遗产。代位继承人缺乏劳动能力又没有生活来源，或者对被继承人尽过主要赡养义务的，分配遗产时，可以多分。

继承人丧失继承权的，其晚辈直系血亲不得代位继承。如该代位继承人缺乏劳动能力又没有生活来源，或对被继承人尽赡养义务较多的，可以适当分给遗产。

3. 转继承

转继承，是指被继承人死亡后，继承人没有表示放弃继承，并在尚未实际接受遗产前死亡，该继承人的继承人代其实际接受其有权继承的遗产。被转继承人后于被继承人死亡，应认为在被继承人死亡时被转继承人的继承权已实现，被继承人的遗产就变为了被转继承人的财产或其与其他继承人共有的财产。继承开始后，受遗赠人表示接受遗赠，并于遗产分割前死亡的，其接受遗赠的权利转移给其他的继承人。

二、继承方式的顺序

首先，遗赠扶养协议；其次，遗嘱继承或遗赠；最后，法定继承。

下列遗产中的有关部分按照法定继承办理：（1）遗嘱继承人放弃继承或者受遗赠人放弃受遗赠的；（2）遗嘱继承人丧失继承权的；（3）遗嘱继承人、受遗赠人先于遗嘱人死亡的；（4）遗嘱无效部分所涉及的遗产；（5）遗嘱未处分的遗产。

① 王利明等编著．民法学［M］．北京：高等教育出版社，2019：385.

继承人中有缺乏劳动能力又没有生活来源的人，即使遗产不足清偿债务，也应为其保留适当遗产，然后再按上述原则清偿债务。由于各继承人之间在遗产未分割前为共有关系，故其对外承担连带责任，对内按照其遗产分配比例承担按份责任。

三、继承权的客体

继承权的客体又称为继承的客体，即继承人因继承开始所继承的对象。继承权的客体是被继承人的遗产、债务和可依法继承或承受的法律地位。办理丧事等行为是被继承人近亲属的法定义务，并非继承权的客体。

（一）遗产

遗产仅指积极财产，是指公民死亡时遗留的个人合法财产。凡依法可转移的财产或财产权利均可以成为继承权的客体。如公民的收入；房屋、储蓄和生活用品；林木、牲畜和家禽；文物、图书资料、法律允许公民所有的生产资料；著作权、专利权中的财产权利；等等。

夫妻在婚姻关系存续期间所得的共同所有的财产，除有约定的以外，如果分割遗产，应当先将共同所有的财产的一半分出为配偶所有，其余的为被继承人的遗产。

（二）债务

被继承人的债务，是指被继承人生前以个人名义欠下的、完全用于被继承人个人需要的债务。首先应当是生前欠下的，故丧葬费属于继承人的债务；其次应当是以个人名义欠下的；最后，是用于被继承人个人需要欠下的，否则无论是否以被继承人名义欠下的，均属家庭共同债务，应以家庭共同财产清偿。

（三）法律关系和法律地位

被继承人财产法上的法律关系，不以被继承人的地位、身份、人格为基础的，在被继承人死亡时均移转于继承人。如租赁而发生的出租人地位、因买卖而发生的出卖人的地位都可以成为继承权的客体。

案例精选

被继承人管某盛和孙某美系夫妻关系，婚后育有五个女儿分别为管某英、管某兰、管某贞、管某书、管某爱。管某盛于2015年12月去世、孙某美于2014年11月去世，管某盛和孙某美生前留有位于黄岛区平房4间。因房屋年久失修，2004年3月，经管某盛夫妇同意，管某英的四儿子袁某出资对该房屋进行了翻建。2005年6月，管某盛立遗嘱一份，内容为："……我在黄岛区黄岛办事处某村有4间房屋登记在我名下。四十年前我和老伴孙某美指定女儿管某英和女婿袁某友养老送终，当时已经写了一份养老协议，由村干部作为在场见证并代笔写下协议。女儿管某英夫妇这些年来很孝顺，对我照顾很好，我经过慎重考虑，仍然决定在我去世后，位于某村的四间房屋由管某英夫妇继承……" 涉案房屋已由管某英夫妇签订拆迁安置协议。管某盛和孙某美去世时，由管某英夫妇为其送终。管某英主张管某盛夫妇在20世纪

50年代期间，指定管某英夫妇养老送终，并签订了养老协议，将来所有财产全部由管某英夫妇继承，由于保存不善，该协议丢失，提交本村十余人捺印的证人证言及申请证人出庭作证。

【案例解析】

法院认为，被上诉人管某英夫妇与被继承人于20世纪50年代签订了养老协议，管某英夫妇负责赡养被继承人夫妇，被继承人夫妇的财产归管某英夫妇所有，并实际履行了养老协议，被继承人管某盛于2005年所立的代书遗嘱也对该事实再次予以确认，法院结合其他证据对管某英夫妇为被继承人夫妇养老送终的事实予以确认。因此，被上诉人管某英取得遗产的依据系养老协议，而非遗嘱，管某英夫妇对被继承人履行了生养死葬义务，认定涉案房屋应由管某英继承，故判决管某盛名下的位于青岛市黄岛区的平房4间归被告管某英所有。

本案中，管某英夫妇几十年来一直按照养老协议履行对被继承人管某盛和孙某美的赡养义务，其所在社区的居民都看在眼里。但养老协议因年代久远遗失，而被继承人管某盛和孙某美生前所立遗嘱又存在严重瑕疵，在此种情况下，如何维护管某英夫妇的合法权益，弘扬社会美德与正义，考验着法院的裁判智慧。案件审理过程中，法官主动调查取证，抽丝剥茧，查明案件事实，准确适用法律，大力弘扬孝老、亲老、爱老的传统美德。

✧ 思考与研讨题

1. 什么是民法？民法调整对象是什么？
2. 民事行为能力如何划分？
3. 代理权行使的要求有哪些？
4. 诉讼时效如何起算？区分诉讼时效的中止与中断。
5. 简述合同的订立程序。
6. 简述具体人格权的类型。
7. 侵权责任的承担方式有哪几种？
8. 婚姻法的基本原则有哪些？
9. 继承的类型有哪几种？

第四章　大学生必备刑事法律知识

◆ 本章要点

1. 刑事责任能力的分类
2. 犯罪故意
3. 犯罪过失
4. 不作为犯罪的形态
5. 犯罪未遂
6. 犯罪中止
7. 共同犯罪的成立条件
8. 正当防卫
9. 大学生犯罪的主要类型

第一节　刑法概论

一、刑法的概念

刑法是规定犯罪、刑事责任和刑罚的法律。具体地说，刑法是掌握政权的阶级即统治阶级，为了维护本阶级政治上的统治和经济上的利益，根据自己的意志，以国家名义制定、颁布的规定犯罪、刑事责任和刑罚的法律。[①] 根据我国《刑法》第 13 条[②] 的规定，刑法中的犯罪是指严重危害我国社会，触犯刑法并应受刑罚处罚的行为。刑事责任是指依据刑事法律规定和实际发生的犯罪事实而发生的，由代表国家的司法机关依法确认的，犯罪人因实施犯罪行为而应当承担的以刑罚处罚、非刑罚的处罚措施或者单纯有罪宣告等否定评价为具体内容的法律责任。[③] 刑罚是刑法所规定的由国家审判机关对犯

---

① 贾宇 . 刑法学（上册・总论）[M] . 北京：高等教育出版社，2019：36.

②《中华人民共和国刑法》第 13 条："一切危害国家主权、领土完整和安全，分裂国家、颠覆人民民主专政的政权和推翻社会主义制度，破坏社会秩序和经济秩序，侵犯国有财产或者劳动群众集体所有的财产，侵犯公民私人所有的财产，侵犯公民的人身权利、民主权利和其他权利，以及其他危害社会的行为，依照法律应当受刑罚处罚的，都是犯罪，但是情节显著轻微危害不大的，不认为是犯罪。"

③ 贾宇 . 刑法学（上册・总论）[M] . 北京：高等教育出版社，2019：274.

罪人所适用的限制或剥夺其某种权益的强制性制裁方法。[①] 大家所熟知的死刑、无期徒刑、有期徒刑等都属于刑罚的核心种类。犯罪、刑事责任与刑罚之间相互并列、彼此联系但意义又有所不同：先有犯罪行为，后有刑事责任，没有犯罪行为就没有刑事责任，犯罪的危害程度决定着刑事责任的轻重；刑事责任是适用刑法的内在根据，刑事责任程度直接决定刑罚处罚的轻重，刑事责任重则刑罚重，刑事责任轻则刑罚轻，刑事责任很轻的，可以免予刑罚处罚。

刑法作为国家的基本法律，承担着打击敌人、保护人民和惩罚犯罪的重任，同时也是实现国家治理体系和治理能力现代化的重要利器。改革开放四十多年来，刑法在司法实践中发挥了全面依法治国的重要作用。党的十八大、十九大以来，刑法学坚持习近平新时代中国特色社会主义思想，以习近平法治思想为指引，深入贯彻落实习近平总书记关于法学教育工作的重要指示批示，以及对于全面依法治国所提出的创设性理论。迄今为止，我国已经通过了十一部刑法修正案。尤其是从 2021 年 3 月起施行的《刑法修正案（十一）》，贯彻落实“以人民为中心”的新规定一经施行，就在社会各界引起强烈反响，关注民生领域的热点，注重民生疾苦，是刑法学的时代使命所在。作为新时代大学生，有义务做到遵纪守法，努力共创全民守法的新局面。要做到不触犯刑法，就要熟知刑法的一些基本规定，在自己遵纪守法的同时，力争成为合格的法律知识传播者。

二、刑法的结构

刑法总体的结构可以分成总论和分论。

总论是关于刑法的指导思想、任务和适用范围，以及犯罪和刑罚的一般原理、原则的规范体系，这些规范体系是定罪量刑所必须遵守的共同规则。刑法总论包括了犯罪论和刑罚论，犯罪论的核心是犯罪构成体系，依据我国的犯罪构成体系，认定一个人的行为是否构成犯罪需要结合犯罪主体、犯罪客体、犯罪主观方面、犯罪客观方面四个构成要件综合判断，只有在完全符合刑法所规定的某个犯罪全部四个构成要件的情况下才可依法认定为犯罪，进而追究其刑事责任；否则，不管行为人的行为具有如何严重的社会危害性，我们也只能依法认定其行为无罪，这也是刑法保障人权的核心功能和具体体现。

分论是关于具体犯罪和具体法定刑的规范体系，这些规范是解决具体定罪量刑问题的标准。刑法分论共有十大类犯罪，具体包括：危害国家安全罪，危害公共安全罪，破坏社会主义市场经济秩序罪，侵犯公民人身权利、民主权利罪，侵犯财产罪，妨害社会管理秩序罪，危害国防利益罪，贪污贿赂罪，渎职罪，军人违反职责罪。

一方面，大学生绝大多数都已年满 14 周岁，完全可以成为刑法所规制的适格的犯罪主体；另一方面，由于大学生依然处于一个封闭的校园环境，涉世未深，对于出现的一些社会现象缺乏辨别力和认知力，极易成为某些不法分子犯罪行为所侵害的对象。学

① 贾宇．刑法学（上册·总论）［M］．北京：高等教育出版社，2019：293.

好和了解刑法有助于大学生走好今后的人生道路，既可以避免因对法律无知所致的个体犯罪，又可以强化法律意识以避免犯罪伤害，更可以成为社会中的一道光，用自己所学的专业知识帮助更多的人获取自己的幸福。

> **关键术语**
> 刑法是规定犯罪、刑事责任和刑罚的法律。

第二节　犯罪的主体要件——大学生能否成为刑事犯罪主体

一般来讲，犯罪主体是指实施危害社会的行为并依法应当负刑事责任的自然人和单位。[①] 自然人可以成为我国刑法规定的所有犯罪的主体，而单位则只能成为部分犯罪的主体。本节以大学生为例，主要对自然人犯罪主体进行阐述。而按照我国现行刑法犯罪构成理论通说，犯罪主体作为其中核心构成要件之一，主要根据刑事责任年龄、刑事责任能力等方面进行划分和展开。

一、犯罪主体之自然人

自然人作为一个民事法律概念，在刑法中是承担刑事责任的重要载体，作为年满 14 周岁的大学生，在智力、精神等方面一切良好的情况下，理应成为犯罪主体。而刑法分论中对于罪名的承担，主要以自然人为主。尽管单位犯罪对单位处以罚金，但是对于直接责任人依旧是以具有生命力的单独个人作为刑事责任的承担载体。

依据我国《刑法》规定，自然人成为犯罪主体必须同时具备以下三个条件：

第一，自然人必须达到刑法规定的刑事责任年龄。比如我国刑法规定，自然人必须已满 14 周岁，才可能对其所犯的故意杀人、故意伤害致人重伤或者死亡、强奸、抢劫、贩卖毒品、放火、爆炸、投放危险物质罪承担刑事责任；已满 16 周岁的行为人才可能对自己实施的所有犯罪行为承担刑事责任。否则，即使自然人实施了刑法规定的危害行为，也不会承担任何刑事责任。

第二，自然人必须具有刑事责任能力。行为人即使已达刑事责任年龄，但如果不具有刑事责任能力，即使其实施了刑法规定的危害行为，也不能追究其刑事责任。

第三，自然人必须实施了刑法规定的危害社会行为。自然人只有实施了刑法规定的危害社会的行为，才可能追究其刑事责任；如果行为人实施了某种具有严重社会危害性的行为，但刑法没有将此类行为规定为犯罪，即使其行为的危害性再大，也不能追究其刑事责任。

---

① 贾宇．刑法学（上册·总论）[M]．北京：高等教育出版社，2019：136.

二、犯罪主体需具备刑事责任能力

（一）刑事责任能力定义

刑事责任能力是指行为人具备的刑法意义上的辨认和控制自己行为的能力。[①]辨认能力是指行为人对自己行为在刑法上的意义、性质、后果等的分辨认识能力。简而言之，就是行为人能够认识到自己的行为是否为刑法所禁止，这里一定要注意辨认能力并不要求行为人对刑法的具体规定有所认知，只要其能够从广泛意义上认识到自己的行为是具有严重社会危害性并为普罗大众所无法容忍即可。例如，凡是达到一定年龄且精神正常的人，都能够意识到杀人、放火、强奸、抢劫、绑架等行为是具有严重社会危害性并为刑法所禁止的，因此，即为具有相应的辨认能力。控制能力是指行为人具有决定自己是否要触犯刑法的能力。例如，大学生王某明知刑法禁止故意伤害他人，却因为仇怨选择了故意将其舍友李某四肢打断，王某既具有辨认能力也具有控制能力。大学生张某亦明知刑法禁止故意伤害他人，但其在正常行走过程中由于路滑撞倒行人刘某致其重伤，本例中张某虽有辨认能力，但对于其行为所致危害结果却无控制能力，因而无法成为适格的犯罪主体。辨认能力是刑事责任的基础和前提，人只有在对自己行为具有辨认能力的情况下，才谈得上进而控制自己选择是否要以身试法，很难想象一个连自身行为性质好坏都无法辨认的精神病人能够具有控制自身去进行选择的能力。控制能力是关键，即使行为人具有辨认能力，但在某种特定的情形下，其根本不具有相应的控制能力，因而也不具有刑事责任能力，进而无法成为适格的犯罪主体。

（二）刑事责任能力分类

根据人的年龄、精神状况等因素影响刑事责任能力有无和大小的实际情况，我国《刑法》对刑事责任能力采取以下分类方式：

一是完全刑事责任能力。在我国，凡是年满 18 周岁、精神和生理功能健全且智力与知识发展正常的人，都是完全刑事责任能力人，对其所实施的犯罪行为，依法应当负全部的刑事责任。这里需要注意的是，实践中醉酒犯罪的人，绝大多数属于完全刑事责任能力人。对于大学生因为喝酒而引发的犯罪，符合《刑法》规定，理应承担刑事责任。

二是完全无刑事责任能力。依据我国《刑法》规定，完全无刑事责任能力人包括两类：一是未满 12 周岁的未成年人；二是因精神疾病完全不具有任何辨认能力或控制能力的人。对于完全无刑事责任能力行为人，无论做出怎样的犯罪行为，发生何种后果，也不能成为适格的犯罪主体。这里需要特别强调的是实践中有一种间接性的精神病人，比如癫痫患者，病发的时候不具有任何辨认或控制能力，属于完全无刑事责任能力人；不发病的时候具有完全的辨认和控制能力，又属于完全刑事责任能力人。

三是相对无刑事责任能力。按照我国《刑法》规定，对于已满 14 周岁未满 16 周岁的未成年人，犯故意杀人、故意伤害致人重伤或者死亡、抢劫、强奸、贩毒、放火、爆炸以及投放危险物质罪的，应当承担刑事责任。根据《刑法修正案（十一）》，年满

① 贾宇．刑法学（上册·总论）［M］．北京：高等教育出版社，2019：140.

12 周岁未满 14 周岁的未成年人，犯故意杀人、故意伤害罪，致人死亡或者以特别残忍手段致人重伤造成严重残疾，情节恶劣，经最高人民检察院核准追诉的，应当负刑事责任。

四是减轻刑事责任能力。又称为限制刑事责任能力，介于完全有和完全无刑事责任能力之间，尽管具备一定的刑事责任能力，但是由于某种原因，与完全刑事责任能力相比，其辨认能力和控制能力有所减弱、降低。各国刑法一般都会认定限制行为能力人实施了犯罪行为的，应当负刑事责任，但基于刑事责任能力的弱化进而减轻其刑事责任，应当或者可以从宽处罚或者免予处罚。我国《刑法》规定的减轻刑事责任能力人有四种情形:（1）已满 14 周岁不满 18 周岁的未成年人;（2）又聋又哑的人;（3）盲人;（4）尚未完全丧失辨认或控制自己行为能力的精神病人。

（三）特殊刑事责任能力人的规定

1. 未成年犯罪人

我国对于未成年人犯罪本着“教育、感化、挽救”的方针，积极开展从宽处罚。对于所犯罪行，比照成年人的做法予以从轻、减轻处罚。与此同时，根据具体个案的不同，司法机关享有充分的自由裁量权。对于未满十八周岁的未成年人，不适用累犯和死刑的有关规定，同时只要符合缓刑条件就必须适用一般缓刑①。此外，为实现实体法与程序法之间的高度衔接，刑法对于此类未成年人，还免除其报告前科义务，对于相关的犯罪记录予以封存。

2. 老年犯罪人

尊老爱幼一直是中华民族的传统美德，对于老年人犯罪，本着该宽则宽、当严则严的刑事政策。《刑法修正案（八）》中规定：已满七十五周岁的人故意犯罪的，可以从轻或者减轻处罚；过失犯罪的，应当从轻或者减轻处罚。同时规定“审判的时候已满七十五周岁的人，不适用死刑，但以特别残忍手段致人死亡的除外”，更是体现了对老年人的宽恕，虽然对于手段特别残忍的，同样可以判处死刑，但是这样的极端案例，在司法实践中甚少出现。

3. 犯罪孕妇

对于犯罪孕妇这类特殊人群，各国刑法规定基本一致，那就是只要是进入刑事诉讼中之后发现怀孕的，绝对不能适用死刑，自然或人工流产也不能适用死刑，必须依法改判其他刑罚。我国《刑法》也明确规定“审判的时候怀孕的妇女，不适用死刑”，亦即只要进入刑事诉讼的立案阶段后发现怀孕的妇女罪犯，既不能判处死刑立即执行，也不能判处死刑缓期二年执行。此外，我国《刑法》还明确规定对于犯罪孕妇，只要符合缓刑适用条件的必须适用一般缓刑。

由于生活节奏的加快，当代大学生面临的就业、升学和人际关系等多方面纵横交织的情况下，出现了诸如焦虑、抑郁、暴躁、重度失眠、严重神经衰弱、深度游戏沉溺等

---

① 一般缓刑是指人民法院对于被判处拘役、3 年以下有期徒刑的犯罪分子，在符合法律规定条件的前提下，暂缓其刑罚的执行，并规定一定的考验期，考验期内实行社区矫正，如果被宣告缓刑者在考验期限内没有发生法律规定应当撤销缓刑的事由，原判刑罚就不再执行的制度。

诸多不良情绪或状态，如此可能会导致部分控制能力下降，但其辨认能力和控制能力依旧存在，因而若有实施犯罪行为者，完全应当依法承担相应的刑事责任。作为一个已经成年或即将成年的大学生，理应树立崇高的理想、明了人生的目标，除了要学习和熟练专业知识，更要熟悉和了解刑法的相关规定，谨言慎行，切勿以身试法、悔之莫及！

案例精选

大学生王甲（17岁），大学生张乙（21岁），带领李丙（12岁），赵丁（16岁）一同外出游玩。由于正值疫情防控，大家都想在规定的时间内多进入电玩机厅玩个痛快，其间因为争抢座椅而发生争吵，最后王甲、张乙将赵丁打成重伤，而李丙则出于保护赵丁，将机厅内的一把水果刀随手抄起，奋力朝王甲、张乙刺去，最终导致二人重伤住院。

【案例解析】本案中四人一起结伴而行，进入机厅发生争吵后酿成惨剧。可以说偶发性极强，但是其中三人王甲、张乙和李丙已经触犯刑法，构成犯罪。对于王甲、张乙由于已经达到一般犯罪主体的16周岁，并且将受害人赵丁打成重伤，二人的行为均构成了故意伤害（致人重伤）罪。根据案情，没有特别说明二者的精神状况，存在智力异常或者间歇性精神病，则应当理解为属于正常人状态，那么理应为自己的行为承担刑事责任。而李丙尽管只有12岁，但是根据最新的《刑法》规定，其行为符合已满十二周岁未满十四周岁，致人重伤的严重犯罪行为，应当按照规定逐级上报最高检决定对其是否核准追诉。如果最后认定，应当对其核准追诉，那么李丙将会受到相应的刑事处罚，对于民事赔偿部分按照司法实践和有关规定，则由其监护人承担。

关键术语

刑事责任能力是指行为人具备的刑法意义上的辨认和控制自己行为的能力。

第三节　犯罪的主观要件——是否只有故意才需负刑事责任

犯罪主观要件，亦即犯罪的主观方面，是指行为人对其所实施的行为所必然或可能引起的危害社会的结果所持的心理态度。犯罪的主观方面体现了行为人实施危害社会的犯罪行为时的心理状态，是犯罪人承担刑事责任的主观基础。犯罪的主观方面包括犯罪故意、犯罪过失、犯罪目的和犯罪动机等因素，其中的犯罪故意和犯罪过失统称为罪过，是所有犯罪构成的必要条件。

一、犯罪故意

犯罪故意，是指行为人明知自己的行为会造成危害社会的结果，并且希望或者放任这种结果发生的心理态度。[①] 犯罪故意包括认识因素和意志因素两个方面，“明知自己的行为会造成危害社会的结果”属于认识因素，“希望或放任危害结果发生”则属于意志因素。犯罪故意中，行为人一定是先对自己的行为有了一定明确的认识，然后基于自由意志支配选择了“希望或者放任”；如果行为人对自己行为可能造成的危害不可能认识到，则不可能构成故意犯罪，比如某甲在高速上驾车正常行驶时，行人某乙突然闯入被撞死，此例中某甲不可能想到高速公路上会突然出现行人，故而故意犯罪不可能成立，只能是意外事件，甲对此不负刑事责任。

故意的认识因素应当包括三个方面：一是知道自己实施危害行为的内容和性质；二是知道自己行为会造成某种危害社会的结果；三是知道危害行为与危害后果之间的因果关系。故意的意志要素包括希望和放任两种类型：希望发生是指行为人对于危害后果的发生持有一种“积极努力、奋力促成”的心态；放任发生则是指行为人对于危害后果的发生本着一种“不希望、不追求、不阻止、不反对”的心理，换言之就是“无所谓”，发生也行，不发生也可以。

根据行为人的认识状况和对危害结果所持的具体态度，犯罪故意可以分为直接故意和间接故意两类。

直接故意是指行为人明知自己的行为可能或必然致使发生某种危害社会的结果，并且希望这种结果发生的心理态度。直接故意犯罪中，行为人都具有比较明确的犯罪目的，意志坚定，态度积极，对实施犯罪过程中所遇到的困难或阻力会积极加以排除，不达目的誓不罢休，因而，凡是实施直接故意犯罪的行为人，都具有较大的主观恶性，人身危险性亦然。例如：张三与李四苦大仇深，一天路过李四宿舍时，看到李四在窗口附近打电话，就过去猛推一把，将李四推下楼去（所处位置十楼），结果导致其当场身亡，其主观心态当为典型的直接故意。又如：赵六与王五在吃饭时，趁其不备将一包过期的老鼠药放入王五碗中，此时赵六既有可能毒死对方，也可能会行动失败。但是其主观上，还是积极追求王五吃下去，赵六的主观心态亦为直接故意。

间接故意是指行为人明知自己的行为可能发生某种危害社会的结果，并且放任这种结果发生的心理态度。间接故意心态的最大特点在于“放任”，即行为人对于危害结果的发生，采取听之任之、满不在乎、无所谓的态度，结果未发生行为人也不会觉得遗憾，结果发生了也不违背其本心，更不会感觉到意外。一般认为，间接故意的主要表现有以下几种形式：（1）行为人在意图追求某一犯罪目的的同时放任另一危害后果的发生。例如：某甲意图杀死乙，采取在多人共同食用的食物中投毒的方式进行，最终致使某乙和其他多人死亡，该例中，某甲对于某乙的死亡持直接故意杀人心态，但是对于其他多人则为间接故意杀人心态。（2）行为人为追求某一非犯罪目的放任了另一危害结果的发生。例如：某甲为了猎杀野鸡而置野鸡侧后方的某乙于不顾开枪射击，结果击中某乙致其死亡，本例中某甲当属间接故意。（3）在某些突发性犯罪中，行为人临时起意、不计后果，放任危害结果的发生。例如：某饭店中，酒意浓厚的某甲与邻桌某乙发生碰撞，

① 贾宇．刑法学（上册·总论）［M］．北京：高等教育出版社，2019：164.

进而引发肢体冲突，某甲手持酒瓶猛击某乙头部致其死亡，本例中某甲当为间接故意。

关于故意犯罪的成立条件，直接故意犯罪中不要求危害结果的实际发生，即使行为人所追求的结果尚未发生，行为人也要对自己的行为承担相应的刑事责任；但是，在间接故意犯罪的情况下，危害结果的发生为行为人承担刑事责任的必要条件，亦即无危害结果则不能认定间接故意行为人的行为构成犯罪。例如：某甲意图杀死某乙，采取在多人聚餐的食物中投毒的方式进行，由于某乙最先进食，但由于抢救及时，某乙未死，同时并无他人死伤，该例中，某甲对于某乙依法应当认定为（直接）故意杀人罪（未遂），对于聚餐的其他人则不承担任何刑事责任。

二、犯罪过失

犯罪过失是指行为人应当预见自己的行为可能发生的危害社会的结果，因为疏忽大意而没有预见或者已经预见但轻信能够避免，从而导致危害结果发生的一种心理态度。犯罪过失的认识因素表现为行为人对危害结果应当预见而没有预见或者已经预见但轻信能够避免，犯罪过失的意志因素体现为行为人的本心是完全反对危害结果的发生的。犯罪过失行为人承担刑事责任的依据在于：因为其严重不负责任的心态导致了原本完全可以避免的某种危害结果。

根据行为人的认识状况，犯罪过失可以分为疏忽大意的过失和过于自信的过失两类。

疏忽大意的过失，也叫“无认识的过失”，是指行为人应当预见自己的行为可能发生危害社会的结果，但因为疏忽大意而没有预见，从而致使某种危害结果发生的主观心理态度。例如：李某在启动汽车之前，没有注意查看汽车周围的情形，从而将躲在汽车后方玩耍的小孩轧死，本例中李某主观方面为疏忽大意的过失。在疏忽大意的过失中，行为人有义务也有能力认识到其行为可能会致使某种危害结果的发生，但是行为人却因为自身的粗心、马虎、松懈、麻痹大意等心态而根本没有意识到其行为致使危害结果发生的可能性。简而言之，就是行为人本应高度警惕其行为的危险性但却因自身责任心的严重匮乏而没有注意到，进而导致了危害结果的发生。如上例中的李某作为一名汽车驾驶员，启动汽车之前有义务也有能力查看一下汽车周围的情形，但是却因粗心大意忘记了履行这一义务，从而导致了孩童的死亡，属于典型的疏忽大意的过失心态。

过于自信的过失，也叫“有认识的过失”，是指行为人已经预见到自己的行为可能发生某种危害社会的结果，但却轻信能够避免，从而致使危害结果发生的一种心理态度。与疏忽大意的过失相同的是，过于自信的过失的行为人对于结果的发生同样持反对的态度；与疏忽大意的过失不同的是，疏忽大意的过失的行为人对于结果的发生完全没有预见到，而过于自信的过失的行为人对于危害结果的发生已经预见到了，但他相信凭借一定的条件或理由自己完全可以避免危害结果的发生，然而，事与愿违，他所凭借的条件或理由并未能阻止危害结果的发生。例如：某丙住在十层楼上，有天夜晚，在打扫卫生时发现一块砖头没什么用了，某丙又比较懒惰，不想开门扔到楼梯口的垃圾箱里，他想楼房的一侧临着大街，是不能随便扔东西的。而楼房的另一侧以前是一片垃圾场，最近一段时间改造成一块草坪并种了几棵树，但前几天这个地方吊死一个人，阴森恐怖，白天都很少有人到这里来，夜晚这里肯定更没有人，所以从这地方扔砖头下去肯定没事。于是就走到这一侧的窗户扬手将砖头扔了下去。没想到这时有一对恋人在草坪旁散步，砖头正好把小伙子砸死了。本例中某丙的主观方面即为过于自信的过失。对于从楼上扔砖头可能会砸到人，某丙完全认识到了，但基于特定的场景和情形他轻信不会有人从此地路过，而且他所轻信的理由完全是真实存在、符合大众认知的，但是很不巧的是小概率事件发生了，而这种危害结果本来完全是可以避免的，但却由于某丙的过于自信的过失导致了他人的死亡。

过于自信的过失与间接故意存在一定的相似之处，两者都预见到行为可能会发生危害社会的结果，并且行为人都不是积极追求危害结果的发生，但对于危害结果的发生，过于自信的过失行为人因为是持反对心态的，所以会表现为感到出乎意料，而间接故意的行为人对于结果的发生是持容忍态度的，所以并不会感到意外，有意料之中之意。例如：某乙平常工作很辛苦，每天早上起来很早，好不容易等到周六、周日，就想睡个懒觉。但最近一段时间，他家楼下新建了个集贸市场，早上卖菜的人比较多，很吵闹。某乙十分气愤，心想周末早上也不让我睡个好觉，一时冲动，就想制造一点影响，发泄他的不满，于是找了一块砖头扔下去，结果将一个卖菜的小贩砸死了。本例中某乙的心态体现为间接故意而非过于自信的过失，基于发泄不满的动机，其对扔砖头砸到人的危害结果明显是一种放任或容忍的心态，而非反对的态度，其对于结果的发生也不存在意料之外的感觉。

根据我国《刑法》通说，处罚一个人要按照主客观相统一的原则，也就是说，犯罪的主观要件与客观要件要同时具备并成立才行，因为，犯罪的主观揭示了行为人实施犯罪内心深处的罪恶心理活动轨迹，在主观的促使下，最终实施了客观的犯罪行为，即主观心理客观外化于行为之上。如果单纯依靠某一方面，就会出现“主观归责”或者“客观归责”的错误行径。如果大学生具备了犯罪的故意或者过失，而且造成了社会危害结果，那么就符合主客观相统一的处罚原则，依法应当追究其刑事责任。

案例精选

一日，大学生张某在宿舍无人之际，突然萌发要“搞点钱花”的念头，以解决自己的经济拮据。经过一番精心策划之后，选择了校外的小卖部，在夜黑风高之时，头戴黑色鸭舌帽，戴好口罩、手套，手持一把锋利的水果刀，伺机作案，待小卖部关门时，突然进入，并劫持店主，将所有钱财放入自己口袋。得手后迅速逃离了现场，在回学校的路上，看到路边有一个弃婴，好心收留，但是宿舍人嫌吵闹就在后半夜将其放在阳台。第二天，见弃婴已经奄奄一息，就将其抱到校外的路边，从远处观望，待好心人收留之后，才放心离去。不料，后来在新闻报道中看到警方最近打掉了一个贩卖婴儿的团伙，这才得知，被收留的弃婴被人贩子买卖。

【案例解析】根据案情可知，大学生张某作为实施犯罪的直接行为人，在校期间盲目攀比，对于自己的生活不满，通过对校外小卖部实施抢劫，而满足自己的物质欲望。该行为已经构成抢劫罪，其犯罪的主观心态是故意而为之。对于在途中拾到的弃婴，他带回了宿舍，尽管做法值得肯定，但是由于没有任何经济实力可以救助弃婴，所以遇到此类情况时还是应当及时送交有关部门处理。既然成为弃婴的临时照顾人，并且已经是成年人，他就应当意识到自己救与不救的结果。本着既救之则安之的心态，应当在自己力所能及的情况下，积极开展救助。但是在本案中，我们却看到张某将其丢弃，其实在刑法中属于一种遗弃行为，符合刑法分论中遗弃罪的构成要件。在这一行为中，行为人张某的行为已构成遗弃罪，同样属于一种故意的主观心态。但是这两个行为中，前者可以看作一种直接的故意，积极追求抢劫的最后结果，最终也造成了受害人的经济财产损失。而遗弃行为，尽管也是一种故意，但却是一种间接的故意，对于弃婴的丢弃所产生的任何危害结果是一种听之任之的主观心态。从他在远处观望希望有好心人可以收留弃婴这一行为来看，就对最后的危害结果是一种放任，当然行为人本意是希望朝着好的方向发展。最后看到育婴被贩婴团伙所倒卖，这是行为人没有预料和想象到的，因此排除了行为人的主观故意或者过失，完全符合刑法当中的意外事件。因此，对于弃婴被贩卖的危害结果在罪责上不承担刑事责任。

该案例对于大学生的启示：一是应当树立正确合理的消费观，不攀比，量入为出。二是害人之心切勿有，树立正确的“三观”。三是爱心可以有，但是不要“泛滥”，否则有时会帮倒忙。总之，争做遵纪守法的新时代当代合格大学生。

关键术语

直接故意是指行为人明知自己的行为可能或必然致使发生某种危害社会的结果，并且希望这种结果发生的心理态度。

间接故意是指行为人明知自己的行为可能发生某种危害社会的结果，并且放任这种结果发生的心理态度。

过于自信的过失，也叫“有认识的过失”，是指行为人已经预见到自己的行为可能发生某种危害社会的结果，但却轻信能够避免，从而致使危害结果发生的一种心理态度。

疏忽大意的过失，也叫“无认识的过失”，是指行为人应当预见自己的行为可能发生危害社会的结果，但因为疏忽大意而没有预见，从而致使某种危害结果发生的主观心理态度。

第四节　危害行为——见死不救只是道德问题吗

“无行为则无犯罪”已经成为现代法治国家公认的准则，现代人权保障理念严格禁止单纯的思想入罪，当行为人的不当思想仅仅停留在语言或文字时，除非法律对某种特殊情形明文规定之外，一律不得追究其刑事责任并施加刑罚。危害行为作为犯罪的核心要素，是一切犯罪成立的必要条件，在所有犯罪构成中都居于核心地位。

一、危害行为的概念

刑法上的危害行为是指在人的意志或者意识支配下所实施的危害社会并为刑法所禁止的身体动静。它具有以下特征：

（一）客观上必须是人的危害社会的行为

人的行为从性质上可以分为对社会有益的行为和对社会有害的行为，作为刑法调整范围内的行为必须是总体上对社会有害的行为才可以，如果某人的行为总体上对社会有益，那么即使其行为在某种程度上也造成了一定的社会危害，也不能纳入刑法的调整范围，比如正当防卫、紧急避险等就是如此。此外，危害行为作为人的身体动作，与单纯的思想活动有着本质的区别，通常情况下还是很好区分的，但对于发表言论究竟是属于单纯的思想活动还是纳入行为的范畴，则要具体问题具体分析。在绝大多数情况下，司法机关不会因为某人发表了有害言论就去追究刑事责任，但若行为人的言论明显具有严重的社会危害性的时候，比如煽动分裂、煽动颠覆国家政权，侮辱、诽谤、诬告陷害他人，教唆、引诱他人犯罪，抢劫、强奸、敲诈勒索时的威胁言论等，则完全应该被认定为刑法中的危害行为，进而追究行为人的刑事责任。

（二）主观上是表现人的意志或意识的行为

危害行为必须是人的意志或者意识支配下的行为，如此方能体现出行为人的主观恶性和人身危险性。人的无意识、无意志的身体动作，即使客观上造成了社会危害的结果，也不属于刑法意义上的危害行为，因为行为人并不存在相应的主观恶性和人身危险性。比如人在梦游状态下的举动、在不可抗力下的举动、在身体受到绝对暴力强制下的举动等都属于此类行为，不能纳入刑法调整的范畴。但需要注意以下几种情形仍属于刑法上的危害行为：（1）受到一定程度但不属于绝对的暴力强制时所为的行为，比如：某甲让某乙去盗窃其单位的财物，某乙不愿听从，某甲以如果某乙不去就见一次打一次相威胁，某乙因害怕被打进而盗窃了本单位的财物交给某甲，此例中的某乙依然要承担相应的刑事责任，因为他并未丧失完全的意志自由。（2）失职忘却行为。例如：某天晚间，王某在锅炉房值班，需要不定时查看锅炉压力，但王某因为睡觉而忘却了职责，导致锅炉爆炸，王某需要对此承担刑事责任。（3）原因中的自由行为。比如：行为人故意吸毒或醉酒之后所进行的杀人、放火、抢劫等行为。

（三）性质上具有刑法禁止性

广义的危害行为包括违反刑法的危害行为和违反其他法律的危害行为，违反其他法律的危害行为只能由其他法律进行调整，作为需要承担刑事责任的危害行为必须是违反刑法的危害行为，这也是贯彻罪行法定原则的必然结果。

二、危害行为的分类

从危害行为的客观外在特征可以将危害行为分为作为和不作为：

（一）作为

作为是行为人以积极的身体活动所实施的刑法禁止实施的危害行为。简而言之，就是“不当为而为”。刑法分论关于具体犯罪的规定背后都隐含着一定的禁止性规范，比如盗窃罪所隐含的禁止窃取他人财物，抢劫罪隐含着禁止以暴力、胁迫或其他方式抢劫公私财物，强奸罪隐含着禁止以暴力、胁迫或其他方式违背妇女意愿与之性交，非法拘禁罪隐含着禁止非法剥夺他人的人身自由，等等，明知这些规定的要求却偏要积极地以身试法、以行犯之，就构成了此处的作为。

需要注意的是，作为不等同于亲手实施行为，实践中的作为可以以各种方式实施：（1）利用自身的身体活动的作为，如用自己的手去盗窃；（2）利用物质工具的作为，如用刀砍杀；（3）利用他人行为实施的作为，如利用 8 周岁的小孩投毒；（4）利用自然力量实施的作为，如放火烧死某人；（5）利用动物实施的作为，如放狗咬人；（6）其他情形。

（二）不作为

不作为是指刑法要求行为人必须履行实施某种特定积极行为的义务，行为人能够履行而没有履行该义务的行为。简而言之，就是“当为而不为”。在某些特定的社会关系中，权利的实现需要某些特定的主体履行特定的义务，如果该特定义务得不到履行，则权利就会受到损害，不作为正是以不履行特定义务的方式侵害了被害人的权利，从而造成对刑法保护的社会关系的侵害。

成立不作为必须具备以下三个条件：

1. 行为人负有特定的义务

不作为中的特定义务产生于一定的事实与条件，并且要求行为人以积极的作为方式来履行，如共同生活的家庭成员之间的相互抚养义务、父母与子女之间的抚养与赡养义务、取得经济收入的群体依法纳税义务、适格公民服兵役义务，等等。需要注意的是，这里的义务只能是属于法定的义务，不是道德上的义务。比如：对于歹徒正在行凶杀人，警察具有法定的制止义务，普通民众仅仅具有道德上的阻止义务，因此，警察不履行法定制止义务的行为构成这里的不作为，成立渎职罪，但普通民众不履行道德上阻止义务的行为则不构成这里的不作为，不成立任何犯罪。一般认为，不作为的义务来源有以下几个方面：（1）法律上明确规定的义务，如父母抚养子女义务；（2）职务上、业务上要求的义务，如警察制止犯罪的义务，医生救死扶伤的义务；（3）法律行为引起的义务，如签订雇用合同之后保姆照看小孩的义务；（4）先行行为引发的义务，如王某将邻居甲 10 岁的小孩带去游泳产生的照看和救助义务。

2. 行为人有能力履行该特定义务

负有特定义务的人必须是在有能力并且有条件履行的情况下，才能成立此处的不作为。如果行为人虽然具有特定的某种义务，但其没有能力或者有能力但没有条件履行，也不构成此处的不作为。例如：孩子有赡养父母的义务，但其子本身属于智障，此时则其子根本就无能力履行赡养义务，其子不履行赡养义务不构成不作为犯罪。又如：某父突发重病，其子远在异国他乡，一时无法归家，其父因无人照料死亡，此例中其子虽有履行能力但由于特殊情况无条件履行赡养照料义务，因而也不构成不作为的犯罪。

3. 行为人不履行该特定义务的行为必须具备严重的社会危害性

行为人不履行特定义务必须具备严重的社会危害性，方能追究行为人的责任。如果行为人不履行特定义务造成的危害性较轻，不宜以犯罪论处。例如：某甲与父母发生争执，气愤之下离家出走三个月，其间也不接听父母电话，三个月后回家方知在其离家期间父亲突染重病，母亲一人难以照料，幸得左邻右舍帮助，其父才得以渡过难关，本例中某甲不履行义务的行为造成的危害性较轻，不宜以犯罪论处。

三、关于见死不救的追责问题

对于见死不救行为是否应当追究法律责任，根本在于行为人对于被救助者面临的危险是否具有救助的法律义务，如果有义务而不救则构成不作为的犯罪，如果没有救助的法律上的义务则其行为不构成任何犯罪，当然也就不存在任何刑事责任问题。正如上文所述父母与子女之间、丈夫与妻子之间存在法定的救助义务，如果不履行该义务情节严重的，可以构成不作为的犯罪。又如上文所述对于歹徒正在行凶杀人，警察因具有法定的制止义务可以构成不作为的犯罪，但普通民众因仅仅具有道德上的阻止义务即使不闻不问也不构成任何犯罪。

案例精选

大学生王某之父王甲患有精神病，具有照顾和监护职能的母亲张乙与王某一起承担着父亲的饮食起居。一日，其父精神病发作，对来自己家中串门的邻居任意砍杀，王某与其母亲没有及时制止其父亲的疯狂行为，反而躲在一旁看“热闹”，最终导致多名邻居被砍成重伤。

【案例解析】本案中的见死不救已经构成故意伤害罪。

首先，行为人王甲造成了无辜受害人的重伤行为，但是由于其属于依法不负刑事责任的精神病人，根据《刑法》有关规定，应当责令其监护人严加看护，并积极赔偿受害人的损失，同时送至相关指定医疗场所进行积极治疗。其次，作为负有监护职能的张乙，在王甲精神病发作之时，面对其任意砍杀行为，却没有作出积极有效的制止行为，这样不作为的放纵，是对无辜生命的漠视，同样是一种见死不救。尽管大学生王某没有经济收入和稳定工作，但是其与母亲一同作为父亲的监护人，理应对其父亲的疯狂举动及时加以制止。这样的无动于衷，也是一种变相的见死不救。而且，就算没有能力去制止其父的危险行为，起码有报警求助的义务和责任，但是很遗憾，在本案中，没有看到有类似的举动，否则也不至于发生如此严重的后果。最后，王某与其母亲成为不作为的共犯，都应当承担故意致人重伤的故意伤害罪。

通过本案应当有所启示，即作为当代大学生，一是要有见义勇为的机智勇敢。即在发生危险的时候，要及时采取有效方式制止犯罪行为。二是要敢于担当。见死不救就是一种逃避责任承担的消极对待，如果大家看到自己所属领域内的危险行为，单纯的不作为是无法解决真正问题的，有可能还会触犯刑法。三是不要逞能，做无谓牺牲。不倡导见死不救绝对不是要求每位大学生在遇到危险时就往上冲，而是巧妙利用一些简单易行的方式方法，合理解决眼前的危险。像本案中，可以采取报警或者暂时利用一些物品吸引其注意力，为最后制止其危险疯狂的犯罪行为赢得宝贵的救助伤者时间。

关键术语

不作为是指刑法要求行为人必须履行实施某种特定积极行为的义务，行为人能够履行而没有履行该义务的行为。简而言之，就是“当为而不为”。

作为是行为人以积极的身体活动所实施的刑法禁止实施的危害行为。简而言之，就是“不当为而为”。

第五节　犯罪的未完成形态——这样要受处罚吗

直接故意犯罪的进行往往会体现为两个阶段，即预备阶段和实行阶段，根据行为人行为所处不同阶段及行为的特性可以分为犯罪预备、犯罪中止、犯罪未遂和犯罪既遂[①]四种停止形态，其中与犯罪构成完全匹配的形态为犯罪既遂，也叫犯罪完成形态，对于其他三种形态，均属于犯罪的未完成形态。无论是属于犯罪完成形态的既遂形态还是未完成形态的犯罪预备、犯罪中止和犯罪未遂，都具有严重的社会危害性和刑事追责必要性，依法都应当承担相应的刑事责任。

一、犯罪预备

我国《刑法》规定：“为了犯罪，准备工具、制造条件的，是犯罪预备。”根据该项规定，犯罪预备是指为了实行犯罪而准备犯罪工具、制造条件，但基于行为人意志以外的原因而停止在犯罪预备阶段的形态。[②]行为人在犯罪预备阶段，为犯罪进行了大量的前期准备工作，虽然由于犯罪意志以外的原因而尚未着手，但是同样具备了犯罪的主观心态，并通过预备行为得以显现出来，此时处于一种行为人意志以外且尚未着手的犯罪

① 犯罪既遂是指实行直接故意之后具备了完备犯罪构成要件之全部要素的故意犯罪形态。对于既遂犯的处罚，可结合刑法总论的有关规定，直接按照刑法分论具体条文规定的法定刑幅度进行裁量。

② 贾宇．刑法学（上册·总论）[M]．北京：高等教育出版社，2019：214.

形态[①]。

（一）犯罪预备的特征

1. 为了犯罪的实施而准备工具、制造条件

准备工具是指为了实施犯罪而制造、改装、购买、租借或者通过其他方式获取犯罪工具的行为。例如：为了杀人而购买毒药，为了抢劫准备汽车，为了盗窃购入开锁工具，等等。

制造条件是指除了准备犯罪工具之外为实施犯罪所进行的其他准备活动。例如：打探欲抢珠宝店安防情况，跟踪欲杀被害人行踪，制订盗窃行动计划，等等。

2. 行为人主观上是为了实行犯罪

也就是说行为人如果不是出于犯罪的目的，那么就不会积极主动准备工具、制造条件，其目的性十分明确。对于一般的犯罪而言，就其犯罪预备，可能还无法确定其最终的犯罪目的，往往还要结合其主观的犯罪动机、故意或过失。与此同时，如果还有他人参与共同准备行为，则属于共同的犯罪预备。行为人要对自己所实施的犯罪有明确的认知，通常来讲，犯罪预备属于犯罪主观的内容，如果没有积极的准备，很难为后面的犯罪实施提供基础。

3. 行为人尚未着手实行犯罪

犯罪预备形态只能发生在着手实行犯罪之前的犯罪预备阶段，这是犯罪预备和犯罪未遂的根本区别。行为停止在预备阶段而未能着手实行犯罪包括两种情形：一种是预备行为没有实施终了就停止下来，比如某甲为了抢劫银行去购买枪支，结果在枪支交易过程中就被抓了，行为人的预备行为尚未完成就被阻断，无法进入抢劫行为过程；另一种是预备行为实施终了但基于某种原因而停止在犯罪的预备阶段，例如某甲为了抢劫银行，购买了一支枪藏于家中，伺机进行抢劫，某日某甲持枪意欲前往银行抢劫，因人举报半路被抓，此例就属于预备行为实施终了但基于某种原因未进入实行阶段的犯罪预备。

4. 对于犯罪预备阶段是行为人不能控制的原因而致

犯罪预备行为人在主观方面是积极希望预备行为继续进行下去直到实行完毕的，但基于意志以外的原因尚未来得及着手实行就被阻止停顿下来。这一点是犯罪预备区别于犯罪中止的根本所在，犯罪中止是行为人自己主动停止原本意欲实行的犯罪行为，而犯罪预备只能是行为人被动停止其原本意欲实行的犯罪行为；此外，犯罪中止可以存在于犯罪的预备阶段、实行阶段乃至实行终了之后，而犯罪预备只能存在于犯罪的预备阶段之中，如果在着手实行之后被迫停止其所意欲实行的犯罪行为，则成立犯罪未遂而不是犯罪预备。

（二）犯罪预备的处罚

犯罪预备在刑法中具有相应的独立地位，具有了一定的社会危害性，因而也具备了独立的刑事可罚性。但是在处罚时，可以比照既遂犯从轻、减轻或者免除处罚。至于何种情形从轻处罚、何种情形减轻处罚、何种情形免除处罚，则要结合具体个案的特殊情

---

① 陈兴良．刑法适用总论：上卷［M］．2 版．北京：中国人民大学出版社，2006：361.

形进行综合考量之后抉择。

二、犯罪未遂

犯罪未遂是指行为人已经着手实行犯罪，基于意志以外的原因而未能完成犯罪的故意犯罪停止形态。

（一）犯罪未遂的特征

1. 行为人已经着手实行犯罪

犯罪预备阶段与犯罪实行阶段的区分点在于是否着手，如果行为人尚未着手就被动停止属于犯罪预备，只有已经着手实行刑法分论所规定的符合具体犯罪构成的行为之时或之后被动停止进而无法达到既遂的成立犯罪未遂。例如：在陕西“张扣扣案”中，当行为人手持利刃捅向受害人之时，即为犯罪的着手。

2. 犯罪没有得逞

对于犯罪没有得逞，要基于主客观相统一原则来认定。从客观上讲，行为人在客观上的犯罪行为，或者没有实施完毕，或者其所追究的危害结果没有达成，或者其所追求的危险状态没有实现，等等。主观上而言，是指行为人的犯罪主观心态已经显露无遗，只是由于其自身意志以外的原因而未能达成目标。

3. 由于行为人意志以外的原因

行为人意志以外的原因表明犯罪未得逞并非出于行为人的本心，而是出现了某种其在客观上或自认为无法掌控的因素，迫使其无法继续推进犯罪行为以达到既遂。实践中，犯罪未得逞的原因大概有以下几类：一是行为人自身的客观原因，比如行为人自身体弱而无法制服被害人从而无法达成杀死对方的目的；二是行为人自身以外的客观原因，比如被第三方制止；三是行为人自身主观认识错误的原因，比如盗窃行为人进入目标屋内正在翻寻财物时，突然听到屋外传来警笛声，行为人误以为他的盗窃行为被发现了从而仓皇逃跑，虽然行为人停止犯罪是因为其自身的主观错误认识所致，但对其而言同样体现为被迫停止。

（二）犯罪未遂的类型

根据我国刑法理论，可以根据不同的标准对犯罪未遂进行如下划分：

1. 根据实行行为是否终了，可以分为实行终了的未遂和未实行终了的未遂

实行终了的未遂是指行为人已将自认为达到既遂所必需的全部行为实行终了，但基于其意志以外的原因未得逞，例如：某甲意图毒杀某乙，趁某乙不备将毒药投入某乙的水杯之中，后因水温较低，某乙将杯中有毒的水倒掉并用热水涮了两遍，之后未发生任何危害结果，本例中某甲的行为就属于故意杀人实行终了的未遂。

未实行终了的未遂是指基于意志以外的原因，使行为人未能将其所认为达成既遂所必需的全部行为实行终了，因而未得逞。例如：王某意图杀害李某，手持匕首刺向李某，匕首在第一时间就被李某打掉，并被旁边的张某配合李某联手制服，此例就属于典型的未实行终了的未遂。

2. 根据实行行为本身是否能够达到既遂，可以分为能犯未遂和不能犯未遂

能犯未遂是指犯罪行为原本有可能达到既遂，但因为行为人意志以外的原因未能达到既遂而停止下来的情形。比如前例：王某意图杀害李某，手持匕首刺向李某，匕首在第一时间就被李某打掉，并被旁边的张某配合李某联手制服，此例也属于能犯未遂，如果匕首未被打掉、王某未被制服，那么王某还是极有可能杀死李某的。

不能犯未遂是指根据案件的具体事实，行为人所实施的行为本身就不可能达到既遂的情形。不能犯未遂又分为对象不能犯未遂和工具不能犯未遂。例如：某日夜间，张某错误地将屋内挂着的衣服当成胡某进行射击，此例属于对象不能犯未遂。又如：刘某意图毒杀李某，由于行为仓促，误将一包白咖啡当成毒药投入李某杯中，此例属于工具不能犯未遂。

（三）犯罪未遂的刑事责任

对于未遂犯的处罚，我国刑法一向采取可减主义原则。也就是说，可以比照既遂犯从轻或者减轻处罚。对于未遂犯的处罚力度，应当小于同例既遂犯，但要大于同例预备犯和中止犯。

三、犯罪中止

犯罪中止是指在犯罪过程中，行为人主动放弃犯罪或者自动有效地防止危害结果发生，而未完成犯罪的一种故意犯罪停止形态。同样属于未完成的犯罪形态，相比犯罪预备和犯罪未遂而言，犯罪中止最大的不同点在于行为人是完全积极主动地阻却犯罪达成既遂的。根据刑法通说，可以将犯罪中止分成自动停止型和自动有效防止危害结果发生型两种类型。

（一）自动停止型的犯罪中止

1. 犯罪中止必须发生在“犯罪过程中”且尚未形成其他停止形态

犯罪过程中是指从犯罪预备行为开始，直到完全成就既遂之前的这段过程，可以是犯罪的预备阶段，也可以是犯罪的实行阶段。需要注意的是必须尚未成立犯罪预备、犯罪未遂或犯罪既遂，否则不能成立犯罪中止。例如：某甲在公交车上窃得华为手机一部，失主即时发现被盗，强烈要求司机直接将公交车开到派出所，在此期间某甲悄悄地将所窃手机塞回失主兜里，本例中某甲的行为已经构成盗窃既遂，不能被认定为犯罪中止。

2. 客观上存在放弃犯罪的中止行为

放弃犯罪既包括在预备阶段停止犯罪预备行为，或者在预备行为已经完成的情况下不再准备继续进行实行行为，使犯罪构成所规定的危害结果不会发生；也包括进入实行阶段之后，行为人在危害结果发生之前停止犯罪行为，从而阻却犯罪构成所规定之危害结果的发生。

3. 行为人放弃犯罪是出于自动的原因

自动是指在没有任何外界因素阻却下行为人出于自己的意志而主动停止正在准备或实行的犯罪行为。换言之，自动是指行为人在其自认为能够继续进行或者完成犯罪的情况下悬崖勒马、主动收手的情形。至于客观上其是否能够继续实施犯罪或者完成犯罪，并不影响犯罪中止之“自动”的认定。例如：某甲意图杀死某乙，某日其携带一把上膛的枪支前往某乙居住之地，当行至某乙居住的房屋门口时，某甲突然决定彻底放弃该犯罪意图，进而转身离开。实际上当天某乙并不在家，客观上某甲根本就无法实现其犯罪意图，这种客观存在的阻却情形并不妨碍某甲的放弃行为成立犯罪中止的“自动”。

4. 中止行为具有彻底性

中止行为的彻底性是指行为人主观上必须是彻底地放弃犯罪，而不是因为暂时时机不对，蛰伏以待下次再行实施该犯罪行为。中止行为的彻底性表明就该次犯罪而言，行为人的人身危险性已经消除，但并不意味着其今后不会再次实施犯罪。比如：某甲意图杀死某乙，当行至某乙门口时，突然决定彻底放弃该犯罪意图。对于本次犯罪，某甲中止行为具有彻底性，成立犯罪中止。但如果一个月后的某日某甲与某乙再起冲突，某甲再次起意并杀死了某乙，后续故意杀人的既遂并不影响之前犯罪中止的成立。

（二）自动有效防止危害结果发生的犯罪中止

自动有效防止危害结果发生的犯罪中止是指在进入实行阶段之后，当已实施的犯罪行为极有可能但尚未实际造成某种法定的犯罪构成结果的情况下，行为人采取了相应措施有效地阻止了构成结果发生的中止形态。前述自动停止型的犯罪中止可以发生在犯罪的预备阶段也可以发生在犯罪的实行阶段，而自动有效防止危害结果发生的犯罪中止只能是发生在犯罪实行阶段。此外，自动停止型的犯罪中止由于距离构成结果较远，所以行为人只要主动停止，构成结果就不会发生，即可成立犯罪中止；然而，自动有效防止危害结果发生的犯罪中止在实践中往往距离构成结果极近，如果不赶紧采取有效措施阻止，构成结果马上就会发生，从而成就犯罪既遂，因此，行为人仅仅是单纯地停止实施犯罪行为还不够，还必须立刻采取有效措施阻止构成结果的发生才能成就中止，如果行为人虽然采取了相应措施，但仍未能有效阻止构成结果的发生，则仍不能成立犯罪中止，只能构成犯罪既遂。例如：某甲出于杀人的故意向某乙连砍数十刀，致某乙重伤倒地，血流不止，此时如果某甲突然良心发现，第一时间又将某乙送往医院抢救，如果某乙被抢救过来，则某甲成立自动有效防止危害结果发生的犯罪中止，假设某乙未被抢救过来，则某甲成立故意杀人的犯罪既遂。

（三）犯罪中止的刑事责任

对于犯罪中止的刑事责任，我国《刑法》明确规定：“对于中止犯，没有造成损害的，应当免除处罚。对于造成损害的，应当减轻处罚。”对比犯罪预备和犯罪未遂，刑法对犯罪中止的处罚力度要远远小于前者，这主要是基于犯罪中止的社会危害性较轻、犯罪中止行为人的人身危险性较小，这种刑罚设置是完全符合罪责刑相适应原则的。

案例精选 1[①]

2018 年 9 月的一天，大学生汪某加入一犯罪团伙，伙同他人参与抢劫犯罪。在乘坐滴滴顺风车时，他萌发抢劫滴滴顺风车的念头，在其携带的包内，已经准备了匕首、口罩、墨镜等作案工具。但是司机很警觉，发现异常之后在中途就拒绝载客，因此汪某等人的行为未能付诸实行。

【案例解析】大学生汪某为了实施犯罪而积极准备作案工具，属于刑法中准备工具，制造条件的犯罪预备。但是由于司机的异常警觉，使汪某等人的行为未能得逞，由于此时犯罪尚未处于着手阶段，因此属于犯罪预备阶段。尽管属于团伙的犯罪预备，但是整体处于犯罪预备的状态，对于该团伙的其他成员同样不予处罚。

案例精选 2[②]

2019 年 8 月 13 日，行为人李某和林某与受害人张某（女性，在校大学生）相约一同去酒吧蹦迪。在醉意之下，二人萌发了猥亵张某的想法，于是在酒吧包房内，伺机对受害人图谋不轨。但是当李某进行至一半时，服务生进来见状大声呵斥二人，二人害怕其报警就中途退出，扔下张某，张某酒醒后报警将二人抓获归案。

【案例解析】本案中行为人李某和林某实施了对受害人的猥亵行为，且符合猥亵罪的一般作案主体，构成猥亵罪。由于二人已经处于共同犯罪状态，且由于犯罪意志以外的原因而未能得逞，那么属于猥亵罪的犯罪未遂形态。犯罪未遂不影响罪名的成立，但是在最终的量刑中会有所体现。尽管林某还未来得及实施猥亵，但是其依旧属于猥亵罪共犯中的帮助犯。二人依法应当严惩。

案例精选 3

2020 年 7 月 5 日，被告人兰某趁着夜色溜入某居民家中，计划实施盗窃。不料在翻箱倒柜之时，透过窗外看到邻居家的电视在放电视剧《罪域》。这下意识到自己如果一意孤行继续实施盗窃行为，一旦被抓到就会面临牢狱之灾，在良心的谴责下，及时收手，放弃了此次盗窃行为，临走前还帮住户打扫了一遍卫生，以求内心安定。经核查，住户未造成任何财产损失。

【案例解析】案件中的被告人兰某，在进入他人住宅后实施盗窃，属于非法侵入住宅罪与盗窃罪的想象竞合，按照刑法中盗窃罪一罪处罚即可。案件中，兰某已经着手实施犯罪，但是由于自身原因，采取了及时有效的自动中止，使犯罪结束，犯罪结果也未出现。这足以说明，被告人的主观悔罪心态是积极的，符合刑法中犯罪中止的

---

① 最高人民法院刑事审判第一庭、第二庭．刑事审判参考（第 11 辑）［M］．北京：法律出版社，2001.

② 国家法官学院、中国人民大学法学院．中国审判案例要览（2001 年刑事审判案例卷）［M］．北京：中国人民大学出版社，2003：53–57.

有关规定。根据《刑法》规定，对于兰某这样的行为，依法予以减轻或者免除处罚，由于未对住户家中造成任何经济上的损失，属于依法不予处罚的情形。

关键术语

犯罪未遂是指行为人已经着手实行犯罪，基于意志以外的原因而未能完成犯罪的故意犯罪停止形态。

犯罪中止是指在犯罪过程中，行为人主动放弃犯罪或者自动有效地防止危害结果发生，而未完成犯罪的一种故意犯罪停止形态。

第六节　共同犯罪——谁的责任大

一、共同犯罪的概念

犯罪本身是一种复杂的社会现象，其研究视角颇为广泛。以参与人数的单复为标准，可以将犯罪活动划分为个人的犯罪和两人以上的共同犯罪。① 我国现行《刑法》第 25 条对“共同犯罪”作出了专门的规定，共同犯罪作为一种更为复杂的社会现象，在数人协力参与犯罪的过程中，有人可能起到组织、领导的作用，有人起到教唆、帮助的作用；有人起到主要作用，有人起到次要作用。因此，在共同犯罪领域中，一定要明确各参与人在具体犯罪活动中的职责划分以及在共同犯罪中所起到的作用，以此来认定各共犯之间应承担的刑事责任问题。

我国对于共同犯罪的立法基本上参照了苏联 1960 年的《苏俄刑法典》关于共同犯罪的规定，类似立法例的还有俄罗斯 1996 年的《俄罗斯联邦刑法典》。我国 1979 年《刑法》规定了共同犯罪的定义，1997 年《刑法》修订时对此并未作出修改，时至今日。《刑法》第 25 条规定：“共同犯罪是指二人以上共同故意犯罪。二人以上共同过失犯罪，不以共同犯罪论处；应当负刑事责任的，按照他们所犯的罪分别处罚。”这一定义主要表现为如下特征：（1）表述的科学性。该定义直接揭示了构成共同犯罪的构成要件。（2）用词的明确性。该定义直接表明共同犯罪主体的数量要求。（3）内容的概括性。该定义并没有将集团犯罪、聚众犯罪等单独列出，而是概括于“二人以上共同故意犯罪”的表述之中。

二、共同犯罪的成立条件

对于共同犯罪的进一步理解，需要我们准确地把握共同犯罪的构成要件。

① 黄明儒．刑法总则思与辨［M］．湖南：湘潭大学出版社，2018：317-318.

（一）须具备两个以上的犯罪参与者

之前讲过，犯罪行为人包括自然人与单位，而共同犯罪中的“二人以上”可以理解为两个以上的自然人、单位或者自然人与单位的结合均可；从犯罪构成的角度观察，这里所说的“二人以上”是指达到刑事责任年龄且具备刑事责任能力的人。若一个达到刑事责任年龄与一个未达到刑事责任年龄的人，或者一个具备刑事责任能力与一个不具备刑事责任能力的人共同故意实施犯罪行为，均不属于我国现行《刑法》第 25 条规定的共同犯罪。

案例精选

宋某是未成年人，初中未毕业便在浙江省平湖市某足浴城从事服务员工作。其好友蔡某和王某（均已成年）得知这一情况后便找到宋某，唆使宋某将其作为服务员所保管的足以打开客户的万能钥匙复制，二人使用宋某配备好的钥匙将其他客人的衣柜打开后盗取财物，随后盗取现金若干，所得财物由三人平分。①

【案例解析】本案中蔡某和王某达到刑事责任年龄且具备刑事责任能力，双方基于共同的犯罪故意共同实施盗窃行为，构成盗窃罪，且属于共同犯罪，但是二人所教唆的对象宋某没有达到刑事责任年龄。因宋某不符合盗窃罪的构成要件，不需要被追究刑事责任，当然也就不属于蔡某和王某共同盗窃罪的共犯。

（二）须具有共同的犯罪行为

犯罪行为在犯罪构成要件上属于犯罪的客观方面，是追究行为人刑事责任的核心问题。共同犯罪的核心也应当落于此处。所谓共同的犯罪行为是指在共同实施的犯罪活动中，各参与人相互协力、相互配合，各行为共同指向同一犯罪目标，共同导致了特定犯罪的损害结果的发生，并且各个行为彼此之间形成了一个统一的、不可分割的犯罪活动整体。对于共同的犯罪行为，我们需要进一步做出如下理解：

首先，参与者实施的行为，均需要是符合犯罪构成的犯罪行为。如果一方参与者的行为仅仅是一般违法行为或者是存在正当阻却事由的行为而不是犯罪行为的话，那么该行为人就不属于共同犯罪的犯罪行为人。比如，甲、乙共同针对丙实施了故意伤害行为，但事后查明，乙所实施的伤害行为属于在不可抗力状态下造成丙的伤害结果，那么此种情况下，甲、乙不成立故意伤害罪的共同犯罪。

其次，参与行为的表现样态具有多样化。一方面，从危害行为的基本形式分析，共同的犯罪行为可以表现为共同的作为行为、共同的不作为行为抑或是作为与不作为的结合；另一方面，从犯罪参与者的分工角度，共同的犯罪行为包括实行行为、领导或组织行为、教唆行为以及帮助行为。具体而言，实行行为是指参与到具体犯罪，实施了符合犯罪构成客观方面要件的行为；领导或组织行为是指组织、领导、策划、指挥共同犯罪

① 资料来源：中国裁判文书网，详见：（2011）佳平刑初第 312 号。

的行为；教唆行为是指通过故意劝说、收买、威胁等方法唆使他人产生犯罪故意并实施犯罪的行为；帮助行为是指为他人实施故意犯罪提供信息、工具或者排除障碍协助他人实施犯罪，抑或是通过某些手段强化故意犯罪者的内心活动的行为。

最后，各犯罪参与者的行为与损害结果都存在因果关系。共同犯罪要求参与实施的犯罪行为有机统一为一个犯罪活动整体，他们始终围绕同一犯罪目标，共同指向同一犯罪事实，彼此之间相互作用，共同导致了损害结果的发生。也就是说，每一个犯罪参与者的行为都不可避免地对损害结果的发生做出了“贡献”，即每一犯罪行为都是损害结果发生的一部分原因。

（三）须具有共同的犯罪故意

共同犯罪故意是指每一参与实施者都能认识到参与行为会发生危害社会的结果，依然积极地追求或者消极地放任该损害结果发生的主观心理状态。这里的主观故意与之前所讲到的犯罪故意并无太大区别，这里主要做如下几点特别说明：第一，参与者能够认识到自己在与他人相互配合共同实施犯罪行为；第二，参与者能够概括地认识到自己的行为以及共同的行为会导致危害结果的发生；第三，各个参与者之间必须具备意思联络，即成立共同犯罪的各个行为人之间在实施犯罪的主观意思上相互沟通，它既可以是所有成员之间的相互沟通，也可以是部分成员之间的相互沟通，只要是参与者认识到“并非自己一个人在战斗”即可。意思联络是构成共同犯罪的必备条件。

案例精选

王某是某高校大学生，因与舍友李某在洗漱时发生口角，双方大打出手，王某使用宿舍的水果刀刺向李某的胳膊（致其轻伤），在双方打斗过程中，隔壁宿舍的周某听闻立即赶来劝架，李某误认为周某是来帮助王某的，于是转而对周某进行殴打，周某当即抢过王某使用的水果刀刺向李某肩部（致其轻伤），李某受伤后被送往医院。

【案例解析】本案中王某与李某因琐事发生殴打，王某使用水果刀刺伤李某的行为，符合故意伤害罪的构成要件；同时，周某在拉架的过程中，产生了伤害的故意，继而使用水果刀将李某刺伤，亦符合故意伤害罪的构成要件。但是在本案中，王某与周某并非基于共同的犯罪故意实施伤害李某行为，即双方没有犯罪的意思联络，因此双方并不构成共同犯罪。本案应当根据双方各自实施的犯罪行为和量刑情节，分别给予王某与周某定罪量刑。

三、共同犯罪人的刑事责任

在构成共同犯罪的情况下，由于各共同犯罪人在共同犯罪活动中的地位和起到的作用不同，出于责任分担的个别性考虑，应当分别就每个参与者的刑事责任大小进行准确量定。因此，准确对共同犯罪人进行定罪量刑的前提是需要明确共同犯罪人在共同犯罪中的地位和作用。据此，为了更好地解决各共犯人的刑事责任问题，1979 年刑法典以作用为主兼顾分工将共同犯罪人分为主犯、从犯、胁从犯和教唆犯。应当说明的是教唆犯与主犯、从犯和胁从犯并非并列关系，只是分类的依据不同而已。

（一）主犯、从犯、胁从犯的特征及其刑事责任

1. 主犯的特征及其刑事责任

我国《刑法》第 26 条第 1 款规定，组织、领导犯罪集团进行犯罪活动的或者在共同犯罪中起主要作用的，是主犯。据此，主犯应当包括两种：

（1）组织、领导犯罪集团进行犯罪活动的犯罪分子，即犯罪集团的首要分子。一方面，该种主犯仅存在与犯罪集团的共同犯罪中；另一方面，是否构成犯罪集团，应当根据刑法分则中规定的犯罪集团的条件认定。

（2）在共同犯罪中起主要作用的犯罪分子。这里所说的主犯，一般称为首要分子以外的主犯或者其他主犯，主要包括一般共同犯罪、聚众犯罪以及集团犯罪中起主要作用的主犯。

由于主犯包括上述两种，刑法对主犯的刑事责任按照两种不同的主犯，分别加以规定：

（1）首要分子的刑事责任。我国《刑法》第 26 条第 3 款规定，对组织领导犯罪集团的首要分子，按照集团所犯的全部罪行处罚。换句话说，犯罪集团的首要分子，除了要对自己实施的犯罪负刑事责任以外，还要对其他成员按照集团预谋实施的犯罪负刑事责任。如果其他成员所实施的犯罪超出集团预谋，由其他成员负责，首要分子不承担刑事责任。

（2）其他主犯的刑事责任。我国《刑法》第 26 条第 4 款规定，对于第 3 款规定以外的主犯，应当按照其所参与的或组织、指挥的全部犯罪处罚。据此，对于在集团犯罪中起主要作用的主犯（首要分子以外的主犯）、聚众犯罪的主犯以及一般共同犯罪中起主要作用的主犯，如果主犯起到了组织或指挥作用的，应当按照其所组织或指挥的全部罪行进行处罚；如果主犯进行组织或指挥作用活动的，应当按照其所参与的全部罪行进行处罚。

案例精选

2018 年 12 月的一天，应届毕业大学生康某、吴某及周某在求职面试中均因英语口语没有达到录取标准被拒，三人认为面试主考官张某有意偏袒本次面试中被录取的考生，遂对张某产生仇恨心理，欲实施报复行为。当日下午康某主动联系吴某和周某，康某策划等张某下班后对其实施殴打行为以泄私愤，吴某和周某当即表示同意。在张某下班赶往停车场的路上，吴某持刀将张某逼至墙角处，康某及周某对其大打出手，将张某胳膊及大腿均打成严重骨折。吴某见状随即将刀刺入张某胸口，张某当场死亡。

【案例解析】本案中吴某、周某在康某的策划下与康某共同实施了故意伤害的行为，三人的犯罪故意范围是故意伤害张某的身体，即伤害行为而非杀人行为。因此，康某、吴某及周某在故意伤害罪的范围内成立共同犯罪。此外，康某是本案的策划

人，是本案的组织者，应当按照其所组织的全部犯罪进行处罚，康某组织的犯罪活动是故意伤害行为，因此在认定康某的犯罪行为时，依然只能以故意伤害罪进行定罪量刑。此外，针对张某的死亡结果，吴某应当负故意杀人的刑事责任，因为吴某所实施的，超出了共同犯罪故意的范围，对于张某死亡的结果，康某和周某没有共同的犯罪故意，也没有实施杀害张某的行为，因此二人并不成立故意杀人罪的共犯。本案应当对康某和周某以故意伤害罪进行定罪量刑，对吴某以故意杀人罪进行定罪量刑，三者在故意伤害罪的范围内成立共同犯罪。

2. 从犯的特征及其刑事责任

我国《刑法》第 27 条第 1 款规定，在共同犯罪中起次要或者辅助作用的，是从犯。据此，从犯亦包括两种:（1）在共同犯罪中起次要作用的犯罪分子;（2）在共同作用中起辅助作用的犯罪分子。这里的辅助作用相当于次要作用，主要是针对帮助犯而言。

我国《刑法》第 27 条第 2 款规定，对于从犯，应当从轻、减轻或者免除处罚。也就是说，相对于主犯而言，凡认定为从犯的，要做出轻于主犯的处罚。但在什么情况下作出何种从宽的处罚，要根据从犯的犯罪性质、犯罪情节、参与犯罪的程度以及所起到的作用等来综合确定。

3. 胁从犯的特征及其刑事责任

我国《刑法》第 28 条规定，“对于被胁迫参加犯罪的”，是胁从犯。该法条直接规定了胁从犯是指被胁迫参加犯罪的行为人。

我国《刑法》第 28 条规定了对于胁从犯的处罚，应当按照他的犯罪情节减轻处罚或者免除处罚。因此，胁从犯相较于主犯而言，可以获得相对较轻的刑事处罚。

（二）教唆犯的特征及其刑事责任

1. 教唆犯的界定

根据我国《刑法》第 29 条规定，教唆他人犯罪的，是教唆犯。据此，对于教唆犯学界一般将其定义为：故意唆使他人产生犯罪意图并实施犯罪行为的人。关于教唆犯的成立条件，我们可以从以下四个方面理解：

第一，行为人在客观上实施了教唆他人犯罪的行为。只要行为人实施了教唆行为，不论被教唆者是否实际实施了被教唆的犯罪，行为人均构成教唆犯罪。

第二，行为人主观上具有使他人实施犯罪的故意，通常是直接故意，也可以是间接故意。

第三，被教唆的对象具有特定性。只有教唆达到刑事责任年龄并具备刑事责任能力的人，行为人才可能构成教唆犯。如果被教唆者不能够承担刑事责任，行为人构成间接正犯，而不是教唆犯。

第四，被教唆者的犯罪意图是由于行为人的教唆行为所产生。也就是说，被教唆者本身没有犯罪意图，经行为人的恶意唆使行为导致其产生了犯罪意图；如果被教唆者本身便有犯罪意图，行为人的煽风点火行为只是起到了强化内心犯罪的效果，这样的“教唆”行为只是一种帮助行为，而不构成教唆犯罪。

2. 教唆犯的刑事责任

关于教唆犯的刑事责任，根据《刑法》第 29 条的规定可以分为如下三种情况处理：

（1）教唆他人犯罪的，按照他在共同犯罪中起到的作用进行处罚。这种情况之下，因教唆犯是使他人产生犯罪故意的人，因此一般来说教唆犯是主犯，按照主犯的规定进行量刑。

（2）教唆不满十八周岁的人犯罪的，应当从重处罚。因未成年人思想还不成熟，容易受到不法分子的歪曲影响走向违法犯罪的道路，为了保护未成年人的身心健康，刑法特此作出规定。应当说明的是，如果行为人教唆的是不负刑事责任的未成年人，在按照间接正犯处理的前提下，同时应当依照本款规定对其从重处罚。

（3）如果被教唆的人没有犯被教唆的罪，可以对教唆犯从轻或者减轻处罚。该规定主要适用以下三种情形：一是被教唆者当场拒绝实施犯罪，即没有接受教唆者的教唆；二是被教唆者当场接受教唆，但事后并没有实施任何犯罪活动；三是被教唆者接受教唆，但实际上实施的犯罪并非被教唆的犯罪，比如行为人教唆抢劫罪，实际上被教唆者实施的却是故意杀人行为。

案例精选

闫某系某商业银行职工，经闫某了解到，买卖银行卡盈利颇丰。2018 年 1 月，闫某联系到正在上大学的胡某（17 周岁），闫某以高报酬、低风险的诱惑唆使胡某将闫某利用其银行职工身份的便利获取的客户的银行卡予以售卖。截至 2018 年 12 月，双方共计获利 12 万元。

【案例解析】本案中闫某与胡某以共同的犯罪故意，共同实施了买卖银行卡的非法经营行为，对二人应当根据《刑法》第 225 条规定以非法经营罪定罪处罚。关于闫某，教唆本来没有犯罪故意的未成年人胡某产生了犯罪意图并继而实施了买卖银行卡的犯罪行为，属于教唆犯，应当从重处罚，而且在本案共同犯罪中起到主要作用，是主犯。根据《刑法》第 29 条第 1 款规定，教唆不满十八周岁的人犯罪，应当从重处罚。

关键术语

共同犯罪是指二人以上共同故意犯罪。

帮助犯是指为共同犯罪人实施犯罪创造便利条件，帮助实行犯罪，而不直接参加实行犯罪构成客观要件的行为，如提供犯罪工具、排除实施犯罪的障碍、事前答应事后窝藏行为等。

胁从犯是指行为人受到暴力威胁或精神强制，为了避免遭受现实的危害或者摆脱所处的不利境地，被迫参加犯罪活动，其参与的犯罪行为虽然是主观意志自由选择的结果，但是其参与犯罪活动与其本意相违背，从而实施了犯罪行为的犯罪分子。

第七节　客观阻却事由——正当防卫需承担刑事责任吗

一、客观阻却事由的概念

客观阻却事由是指行为人的行为虽然在客观上具备某些犯罪构成要件，但经过刑法实质性的价值判断后，认为该行为实质上既不具备社会危害性，也不具备刑事违法性，因此刑法免除其行为违法性的事由。关于客观阻却事由的种类，我国《刑法》明文规定的仅包括两种：正当防卫和紧急避险。本文因为篇幅限制，在此只介绍其中的正当防卫。

二、正当防卫

根据我国《刑法》第 20 条的规定，正当防卫是指为了使国家、公共利益、本人或者他人的人身、财产和其他权利免受正在进行的不法侵害，而对不法侵害实施的制止其不法侵害且未明显超过必要限度的行为。该规定基本上对正当防卫进行了准确的界定，但是基于犯罪活动的复杂性和多变性，在司法实务中，依然存在较多情形影响司法机关对正当防卫的认定。法律为了防止权利被滥用而严格规定了正当防卫成立条件，只有合法的防卫，才属于客观阻却事由，不负刑事责任。

（一）正当防卫的特征

我国刑法规定正当防卫的目的是保证国家公立救济难以及时制止不法侵害时，鼓励公民行使正当防卫的权利制止不法侵害，从而使国家、公共利益和公民的合法权益得到及时保护。为了更为准确地了解正当防卫的概念，我们应当掌握如下几点主要特征：

（1）权利性。正当防卫是法律赋予公民的一项权利，任何公民只要在现实生活中遇到了不法侵害正在侵犯国家利益、公共利益、本人或者他人的合法权利的时候，刑法都鼓励公民与违法犯罪行为做斗争，进而实施正当防卫行为。

（2）正当性、合法性。正当防卫是现代世界各国刑法鼓励的行为，虽然行为客观上符合犯罪构成特征，但是其本质上没有刑事违法性和社会危害性，正当防卫的目的是保护合法利益而对不法侵害实施的打击行为，是对社会有益的行为。

（3）限制性。正当防卫只能是基于防卫的意图实施的合理的防卫手段。所谓合理的防卫手段，应当以能够制止不法侵害继续进行为判断标准，如果明显超过这个标准，就属于明显超过必要限度，应当负刑事责任；所谓防卫的意图，我们这里简单地先理解为防卫人在实施正当防卫时主观上是基于正当防卫的意图而为之。

（二）正当防卫的成立条件

正当防卫是法律赋予公民的一项权利，并不意味着公民可以肆意行使不受束缚。从我国刑法的角度分析，司法实践中对于正当防卫的认定必须要符合一定的条件。行为人的行为也只有符合正当防卫的全部成立条件时，才属于刑法规定的客观阻却事由，方可不负刑事责任。值得一提的是，正当防卫的五项条件缺一不可，缺少任何一个条件，均不成立正当防卫。鉴于罪刑法定原则的要求，对于正当防卫构成的条件，也应当有法律的明文规定。

1. 起因条件

正当防卫的起因是指必须要有现实的不法侵害，即不法侵害实际发生和客观存在。认定正当防卫的起因条件，应当注意以下几方面内容：第一，侵害须具有违法性。侵害行为的违法性，表明侵害行为属于违法行为或者犯罪行为等侵害合法权益的行为。也就是说对于正当防卫、紧急避险等合法行为，行为人不得对其实施正当防卫。第二，现实性。正当防卫是针对不法侵害而实施的制止不法侵害的行为，因此，不法侵害的现实存在是认定正当防卫的前提。脱离了不法侵害谈正当防卫，正当防卫变成了无源之水、无本之木，不法侵害是刑法典赋予正当防卫合法性、正当性的支撑依据。换句话说，如果“不法侵害”是行为人主观臆测的，那么他就属于假想防卫，不成立正当防卫。

案例精选

2021 年张某在公交车上实施盗窃手机的行为，同车人李某看见后当即报警，张某见李某报警后，强制司机停车并往车下逃跑。李某见状拉住张某欲将其扭送至派出所。张某以自己的人身自由被李某限制为由，使用盗窃的手机砸向李某头部，李某当即被送往医院。经鉴定，李某构成轻伤。

【案例解析】本案中李某拉住张某欲将其扭送至派出所的行为，符合《刑事诉讼法》第 82 条公民扭送的规定，因此该行为属于合法行为而非不法侵害，张某不得对于这一行为实施正当防卫。张某应当对李某的伤害结果承担故意伤害罪的刑事责任。

案例精选

2015 年某高校女大学生谢某在与同学聚会后，于深夜独自从餐厅打车回学校。在回学校的途中，司机王某在未与谢某商量的情况下，没有按照平台事先规划好的路线驾驶擅自绕行小道。谢某认为王某欲对其实施不轨行为，于是将一直放在背包里防身用的匕首刺向司机王某颈部，王某经抢救无效死亡。

【案例解析】本案中谢某认为王某擅自绕行小路是为了实施不轨行为，谢某臆测的危险在现实中并没有实际发生，因此，正当防卫的起因条件（现实危险）并不成立，该防卫属于假想防卫，谢某的行为构成故意杀人罪，应当负刑事责任。

2. 时间条件

正当防卫的时间条件，是指行为人在实施正当防卫的时间应局限于不法侵害正在发生尚未结束的时间段，简言之不法侵害具有紧迫性，防卫具有适时性。刑法之所以限制正当防卫的时间条件，是因为正当防卫的目的是在紧急时刻国家公力救济缺位时，采取以私力救济弥补公力救济不及时的问题，如果侵害尚未开始，那么就没有危及合法利益，则不必进行正当防卫；如果不法侵害已经结束，那么此时公立救济也就不再缺位，被害人完全有能力去寻求国家救济。对于不法侵害正在进行尚未结束的判断标准应当遵守以下规则：

第一，不法侵害开始的时间以侵害人已经开始着手实施不法侵害行为作为判断标准。着手的认定是侵害行为对刑法保护的利益造成现实又紧迫的危险可能性。比如，张三欲实施抢劫行为，准备工具、跟踪、等候等均不属于着手，只有张三开始针对抢劫对象实施压制反抗的行为时，才属于着手实施抢劫行为，此时才可以进行正当防卫。

第二，不法侵害的结束时间以法益不再处于紧迫现实的危险为判断标准。它可以从以下两个角度来理解：一个角度是不法侵害已经造成了损害后果，即使实施正当防卫，也不可能阻止危害结果的发生或者挽回损失；另一个角度，虽然不法侵害无法确定是否造成损害后果，但是即便不实施防卫行为，也不会造成新的损害后果或者使原有的损害继续扩大。比如，张三故意损害学校的贵重财物，如果财物已经被张三毁坏完毕，则不法侵害的损害结果已经发生，该时刻以后的任何时间，都不可能出现正当防卫；再比如，张三欲实施故意杀害舍友李四的过程中，将其胳膊打断后，在李四苦苦哀求下，张三心生怜悯，主动放弃杀人意念并愿意积极救助李四。此时如果李四借机将张三杀害，那么李四不构成正当防卫。因为张三已经中止了自己的不法侵害，李四的生命健康权利不再遭受现实的紧迫危险，此时李四的事后防卫行为构成故意杀人罪。

案例精选

章某是某医院主刀医生，2017 年 1 月，杜某之母在章某医院进行手术时死亡。杜某认为是章某失误所致，多次扬言要杀掉章某偿命。2017 年 3 月 10 日凌晨，章某下班回家的路上发现有人跟随自己，随后发现跟踪自己的正是杜某。于是在路口拐角处，趁机拿起路口的砖头砸向杜某的头部。后经法医鉴定杜某构成重伤。

【案例解析】本案中杜某虽然多次威胁章某，但并未将其转变为现实的危险状态，2017 年 3 月 10 日晚张某的行为是否构成正当防卫，应当根据杜某的跟踪行为是否属于故意杀人的着手行为。我们讲着手行为，指的是行为人已经开始实施刑法分论规范里具体犯罪构成要件的犯罪行为，换言之，本案中杜某的跟踪行为是否属于杀人行为。很明显，杜某的跟踪行为仅仅是故意杀人的准备行为，而非实行行为。章某在不法侵害仍处于预备阶段，侵害人是否着手实施不法侵害还处于一种或然的状态的情形下，以“先下手为强”的观念采取的某种侵害手段，是一种非法侵害行为，应当追究其刑事责任。

3. 对象条件

正当防卫必须针对不法侵害本人实施，这是由正当防卫的特点所决定的。不法侵害人是正当防卫始终瞄准的对象和直接目标，因为正当防卫的目的是对于不法侵害实施制止手段以维护相关利益。关于制止手段，通常主要有以下两种情况：一是对不法侵害人的人身采取打击使其产生肉体痛苦的方法制止不法侵害，关于打击的程度以能够制止不法侵害为宜，可能导致不法侵害人伤害或死亡；二是对侵害人的财产予以剥夺或损害以制止不法侵害，比如防卫人可以将侵害人的违法工具抢夺或破坏。从上述两种情况来看，制止不法侵害的正当防卫的对象也仅能是不法侵害人本人。

4. 主观条件

正当防卫的主观条件要求防卫人必须基于防卫意图实施正当防卫来保护合法权益，也就是防卫人实施正当防卫时，主观上必须具有保护国家、公共利益、本人或者他人的人身、财产和其他权利免遭非法侵害的目的。刑法学特别强调行为人主客观相统一，即行为人的客观行为与主观心理状态保持协调一致。正当防卫的主观条件应当包括两方面内容：一是防卫认识。所谓防卫认识是指防卫人在实施正当防卫时已经认识到了不法侵害的现实存在，也认识到了不法侵害正在进行、现实不法侵害的紧迫性以及不法侵害者本人。二是防卫目的。所谓防卫目的是指防卫人可以通过正当防卫的手段制止不法侵害，希望以此来保护相关合法权益的主观意愿。

制止不法侵害而保护合法权益是认定正当防卫主观条件的关键。如果防卫人缺乏此种主观认识，那么该防卫便不具有正当性，无法阻却刑法的否定性评价与刑法的非难可能性，这也体现了刑法对防卫人主观意志的谴责性。这类行为主要有以下两种情形：

第一，防卫挑拨。行为人不是出于防卫的目的，而是出于侵害对方的意思，采取故意引诱、挑衅、刺激、挑逗等方式使他人对自己进行侵害，并以正在遭受不法侵害为由实施“正当防卫”加害对方的行为。防卫挑拨的不法侵害是基于行为人预谋的非法意图、挑拨的语言行动等原因产生，此时行为人针对该不法侵害实施的防卫因缺乏防卫意图，故而不成立正当防卫。

案例精选

甲和乙素有嫌隙。某日，甲因和女朋友分手极为难过。乙知晓后心生一计，故意刺激甲殴打乙然后实施正当防卫。于是乙在公开场合故意刺激说甲的女朋友出轨自己才和甲分手，甲愤恨向乙出手，乙对甲说如果你敢打我，我就实施正当防卫。甲听后更加气愤，于是对乙动手。乙见甲先动手便用事先准备好的铁棒将甲打成轻伤。

【案例解析】本案中乙的行为属于明显的防卫挑拨，乙的防卫行为是在故意伤害他人身体的主观心理支配下所实施的。甲虽然是在实施不法侵害，但是其侵害行为是在乙的挑拨下产生，乙所谓正当防卫是根据自己预先的谋划展开，其行为的违法性不言而喻。因此，乙在不具备防卫意图的前提下所实施的防卫行为，不属于客观阻却事由，构成犯罪的，应当追究其刑事责任。

第二，相互斗殴。双方各自以侵害对方的故意并在此种意图的支配下实施侵害对方的行为，此种不法侵害属于双方侵害、相互侵害。相互斗殴的行为不存在正当防卫的前提和合法目的，双方均不得主张正当防卫的权利。当然，如果斗殴的一方已经向对方认输、求饶或逃跑，应当认定已经终止了斗殴行为，另一方若不肯停手，穷追猛打，继续加害对方，则对于已经住手的这一方而言，对方的继续侵害或者加大侵害行为属于正当防卫中的不法侵害正在进行，可以对其实施正当防卫措施。

案例精选

甲和乙在喝酒时因言语不和大打出手。开始时双方仅是赤手空拳。几分钟后，甲从饭馆厨房拿出一把菜刀朝乙砍去。乙见状立即向甲求饶，并开始向甲道歉。甲依然拿菜刀追乙，边追边喊要杀掉乙。此时，乙逃至饭馆前台，拿起一瓶啤酒砸向了甲的脑袋，甲当场倒地身亡。

【案例解析】本案中，乙的杀人行为最初起源于双方斗殴行为。在双方相互斗殴的情形下原则上不成立正当防卫。但是，在斗殴过程中，甲的武器明显升级，况且此时乙已经开始求饶、道歉，斗殴行为已经结束。甲在乙停止侵害后没有停止自己的不法侵害，此时乙针对甲现实的不法侵害行为，可以实施正当防卫措施。因此，本案乙的行为成立正当防卫。

5. 限度条件

正当防卫的限度条件是指防卫人实施的防卫行为不得明显超过必要限度，给不法侵害人造成重大损害，否则应当负刑事责任。也就是说，正当防卫虽然是一种权利，但是行为人行使正当防卫时需要有合理的限度。对于限度的判断标准，一般认为，防卫行为符合足以制止侵害人的不法侵害行为即可。只要为制止不法侵害所必需，防卫行为的性质、手段、强度及造成的或可能造成的损害没有明显超过不法侵害的性质、手段、强度及可能造成的损害，即防卫行为没有超过必要限度。[1]

（三）防卫过当及其刑事责任

我国《刑法》第 20 条规定，防卫过当是指防卫明显超过必要限度给不法侵害人造成重大损害。防卫过当与正当防卫既有联系又有区别。防卫过当是防卫人在主观罪过支配下实施的具有客观危害性的行为，因此防卫过当具有违法性，这是防卫过当应负刑事责任的基石。但防卫过当与正当防卫都具有防卫的性质，只是因为防卫人防卫的手段失当，超过了法律规定的必要限度，才导致不法侵害人的重大损害结果。正是因为此中防卫行为的合法性因子与被害人过错性因素的共同存在，因此刑法规定对于防卫过当的行为应减轻或者免除处罚。

防卫过当之所以要负刑事责任，是因为他在客观上超过了必要的防卫限度，造成了不应有的重大损害，同时防卫人主观上具有罪过。如果防卫人主观上没有故意或者过失

---

① 高铭暄、马克昌 . 刑法学［M］. 北京：北京大学出版社、高等教育出版社，2016：315.

的罪过形式，那么不法侵害人的重大损害可能归属于意外事件，防卫人对此不负刑事责任。如果已经认定防卫人构成防卫过当，应当从定罪和量刑的角度去追究行为人的刑事责任。第一，从定罪的角度来讲，防卫过当本身不是一种罪名，行为人应当依据过当行为触犯的刑法分论所规定的具体罪名承担刑事责任。比如，张三盗窃李四的财物被李四当场发现，李四拿起身边的大铁锤将张三打成重伤，本案中，李四的行为明显属于防卫过当，因其拿大铁锤打击张三的行为符合刑法分论关于故意伤害罪的构成要件，因此应当以故意伤害罪的罪名对李四定罪处罚。第二，从量刑的角度来讲，刑法总论规定了应当对防卫人减轻或者免除处罚。也就是说，对防卫过当的行为人，要根据刑法分论对其定罪，根据《刑法总论》第 20 条第 2 款，应当对其从宽处罚。

当然，并非所有的案件都存在防卫过当。《刑法》第 20 条第 3 款规定，对正在进行行凶、杀人、抢劫、强奸、绑架以及其他严重危害人身安全的暴力犯罪，采取防卫行为，造成不法侵害人伤亡的，不属于防卫过当，不负刑事责任。我们将其称之为防卫过当的例外性规定，或者可以理解为，对于上述几种类型的不法侵害，防卫人采取正当防卫，不论造成怎样的伤亡结果，行为人都不承担防卫过当的刑事责任。

案例精选

甲和乙是某医科大学制药专业舍友，甲经常熬夜打游戏，引起乙的极度不满。某日，乙在甲不知情的情况下，在甲喝剩下的饮料中投入大量（非致死量）安眠药。甲刚打开瓶盖即发现了安眠药的存在，便知一定是乙所为。于是偷偷将其饮料与乙桌子上的饮料调换，并加大了药剂。乙回宿舍喝完饮料后身亡。

【案例解析】本案中，乙意欲伤害甲的身体，但是及时被甲发现，乙属于故意伤害罪（未遂）。因乙已经死亡，公安司法机关不应当再追究乙的刑事责任。关于甲，因其已经发现乙投毒的事实，客观上自己的法益已经不再面临紧迫的危险性，此时不存在正当防卫的先决条件，甲不成立正当防卫。因此，不论乙的行为是否属于严重危及人身安全的暴力性犯罪，甲均不成立正当防卫，也不适用防卫过当的规定。

第八节　大学生常见犯罪类型

一、大学生犯罪的特点

近年来，随着社会的逐渐发展，尤其是科学技术在大众生活的普及，很多人利用高科技手段实施犯罪，尤以大学生群体更为明显。虽然目前没有具体的全国范围的数据统计，所能收集到的主要是在最高人民法院裁判文书网上公布的刑事案件判决书，结合全国各省市的涉及大学生刑事犯罪的判决书分析，在涉案的大学生中，以民办高校的本专科、高等院校成人教育学院的本专科和公立高等院校的专科为主。大学生犯罪具有以下几个特点：

（一）犯罪类型多样化

近年来大学生犯罪的种类，主要涉及危害公共安全罪（如交通肇事罪、放火罪等）、破坏社会主义市场经济秩序罪（如金融诈骗罪等）、侵犯公民人身权利罪（如故意伤害罪、故意杀人罪、强奸罪等）、侵犯财产罪（盗窃罪、抢劫罪等）、妨碍社会管理秩序罪（如扰乱公共秩序罪）等。其中，侵犯财产罪和公民人身权利罪最为突出，其主要犯罪形式表现为盗窃、抢劫、故意伤害和强奸。在最高人民法院的裁判文书中检索"刑事案件、大学生犯罪"等关键词，从搜索结果可以看出，大学生犯罪所涉及的罪名主要有盗窃罪、故意伤害罪以及协助犯罪类型，比如掩饰隐瞒犯罪所得、犯罪所得收益罪，而且犯罪主体偏向男性更多，且以故意伤害罪居多。女同学更多涉及的罪名，如盗窃罪、协助组织卖淫罪等。

（二）犯罪结果恶劣

虽然不乏一些案件犯罪结果较为轻微，涉嫌盗窃罪的大学生主要针对的目标都是移动性强的个人物品，如手机、笔记本电脑等，涉案金额较小；故意伤害罪导致被害学生遭受的人身损害绝大部分经法医鉴定仅为轻伤，且家长能够主动赔偿损失并得到被害人的谅解。

（三）新类型犯罪突发

鉴于大学生拥有高度的猎奇的心理，而且受物质条件的制约，一些大学生为了获取利益经受不住诱惑从而走向违法犯罪的路径。除此之外，大学生是一群具有专业知识的高级人才，他们往往掌握最先进的专业知识和技能实施智能化犯罪（智能化犯罪指运用智力成果、高科技方法和手段实施的犯罪行为），如利用计算机非法窃取信息，侵犯商业秘密；利用计算机系统等高科技篡改他人银行账户信息盗窃财物；利用网络实施诈骗等。这些新类型犯罪案件如河南新乡大学生掏鸟案件（贩卖牟利），2015 年新乡市辉县人民法院判处被告人王亚军有期徒刑 10 年；宝鸡绮珊大学生售卖和介绍售卖银行卡给实施网络犯罪的组织，岐山县人民法院以帮助信息网络犯罪活动罪判处被告人有期徒刑 7 个月。

（四）处理结果从宽处罚

大学生已经达到完全刑事责任年龄，而且已经成年，不属于法定从宽处罚的未成年群体。但是大学生因其尚未完全踏入社会，心理机制发育尚存在不足，犯罪后能够主动认识到自己的错误，主动承认犯罪事实，能够做到认罪认罚，加之社会改造的可能性极大，因此，不论是检察院的公诉建议，还是人民法院的最终判决，对大学生的犯罪基本上还是本着从宽处罚的态度。

（五）犯罪主观方面多体现为故意的心理状态

这与发生在大学生群体的犯罪类型存在一定关系，比如故意伤害罪多发生于激情犯罪领域。

二、大学生犯罪的主要类型

（一）侵犯财产型犯罪

侵犯财产型犯罪是指故意非法地将公私财物据为己有，或者故意毁坏公私财物的行为。抢劫罪、盗窃罪、抢夺罪、诈骗罪等都是典型的侵犯财产型犯罪。侵犯财产型犯罪是司法实践中最为常见的犯罪类型，其在大学生各种犯罪类型中亦占据首位，且呈持续上升态势，其中以盗窃罪、诈骗罪最为典型。

1. 盗窃罪

盗窃罪是指以非法占有为目的，秘密地窃取公私财物数额较大或者多次盗窃、入户盗窃、携带凶器盗窃、扒窃公私财物的行为。从盗窃罪的构成要件上分析，犯罪主体是达到刑事责任年龄、具备刑事责任能力的自然人；主观方面表现为直接故意，而且要求其具有非法占有的目的；盗窃罪侵犯的客体是刑法所保护的为犯罪分子所侵犯的公私财物所有权；客观方面表现为行为人采取秘密窃取的方式实施盗窃行为。根据我国《刑法》第 264 条规定，盗窃罪应当判处三年以下有期徒刑、拘役或者管制，并处或者单处罚金；数额巨大或者有其他严重情节的，处三年以上十年以下有期徒刑，并处罚金；数额特别巨大或者有其他特别严重情节的，处十年以上有期徒刑或者无期徒刑，并处罚金或者没收财产。

大学生盗窃主要表现为大学生个人或伙同校外人员秘密窃取校园内外他人财物。通过分析发现，导致大学生实施盗窃行为除了家庭贫困所致，相当一部分大学生是因过度追求物质享受。大学生盗窃的后果，不仅使受害者遭受财产损失，且不利于校园和谐。犯罪者一般被学校开除，并受到法律的惩罚，影响深远。盗窃案件在全国各地区高校都是多发案件，案件比例占青少年犯罪的 50% 以上，同一高校中，盗窃案件占比 90% 以上。

2. 诈骗罪

诈骗罪是以非法占有为目的，使用欺骗的方法（虚构事实或者隐瞒真相）骗取数额较大的公私财物的行为。从诈骗罪的构成要件上分析，本罪侵犯的客体是公私财物的所有权；客观方面往往表现为采用欺骗的方法骗取财物，一般包括两种具体的欺骗方法，一是虚构事实使受害人信以为真，二是隐瞒真相使受害人不明真相。不论哪一种欺骗方式均要求受害人因为行为人的欺骗行为陷入了错误认识，受害人基于这种错误认识从而处分了自己的财产，使自己受到了财产损失，具体的表现方式如下：

行为人的欺骗行为—被害人陷入错误认识—基于错误认识而处分财物—遭受财产损失主体要件是一般主体，也就是达到刑事责任年龄、具备刑事责任能力的自然人；主观方面表现为直接故意，并且具有以非法占有为目的。

案例精选

河北省某高校大二学生杨某因追求同班女生李某向其不断赠送大量奢侈品，以求获得好感。因杨某没有收入，每个月父母给的生活费明显不够，于是杨某盗窃了同宿舍好友赵某、张某及周某三人的财物。自 2018 年 2 月至 6 月，赵某三人共计丢失包括笔记本电脑、手表、现金在内价值约 1 万元的财物。

警方接警后，迅速展开调查。很快杨某发现事态严重，主动投案认罪，如实供述自己的盗窃罪行，并按照原价赔偿了舍友的所有财物。

【案例解析】本案中大学生杨某秘密窃取舍友的财物，数额巨大，其行为已构成盗窃罪，应按照盗窃罪追究其刑事责任。但杨某主动供述自己的罪行，并且赔偿了全部盗窃的财物价值，可酌情从轻处罚。

（二）暴力型犯罪

暴力型犯罪泛指采取某种暴力手段实施的犯罪。故意杀人罪、故意伤害罪、强奸罪等严重罪行是常见的暴力型犯罪。暴力型犯罪社会危害性极大，是我国重点予以打击的犯罪。暴力型犯罪这一最危险、最残酷的犯罪，在大学生犯罪类型中所占比重增大，成为继盗窃等财产型犯罪外第二高位的犯罪。暴力型犯罪在我国《刑法》中主要体现在分则的第四章——侵犯公民人身权利犯罪一节，而侵犯公民人身权利犯罪主要以故意杀人罪为典型。故意杀人罪表现为大学生故意实施非法剥夺他人生命的行为。通过对这几年社会关注的故意杀人案件进行分析，一部分犯罪人因日常琐事积怨而杀害同学或舍友。所产生的后果，不管对于受害者还是犯罪人及其家庭都是极度痛苦的，对社会影响也是巨大的。

1. 故意杀人罪

故意杀人罪，是指故意非法剥夺他人生命的行为。生命是行使其他一切权利的基础和前提，任何公民的生命都受法律保护。根据我国《刑法》第 232 条规定，故意杀人的，处死刑、无期徒刑或者十年以上有期徒刑；情节较轻的，处三年以上十年以下有期徒刑。也就是说，行为人构成故意杀人罪的，基础量刑便是死刑、无期徒刑和十年以上有期徒刑。是我国刑法中最为严重的犯罪。

呈高发态势的大学生暴力型犯罪，因如下几起颇有影响的案例而引人关注：1994 年清华大学朱令铊中毒案，2004 年云南大学马加爵杀人案，2008 年中国政法大学付成励弑师案，2010 年西安音乐学院药家鑫故意杀人案，2013 年复旦大学林森浩投毒案等。

2. 故意伤害罪

故意伤害罪，是指行为人故意非法损害他人身体健康的行为。在客观方面要求行为人实施损害他人身体健康的行为，而且造成被害人轻伤以上的身体损害结果。主观方面既可以是直接故意，行为人积极地追求被害人身体损害的结果，也可以是间接故意，行为人放任被害人导致了损害结果。我国《刑法》第 234 条规定，故意伤害罪应处三年以下有期徒刑、拘役或者管制；致人重伤的，处三年以上十年以下有期徒刑；致人死亡或者以特别残忍手段致人重伤造成严重残疾的，处十年以上有期徒刑、无期徒刑或者死刑。

案例精选

林某与黄某分别为复旦大学上海医学院硕士研究生，同住一间宿舍。林某因日常琐事对黄某不满，决定采用投放毒物的方式加害黄某。2013 年 3 月 31 日林某找同学吕某，向其要曾经做实验时用过的 N- 二甲基亚硝胺。林某从吕某处拿到实验室钥匙，去实验室将装有 75 毫升 N- 二甲基亚硝胺的药瓶和一支已经吸了约 2 毫升 N- 二甲基亚硝胺的注射器带走。他将至少 30 毫升 N- 二甲基亚硝胺注入饮水机，这是致人死亡 10 倍以上的剂量。2013 年 4 月 1 日 9 时许，黄某在 421 室从该饮水机接水饮用后，出现呕吐等症状，即于当日中午到中山医院就诊，后经治疗无效死亡。

【案例解析】本案中林某为泄愤采用投放毒物的方法故意杀人，致被害人黄某死亡，其行为已构成故意杀人罪，依法应予惩处。林某系医学专业的研究生，又曾参与用 N- 二甲基亚硝胺进行有关的动物实验和研究，明知 N- 二甲基亚硝胺系剧毒物品，仍故意将明显超过致死量的该毒物投入饮水机中，致使黄某饮用后中毒。在黄某就医期间，林某又故意隐瞒黄某的病因，最终导致黄某因二甲基亚硝胺中毒而死亡。上述事实，足以证明林某主观上具有希望黄某死亡结果发生的故意。林某因琐事而采用投毒方法故意杀人，手段残忍，后果严重，社会危害极大，罪行极其严重。林某到案后虽能如实供述罪行，但尚不足以从轻处罚。结合林某实施故意杀人的行为及主观动机，应当对林某判处死刑，剥夺政治权利终身。

（三）替考、作弊型犯罪

替考、作弊型犯罪是指在法律规定的国家考试中，组织他人作弊的、为他人实施或组织作弊提供作弊器材或者其他帮助的、向他人非法出售或者提供试题或答案的、代替他人或者让他人代替自己参加考试的等破坏考试公平竞争规则的犯罪活动。近年来，在国家考试中频发的替考、作弊案件，已经由原先的单个型向聚众型转变，甚至具有产业化链条的特点。替考、作弊型犯罪侵犯了他人公平考试的权利，破坏了社会公正，具有严重的社会危害性。2015 年 11 月 1 日起正式实施的《刑法修正案（九）》正式将代替考试行为入刑，在《刑法》第 284 条后新增加一条“代替考试罪”，规定代替他人或让他人代替自己参加法律规定的国家考试的行为，将受到法律的制裁。因此，我国《刑法》中的替考、作弊型犯罪主要规定在第 284 条中的下列几种罪名：组织作弊罪、帮助作弊罪、非法出售或者提供试题答案罪以及代替考试罪。

此类犯罪以大学生居多，比如，在 2015 年高考江西南昌替考案中，多名高校大学生参与其中，社会影响极其恶劣。

案例精选

2016 年 12 月 24 日，李某组织某高校大一章某、任某及熊某代替多名高考生参加山东省某地市 2017 年全国普通高等学校招生统一考试。章某在替考过程中被监考老师发现，经学校报案，章某被公安机关抓获。随后熊某和任某先后到公安机关自首。

【案例解析】李某组织多名大学生实施高考替考行为，其行为构成组织考试作弊罪。章某、任某及熊某因代替他人参加法律规定的国家级全国统一考试，其行为均构成代替考试罪。被代替考试的其他考生因让他人代替自己参加法律规定的国家级考试，其行为也构成代替考试罪。

（四）高科技、高智能型犯罪

高科技、高智能型犯罪是指利用电子信息技术、尖端生物技术或其他高新技术等手段或科学知识实施的对整个领域或者整个社会造成严重破坏或全面威胁的新型犯罪活动。典型的高科技、高智能型犯罪，如编制或传播计算机病毒、侵害计算机网络、利用手机微信散布虚假信息、利用社交软件实施犯罪等，是由于社会的发展和网络的普及才出现的，社会的发展和网络的普及为犯罪分子利用高科技、高智能手段犯罪提供了便利。对高科技、高智能有较强接受能力的大学生群体的高科技、高智能型犯罪，近年来出现了上升的趋势。例如，2013 年 4 月发生的复旦投毒案，犯罪人林森浩投放的就是大众根本不熟知的剧毒化学药物 N– 二甲基亚硝胺。

案例精选

2006 年 8 月，北京某计算机专业大学生郭某通过“灰鸽子”病毒远程监控程序，监控到上海某网吧网管孙某的电脑，在孙某上网进行网上银行操作时，郭某获知了孙某的银行账号、支付密码，之后通过远程监控下载了孙某的银行卡电子证书。事后郭某联系同校校友李某、周某、杨某等 5 人，承诺如果他们帮助自己销赃，将给其每人 2 万元的报酬。后郭某通过网银在线支付的方式将孙某银行卡的 40 万元余额全部以同伙李某、周某、杨某等 5 人的名义购买了在山东某网络公司开设的虚拟网络账户。随后，5 人在淘宝上公然出售这些游戏点卡，将盗窃的赃物“合法化”。后孙某到当地派出所报案。公安机关根据银行查询到的账户消费记录，锁定了犯罪嫌疑人，将郭某在内的 6 人实施刑事拘留。

【案例解析】本案中郭某利用黑客病毒监控孙某的电脑并记录了银行账户及支付密码，秘密窃取了孙某银行账户的 40 万元财产，其行为构成盗窃罪。李某、周某、杨某等 5 人在郭某实施盗窃行为后，承诺帮助销赃的行为，构成盗窃罪的共犯，而非掩饰隐瞒犯罪所得、犯罪所得收益罪。

✧ 思考与研讨题

1. 刑事责任能力的类型有哪些？
2. 什么是犯罪故意？什么是犯罪过失？
3. 什么是不作为犯罪？
4. 什么是犯罪未遂？什么是犯罪中止？
5. 什么是共同犯罪？共同犯罪的类型有哪些？
6. 什么是正当防卫？正当防卫的成立条件有哪些？

第五章 大学生必备创新创业法律知识

◆ **本章要点**

1. 创新企业相关法律法规
2. 个人独资企业法制度
3. 合伙企业法制度
4. 公司法制度
5. 专利法制度
6. 产品质量法制度
7. 消费者权益保护法制度

第一节 创新创业相关法律法规概论

大学生创业需要了解相关的法律法规，只有懂法、守法，并依据法律来保护自己的合法权益，才能确保创业行动的稳健与长久。

创新企业的规范性法律文件种类繁多，基本涉及法律、法规、规章等。

1. 法律类的包括《中华人民共和国民法典》《中华人民共和国公司法》《中华人民共和国合伙企业法》《中华人民共和国个人独资企业法》《中华人民共和国劳动合同法》《中华人民共和国劳动法》等。

2. 与创办企业相关的条例和规章有:（1）《中华人民共和国公司登记管理条例》，多在申请办理营业执照时用。（2）《中华人民共和国企业法人登记管理条例》，多在申请办理营业执照时用。可重点掌握开业注册登记收费标准。（3）《中华人民共和国企业名称登记管理规定》，多在申请办理营业执照前用。（4）《税务登记管理办法》，对开办税务登记及变更等有明确规定。

3. 政府对特许经营的管理规定。创业者以市场经营主体进入市场时，还应了解政府对于进入特殊行业或者进行特种经营时所设定的有关条件，了解从事哪些行业或服务的另有规定，需要到政府有关部门或行业主管机构领取哪些特种经营资质证或许可证等证照，以便提前准备。如创办生产型企业需要了解《中华人民共和国工业产品生产许可证管理条例》、创办网络经营服务需要了解《互联网上网服务营业场所管理条例》及《互联网上网服务营业场所管理办法》。

此外，近年来随着大学生人数激增，国家为缓解就业形势严峻，大力支持鼓励大学生创业，先后出台了许多优惠政策，涉及融资、税收、创业培训、创业指导等方面。

第二节　企业法——大学生能否自己或与他人合伙做生意

一、企业的概念与分类

（一）企业的概念

“企业”一词，早汉语中本来没有，是从日语中翻译而来的。我国学者对“企业”一词从不同的角度有不同的定义，通说认为：企业是指依法成立并具备一定的组织形式，以营利为目的的，独立从事商业生产经营活动和商业服务的经济组织。企业的特征主要有以下三个方面：

1. 企业是连续从事商品生产经营活动和商业服务的经济组织。

2. 从企业设立的目的来看，企业以营利为其活动宗旨。投资者将消费资金转入生产资金是期望资本的增值，这种期望通过企业去实现，就表现为企业活动的营利性。

3. 企业必须依法成立并要具备一定的法律形式。虽然企业设立的程序繁简、管辖机关各不相同，但都要求设立企业必须符合法律规定的程序和条件。

> **关键术语**
>
> 企业是指依法成立并具备一定的组织形式，以营利为目的的，独立从事商业生产经营活动和商业服务的经济组织。

（二）企业的分类

分类研究是社会科学的一种传统研究方法。对企业进行分类，即从不同的角度、依据不同的标准对企业进行划分，以从各个层次去理解企业的特征和属性。

1. 公用企业和非公用企业，主要是以该企业的存在与社会公共利益关系的紧密程度而划分。城市的公共交通运输业、煤、天然气、电力供应等与城市居民的日常生活关系密切，则为公用企业；其他虽与人们的日常生活有一定的关系，但在某些情况下缺少其服务也不致引起人们基本生活的不便和人们的恐慌，这种企业为非公用企业。

2. 外商投资企业和内资企业，主要是根据企业资本金中是否含有外国企业、经济组织和个人的直接投资来划分。在我国，外商投资企业有中外合资企业、中外合作企业、外商独资企业。

3. 国有企业、集体所有制企业、混合所有制企业和私营企业，主要是以企业财产的归属关系为标准来划分的。

4. 独资企业、公司企业和合伙企业，这是依企业法律形式为标准所做的划分，也是企业分类中最重要的一种。公司企业是指以营利为目的，由一定人数以上的股东共同投资组建，股东以其投资额为限对公司负责，公司以其全部财产对外承担民事责任的企业法人；独资企业与合伙企业本章有集中讨论。

二、个人独资企业法

（一）个人独资企业的概念及特征

个人独资企业是指依照《中华人民共和国个人独资企业法》（以下简称《个人独资企业法》）在中国境内设立，由一个自然人投资，财产为投资人个人所有，投资人以其个人财产对企业债务承担无限责任的经营实体。个人独资企业具有以下法律特征：

1. 个人独资企业是由一个自然人投资的企业

根据《个人独资企业法》的规定，设立个人独资企业只能是一个自然人，并且自然人只是指中国公民。关于个人独资企业投资人的民事行为能力问题，我国《个人独资企业法》未作明确规定。本书认为无民事行为能力或者限制民事行为能力人不能作为个人独资企业的投资人。

2. 个人独资企业的投资人对企业的债务承担无限责任

投资人对企业的债务承担无限责任，即当企业的资产不足以清偿到期债务时，投资人应以自己个人的全部财产用于清偿企业债务。

3. 个人独资企业的内部机构设置简单，经营管理方式灵活

个人独资企业的投资人既可以是企业的所有者，又可以是企业的经营者。因此，法律对其内部机构设置和经营管理方式不像公司和其他企业那样加以严格规定。

4. 个人独资企业是非法人企业

个人独资企业由一个自然人出资，投资人对企业的债务承担无限责任。在权利义务上，企业和个人是融为一体的，企业的责任即投资人个人的责任，企业的财产即投资人个人的财产。个人独资企业虽然不具有法人资格，但却是独立的民事主体，可以自己的名义从事民事活动。

> **关键术语**
>
> 个人独资企业是指依照《中华人民共和国个人独资企业法》在中国境内设立，由一个自然人投资，财产为投资人个人所有，投资人以其个人财产对企业债务承担无限责任的经营实体。

（二）个人独资企业的设立条件和程序

1. 个人独资企业的设立条件

根据《个人独资企业法》第 8 条的规定，设立个人独资企业应当具备下列条件：

（1）投资人为一个自然人。另外，《个人独资企业法》第 47 条规定，外商投资企业不适用本法，因此，个人投资企业的投资人只能是中国公民。

（2）有合法的企业名称。名称是企业的标志，企业必须有相应的名称，并应符合法律、法规的要求。个人独资企业的名称与其责任形式及从事的营业相符合，可以叫厂、店、部、中心、工作室等，名称中不得使用“有限”“有限责任”或者“公司”字样。

（3）有投资人申报的出资。投资人可以个人财产出资，也可以家庭共有财产作为个人出资。以家庭共有财产作为个人出资的，应当在设立申请书上予以注明。

（4）有固定的生产经营场所和必要的生产经营条件。生产经营场所包括企业的住所和与生产经营相适应的处所。住所是企业的主要办事机构所在地，是企业的法定地址。

（5）有必要的从业人员。即要有与其生产经营范围、规模相适应的从业人员。

2. 个人独资企业的设立程序

申请设立个人独资企业，应当由投资人或者其委托的代理人向个人独资企业所在地的登记机关提交投资人签署的个人独资企业设立申请书、投资人身份证明、企业住所证明和生产经营场所使用证明以及国家工商行政管理局规定提交的其他文件。委托代理人申请设立登记的，应当提交投资人的委托书和代理人的身份证明或者资格证明。

登记机关应当在收到设立申请文件之日起 15 日内，对符合《个人独资企业法》规定条件的予以登记，发给营业执照；对不符合《个人独资企业法》规定条件的，不予登记，并发给企业登记驳回通知书。个人独资企业营业执照的签发日期，为个人独资企业成立日期。在领取个人独资企业营业执照前，投资人不得以个人独资企业名义从事经营活动。

（三）个人独资企业的投资人及事务管理

1. 个人独资企业的投资人

根据《个人独资企业法》的规定，个人独资企业的投资人为具有中国国籍的自然人，但法律、行政法规禁止从事营利性活动的人，不得作为投资人申请设立个人独资企业。国家公务员、党政机关领导干部、警官、法官、检察官、商业银行工作人员等人员，掌握着公共权力与公共资源，参与市场经营活动，难免会造成官商不分与权力腐败，破坏公平合理的市场经济秩序，根据我国有关法律、行政法规规定，这类人员不得作为投资人申请设立个人独资企业。

根据《个人独资企业法》的规定，个人独资企业投资人对本企业的财产依法享有所有权，其有关权利可以依法进行转让或继承。由于个人独资企业是一个投资人以其个人财产对企业债务承担无限责任的经营实体，因此，《个人独资企业法》规定，个人独资企业财产不足以清偿债务的，投资人应当以其个人的其他财产予以清偿。如果个人独资企业投资人在申请企业设立登记时明确以其家庭共有财产作为个人出资的，应当依法以家庭共有财产对企业债务承担无限责任。另外，根据民法中婚姻法的相关规定，如果夫妻双方对财产未作各自所有的书面约定，夫妻一方取得的财产为夫妻双方的共同财产，对于夫妻一方在经营个人独资企业的过程中所形成的债务也应该以共有财产清偿。

案例精选

王某，男，2008 年与孙某结婚，婚后与王某的母亲张某生活在一起。2009 年，王某开了一家小卖部，以其个人名义注册登记为个人独资企业，8 月 1 日开张后，王某以小卖部的名义向批发商刘某赊购 1 万元货物，8 月 2 日，小卖部在一场大火中全部烧毁，王某也在救火时不幸遇难，死亡时全家财产1.6万元。刘某向孙某要求还款，孙某说她一直不同意丈夫开店，开店的钱出自王某个人积蓄，因此只能用夫妻共同财产中属于王某的7000元还债，王某的母亲张某说其中还有她的财产，应先留出。刘某向法院起诉，经查明，张某个人财产为2000元，家庭共有财产3000元，其余1.1万元为夫妻共同财产。请问，如何清偿刘某的债务?

【案例解析】刘某的债务以家庭共有财产中的2000元和王某夫妻1.1万元的共同财产予以清偿。王某以个人名义登记注册个人独资企业，不能以家庭共有财产清偿企业所欠债务，因此，其母张某的个人财产2000元以及在家庭共同财产中1000元的份额不能用以清偿企业债务。根据《婚姻法》的规定，如果夫妻双方对财产未作各自所有的书面约定，夫妻一方取得的财产为夫妻双方的共同财产，对于夫妻一方在经营个人独资企业的过程中所形成的债务也应该以共有财产清偿。因此，王某夫妻1.1万元的共同财产可以用以清偿企业债务。

2. 个人独资企业的事务管理

（1）个人独资企业事务管理的方式

《个人独资企业法》规定，个人独资企业投资人可以自行管理企业事务，也可以委托或者聘用其他具有民事行为能力的人负责企业的事务管理。投资人委托或者聘用他人管理个人独资企业事务，应当与受托人或者被聘用的人员签订书面合同。合同应订明委托的具体内容、授予的权利范围、受托人或者被聘用的人员应履行的义务、报酬和责任等。受托人或者被聘用的人员应当履行诚信、勤勉义务，以诚实信用的态度对待投资人，对待企业，尽其所能依法保障企业利益，按照与投资人签订的合同负责个人独资企业的事务管理。

为了降低交易成本，保证交易安全，维持交易秩序，个人独资企业的投资人与受托人或者被聘用的人员之间有关权利义务的内部限制只对受托人或者被聘用的人员有效，对第三人并无约束力，受托人或者被聘用的人员超出投资人的限制与善意第三人的有关业务交往应当有效。

案例精选

2009年12月25日，胡某出资8万元设立甲个人独资企业。胡某聘请刘某管理企业事务，同时约定，凡刘某签订标的额超过3万元以上的合同，须经胡某同意。2010年3月25日，刘某未经胡某同意，以甲企业名义向善意第三人张某购买价值4万元的货物。4月22日，张某将货物发至甲企业，但胡某以刘某购买货物的行为超越其职权限制为由拒绝支付货款。双方协商未果。请问，刘某购买货物的行为是否有效？为什么？

【案例解析】刘某购买货物的行为有效。根据《个人独资企业法》的规定，投资人对被聘用的人员职权的限制，不得对抗善意第三人。在本案中，尽管刘某向张某购买货物的行为超越职权，但张某为善意第三人，因此，刘某向张某购买货物的行为有效，胡某应同意向张某支付货款。

（2）个人独资企业事务管理的内容

个人独资企业事务管理的内容包括以下几个方面：①个人独资企业应当依法设置会计账簿，进行会计核算。②个人独资企业招用职工的，应当依照《劳动法》及有关规定与职工签订劳动合同，保障职工的劳动安全，按时、足额发放职工工资，为职工缴纳养老保险、工伤保险、医疗保险、失业保险和企业职工生育保险等社会保险费。③个人独资企业应当依法纳税，个人独资企业在经营的过程中，应当依照法律、法规规定的税种、税率缴纳税款。④个人独资企业可以依法申请贷款，取得土地使用权，并享有法律、行政法规规定的其他权利。⑤任何单位和个人不得违反法律、行政法规的规定，以任何方式强制个人独资企业提供财力、物力、人力；对于违法强制提供财力、物力、人力的行为，个人独资企业有权拒绝。

（四）个人独资企业的解散和清算

1. 个人独资企业的解散

个人独资企业的解散是指个人独资企业终止活动使其民事主体资格消灭的行为。

根据《个人独资企业法》第26条的规定，个人独资企业有下列情形之一的，应当解散：（1）投资人决定解散；（2）投资人死亡或者被宣告死亡，无继承人或者继承人决定放弃继承；（3）被依法吊销营业执照；（4）法律、行政法规规定的其他情形。

2. 个人独资企业的清算

个人独资企业解散的，应当进行清算。《个人独资企业法》对个人独资企业清算作了如下规定：

（1）通知和公告债权人。《个人独资企业法》第27条规定，个人独资企业解散，由投资人自行清算或者由债权人申请人民法院指定清算人进行清算。投资人自行清算的，应当在清算前15日内书面通知债权人，无法通知的，应当予以公告。债权人应当在接到通知之日起30日内，未接到通知的应当在公告之日起60日内，向投资人申报债权。

（2）财产清偿顺序。《个人独资企业法》第29条规定，个人独资企业解散的，财产应当按照下列顺序清偿：①所欠职工工资和社会保险费用；②所欠税款；③其他债务。个人独资企业财产不足以清偿债务的，投资人应当以其个人的其他财产予以清偿。

案例精选

2008年8月8日，胡某出资8万元设立甲个人独资企业，同时聘请温某管理企业事务。2009年8月31日，甲企业严重亏损，不能清偿到期的张某的债务。胡某决定解散该企业。经清算，甲企业和胡某的资产及债权债务情况如下：（1）甲企业欠缴税款5000元，欠温某工资5000元，欠社会保险费用2000元，欠张某6万元；（2）甲企业的银行存款2万元，实物折价4万元；（3）胡某个人其他可执行的财产价值1万元。

请问胡某应如何进行财产清偿？

【案例解析】根据《个人独资企业法》的规定，甲企业的财产清偿顺序为：（1）所欠职工工资和社会保险费用；（2）所欠税款；（3）其他债务。因此，首先，用甲企业的银行存款和实物折价共6万元清偿所欠温某的工资、社会保险费用、税款后，剩余48 000元用于清偿所欠张某的债务；其次，甲企业剩余财产全部用于清偿后，仍欠张某12 000元，可用胡某其他可执行的个人财产清偿。

（3）清算期间对投资人的要求。《个人独资企业法》第30条规定，清算期间，个人独资企业不得开展与清算目的无关的经营活动，在按法律规定的财产清偿顺序清偿债务前，投资人不得转移、隐匿财产。

（4）投资人的持续清偿责任。《个人独资企业法》第28条规定，个人独资企业解散后，原投资人对个人独资企业存续期间的债务仍应承担偿还责任，但债权人在5年内未向债务人提出偿债请求的，该责任消灭。

（5）注销登记。个人独资企业清算结束后，投资人或者人民法院指定的清算人应当编制清算报告，并于15日内到登记机关办理注销登记。经登记机关注销登记，个人独资企业终止。个人独资企业办理注销登记时，应当交回营业执照。

三、合伙企业法律制度概述

（一）合伙企业的概念与分类

1. 合伙企业的概念

合伙是指两个以上的人为着共同目的，相互约定共同出资、共同经营、共享收益、共担风险的自愿联合。

合伙企业，是指自然人、法人和其他组织依照《合伙企业法》在中国境内设立的由各合伙人订立合伙协议，共同出资、合伙经营、共享收益的普通合伙企业和有限合伙企业。

2. 合伙企业的分类

合伙企业分为普通合伙企业和有限合伙企业。普通合伙企业由普通合伙人组成，合伙人对合伙企业债务承担无限连带责任。有限合伙企业由普通合伙人和有限合伙人组成，普通合伙人对合伙企业债务承担无限连带责任，有限合伙人以其认缴的出资额为限对合伙企业债务承担责任。

（二）普通合伙企业

1. 普通合伙企业的概念

普通合伙企业，是指由普通合伙人组成，普通合伙人对合伙企业债务依照《合伙企业法》规定承担无限连带责任的一种合伙企业。普通合伙企业具有以下特点：第一，由普通合伙人组成。所谓普通合伙人，是指在合伙企业中对合伙企业的债务依法承担无限连带责任的自然人、法人和其他组织。第二，合伙人对合伙企业债务依法承担无限连带责任，法律另有规定的除外。所谓法律另有规定，是指《合伙企业法》中“特殊普通合伙企业”的规定。

> **关键术语**
>
> 普通合伙企业，是指由普通合伙人组成，普通合伙人对合伙企业债务依照《合伙企业法》规定承担无限连带责任的一种合伙企业。

2. 合伙企业的设立

（1）合伙企业的设立条件

根据《合伙企业法》的规定，设立合伙企业，应当具备下列条件：

第一，有 2 个以上合伙人。合伙人为自然人的，应当具有完全民事行为能力。合伙企业合伙人至少为 2 人以上，对于合伙企业合伙人数的最高限额，我国《合伙企业法》未作规定。关于合伙人的资格，《合伙企业法》作了以下限定：①合伙人可以是自然人，也可以是法人或者其他组织。合伙人为自然人的，应当具有完全民事行为能力。无民事行为能力人和限制民事行为能力人不得成为合伙企业的合伙人。②国有独资公司、国有企业、上市公司以及公益性的事业单位、社会团体不得成为普通合伙人。③法律、行政法规规定禁止从事营利性活动的人，不得成为合伙人，如警官、法官、检察官。

第二，有书面合伙协议。合伙协议是指合伙人为设立合伙企业而达成的规定合伙人之间权利义务关系的协议。合伙协议应当依法由全体合伙人协商一致，以书面形式订立。订立合伙协议、设立合伙企业，应当遵循自愿、公平、平等、诚实信用原则。合伙协议经全体合伙人签名、盖章后生效。合伙人按照合伙协议享有权利，履行义务。修改或者补充合伙协议，应当经全体合伙人一致同意；但是，合伙协议另有约定的除外。合伙协议未约定或者约定不明确的事项，由合伙人协商决定；协商不成的，依照《合伙企业法》和其他有关法律、行政法规的规定处理。

第三，有合伙人认缴或者实际缴付的出资。合伙协议生效后，合伙人应当按照合伙协议的规定缴纳出资。合伙人可以用货币、实物、知识产权、土地使用权或者其他财产权利出资，也可以用劳务出资。合伙人以实物、知识产权、土地使用权或者其他财产权利出资，需要评估作价的，可以由全体合伙人协商确定，也可以由全体合伙人委托法定评估机构评估。合伙人以劳务出资的，其评估办法由全体合伙人协商确定，并在合伙协议中载明。合伙人以非货币财产出资的，依照法律、行政法规的规定，需要办理财产权转移手续的，应当依法办理。

第四，有合伙企业的名称和生产经营场所。合伙企业的名称应当与其责任形式相符合。普通合伙企业应当在其名称中标明“普通合伙”字样，其中特殊的普通合伙企业，应当在其名称中标明“特殊普通合伙”字样，合伙企业的名称必须和“合伙”联系起来，名称中必须有“合伙”二字。

案例精选

张某、王某、刘某拟设立一普通合伙企业，并订立了一份合伙协议，部分内容如下：(1) 张某的出资为现金5万元和劳务作价10万元；(2) 王某的出资为现金6万元，于合伙企业成立后半年内缴付；(3) 刘某的出资为作价10万元的房屋一栋，不办理财产权转移手续，且刘某保留对该房屋的处分权。请问该协议的上述几项内容是否符合《合伙企业法》的规定？

【案例解析】(1) 张某以现金和劳务出资，符合《合伙企业法》规定。根据《合伙企业法》规定，合伙人可以用货币、实物、知识产权、土地使用权或者其他财产权利出资，也可以用劳务出资。(2) 王某的出资于合伙企业成立后半年内缴付符合《合伙企业法》规定。根据《合伙企业法》规定，合伙企业的合伙人可以认缴或者实际缴付的出资，但"认缴"必须在合伙协议中约定，不能随意改变。(3) 刘某的出资不符合《合伙企业法》规定。根据《合伙企业法》规定，合伙人以非货币财产出资的，依照法律、行政法规的规定，需要办理财产权转移手续的，应当依法办理。

(2) 合伙企业的设立登记

设立合伙企业应当向企业登记机关提交登记申请书、合伙协议书、合伙人的身份证明、审批文件、全体合伙人指定的代表或者共同委托的代理人的委托书、出资权属证明、经营场所证明等文件，申请登记。

申请人提交的登记申请材料齐全、符合法定形式，企业登记机关能够当场登记的，应予当场登记，发给营业执照。如果企业登记机关认为对有关材料需要进一步核实的，可以不予当场登记，但应当自受理申请之日起20日内，作出是否登记的决定。予以登记的，发给营业执照；不予登记的，应当给予书面答复，并说明理由。合伙企业的营业执照签发日期，为合伙企业的成立日期。合伙企业设立分支机构，应当向分支机构所在地的企业登记机关申请登记，领取营业执照。

3. 合伙企业财产

(1) 合伙企业财产的构成

根据《合伙企业法》规定，合伙人的出资、以合伙企业名义取得的收益和依法取得的其他财产，均为合伙企业的财产。从这一规定可以看出，合伙企业财产由以下三部分构成：

①合伙人的出资。合伙人在合伙协议中认缴的财产是合伙企业的原始财产。

②以合伙企业名义取得的收益。合伙企业在经营的过程中，以其名义取得的收益作为合伙企业财产的一部分。

③依法取得的其他财产。即根据法律、行政法规的规定合法取得的其他财产，如合法接受赠与的财产等。

(2) 合伙企业财产的性质

合伙企业的财产权主体是合伙企业，由全体合伙人依照合伙协议的约定共同管理和使用。在合伙企业存续期间，除非有法定事由，合伙人不得要求分割合伙企业的财产，也不得私自转移或者处分合伙企业财产。因此，合伙企业的合伙财产具有共有的性质，对合伙企业的占有、使用、收益和处分，均应依据全体合伙人的共同意志进行。

（3）合伙人财产份额的转让

合伙人财产份额的转让，是指合伙企业的合伙人向他人转让其在合伙企业中的全部或者部分财产份额的行为。根据受让人的不同，合伙人财产份额的转让可以分为外部转让与内部转让。外部转让是指合伙人向合伙人以外的第三人转让其在合伙企业中的全部或者部分财产份额；内部转让是指合伙人之间转让在合伙企业中的全部或者部分财产份额。合伙人财产份额的转让将会影响合伙人之间的信赖关系，因此，《合伙企业法》对合伙人财产份额的转让作了以下限制性规定：

①除合伙协议另有约定外，合伙人财产份额的外部转让，须经其他合伙人一致同意。合伙企业是人合兼资合的企业形式，其中人合的色彩更为浓厚，合伙人财产份额的外部转让必将改变企业合伙人之间的信赖关系，只有经其他合伙人一致同意，才表明其他合伙人同意与受让人共同维持原合伙企业，合伙企业才能继续存续下去。如果其他合伙人不同意接受受让人，则合伙企业无法继续存续下去。当然，“合伙人向合伙人以外的人转让其在合伙企业中的全部或者部分财产份额时，须经其他合伙人一致同意”，这是一项法定的原则，且这项原则是在合伙协议中没有规定的情况下才有法律效力。

②合伙人财产份额的内部转让时，应当通知其他合伙人。合伙人财产份额的内部转让因不涉及合伙人以外的人参加，不影响合伙企业的人合性质，因此通知其他合伙人即可。

③合伙人向合伙人以外的人转让其在合伙企业中的财产份额的，在同等条件下，其他合伙人有优先购买权；但是，合伙协议另有约定的除外。

此外，合伙人以其在合伙企业中的财产份额出质的，须经其他合伙人一致同意；未经其他合伙人一致同意，其行为无效，由此给善意第三人造成损失的，由行为人依法承担赔偿责任。合伙人财产份额的出质，是指合伙人将其在合伙企业中的财产份额作为质押物来担保债权人债权实现的行为。如果债务人不能如期清偿债务，质押权人行使权利的最终后果可能导致合伙财产份额依法发生转让，法律因此做出如上规定。

案例精选

甲、乙、丙为某普通合伙企业的合伙人。在征得乙和丙同意的情况下，甲将其在合伙企业中的财产份额转让给丁，双方签订了转让协议并办理了相关手续。后甲对戊负债，无力用个人财产清偿，戊决定向人民法院请求强制执行甲在合伙企业的财产份额用于清偿。请分析戊是否有权请求对该财产份额强制执行。

【案例解析】《合伙企业法》规定，除合伙协议另有约定外，合伙人向合伙人以外的人转让其在合伙企业中的全部或者部分财产份额时，须经其他合伙人一致同意。甲在取得其他合伙人一致同意的情况下，与丁已签订了转让协议，那么甲在合伙企业中已没有财产份额，戊也就无权请求强制执行。所以，本例中戊无权请求强制执行。

4. 合伙事务执行

（1）合伙事务执行的形式

根据《合伙企业法》的规定，合伙人执行合伙企业事务，可以有两种形式：

①全体合伙人共同执行合伙事务。这是合伙事务执行的基本形式，也是在合伙企业中经常使用的一种形式，尤其是在合伙人较少、企业规模较小的情况下更为适宜。该形式下全体合伙人具有对外代表合伙企业的权利。

②委托一个或者数个合伙人执行合伙事务。这是在各合伙人共同执行合伙事务的基础上引申而来的。在合伙人较多、企业规模较大的情况下，全体合伙人共同执行合伙事务不可避免地会引起过多的冲突和矛盾，同时也会增加企业的经营风险。另外，有的合伙人并不愿意执行合伙事务，而愿意委托其中的一个或者数个合伙人执行合伙事务。因此，可以按照合伙协议的约定或者经全体合伙人决定，委托一个或者数个合伙人对外代表合伙企业，执行合伙事务，其他合伙人不再执行合伙事务。

（2）合伙人在执行合伙事务中的权利和义务

根据《合伙企业法》的规定，合伙人在执行合伙事务中的权利主要包括以下内容：

①合伙人对执行合伙事务享有同等的权利。合伙企业的特点之一就是合伙经营，各合伙人无论其出资多少，都有权平等享有执行合伙企业事务的权利。

②执行合伙事务的合伙人对外代表合伙企业。合伙人在代表合伙企业执行事务时，不是以个人的名义进行一定的民事行为，而是以合伙企业事务执行人的身份组织实施企业的生产经营活动。

③不执行合伙事务的合伙人有监督的权利。

④合伙人有查阅合伙企业会计账簿等财务资料的权利。查阅账簿是合伙人监督权的延伸，是了解合伙企业经营状况和财务状况的有效手段，因此将其作为合伙人的一项重要权利予以强调。

⑤合伙人有提出异议的权利和撤销委托的权利。在合伙人分别执行合伙事务的情况下，执行事务合伙人可以对其他合伙人执行的事务提出异议。提出异议时，应当暂停该项事务的执行。如果发生争议，依照有关规定作出决定。受委托执行合伙事务的合伙人不按照合伙协议或者全体合伙人的决定执行事务的，其他合伙人可以决定撤销该委托。

根据《合伙企业法》的规定，合伙人在执行合伙事务中的义务主要包括以下内容：

①合伙事务执行人向不参加执行事务的合伙人报告企业经营状况和财务状况。

②合伙人不得自营或者同他人合作经营与本合伙企业相竞争的业务。合伙人熟悉合伙企业内部的情况以及合伙企业的经营秘密，如果某一合伙人利用其掌握的信息自己经营或者与他人合作经营与本合伙企业相竞争的业务，就极有可能损害合伙企业中其他合伙人的利益。因此，《合伙企业法》规定，合伙人不得自营或者同他人合作经营与本合伙企业相竞争的业务。

③除合伙协议另有约定或者经全体合伙人一致同意外，合伙人不得同合伙人企业进行交易。因为，当合伙人代表合伙企业同自己进行交易时，很容易损害合伙企业以及其他合伙人的利益而满足个人的私利。

④合伙人不得从事损害本合伙企业利益的活动。合伙人在执行合伙事务过程中不得为了自己的私利，损害其他合伙人利益，也不得与其他人恶意串通，损害合伙企业的利益。

案例精选

甲、乙、丙为合伙企业的合伙人，合伙企业协议中约定，合伙企业由甲全权负责管理，其他人不得过问也不承担任何合伙亏损。问：此案例中有哪些是违法的？

【案例解析】(1) 其他二人有权过问，具有知情权和监督权，享有同等的企业管理参与权;(2) 事务执行人执行合伙事务产生的收益归全体合伙人，产生的亏损或民事责任也由全体合伙人承担。

(3) 合伙事务执行的决议办法

根据《合伙企业法》规定，合伙事务执行决议有三种法定办法。

①由合伙协议对决议办法有约定的从约定。合伙企业实质上是以合伙协议为基础的企业形式，因此，在企业经营的过程中，应该贯穿合伙人意思优先的原则。

②合伙协议未约定或者约定不明确的，实行合伙人一人一票并经全体合伙人过半数通过的表决办法。

③依照《合伙企业法》的规定作出决议。如根据《合伙企业法》的规定，除合伙协议另有约定外，合伙企业的下列事项应当经全体合伙人一致同意：第一，改变合伙企业的名称；第二，改变合伙企业的经营范围、主要经营场所的地点；第三，处分合伙企业的不动产；第四，转让或者处分合伙企业的知识产权和其他财产权利；第五，以合伙企业名义为他人提供担保；第六，聘任合伙人以外的人担任合伙企业的经营管理人员。

(4) 合伙企业的损益分配

①合伙损益。合伙损益包括两方面的内容：一是合伙利润，是指以合伙企业的名义所取得的经济利益，即合伙企业财产多于合伙企业债务及出资额之和的部分。二是合伙亏损，是指合伙企业的财产少于合伙企业债权及出资额之和的部分。合伙亏损是全体合伙人所共同面临的风险。

②合伙损益分配原则。合伙损益分配包含合伙企业的利润分配与亏损分担两个方面，对合伙损益分配原则，《合伙企业法》作了原则规定，主要内容为：合伙企业的利润分配、亏损分担，按照合伙协议的约定办理；合伙协议未约定或者约定不明确的，由合伙人协商决定；协商不成的，由合伙人按照实缴出资比例分配、分担；无法确定出资比例的，由合伙人平均分配、分担。合伙协议不得约定将全部利润分配给部分合伙人或者由部分合伙人承担全部亏损。

(5) 非合伙人参与经营管理

在合伙企业中，往往由于合伙人经营管理能力不足，需要在合伙人之外聘任非合伙人担任合伙企业的经营管理人员，参与合伙企业的经营管理工作。

①合伙企业可以从合伙人之外聘任经营管理人员。

②聘任非合伙人的经营管理人员，除合伙协议另有约定外，应当经全体合伙人一致同意。

③被聘任的经营管理人员，仅是合伙企业的经营管理人员，不是合伙企业的合伙人，因而不具有合伙人的资格。

④被聘任的合伙企业的经营管理人员应当在合伙企业授权范围内履行职务；被聘任的合伙企业的经营管理人员，超越合伙企业授权范围履行职务，或者在履行职务过程中因故意或者重大过失给合伙企业造成损失的，依法承担赔偿责任。

5. 合伙企业与第三人的关系

合伙企业与第三人的关系，实际是指有关合伙企业的对外关系，即合伙企业与合伙企业的合伙人以外的第三人的关系，涉及合伙企业对外代表权的效力、合伙企业和合伙人的债务清偿等问题。

（1）合伙企业对外代表权的效力

①合伙事务执行中的对外代表权。可以取得合伙企业对外代表权的合伙人，主要有三种情况：一是，由全体合伙人共同执行合伙企业事务的，全体合伙人都有权对外代表合伙企业。二是，由部分合伙人执行合伙企业事务的，只有受委托执行合伙企业事务的那一部分合伙人有权对外代表合伙企业，而不参加执行合伙企业事务的合伙人则不具有对外代表合伙企业的权利。三是，由于特别授权在单项合伙事务上有执行权的合伙人，依照授权范围可以对外代表合伙企业。

②合伙企业对合伙人执行合伙事务以及对外代表合伙企业权利的限制，不得对抗善意第三人。合伙人执行合伙事务的权利和对外代表合伙企业的权利，都会受到一定的内部限制。如果这种内部限制对第三人发生效力，必须以第三人知道这一情况为条件，否则，该内部限制不对该第三人发生抗辩力。本规定类似物权法上的善意取得制度，立法的初衷在于保护交易安全，减少社会不必要的成本支出，从而维护良性的市场经济秩序。

（2）合伙企业和合伙人的债务清偿

①合伙企业的债务清偿与合伙人的关系，从以下三个方面加以说明：

第一，合伙企业财产优先清偿。即在合伙企业存在自己的财产时，合伙企业的债权人应首先从合伙企业的全部财产中求偿，而不应当向合伙人个人直接请求债权。

第二，合伙人的无限连带清偿责任。当合伙企业的财产不能清偿到期债务的，合伙人承担无限连带责任。

第三，合伙人之间的债务分担和追偿。合伙人由于承担无限连带责任，合伙人之间的亏损分担比例内部约定对合伙企业的债权人没有约束力。债权人可以请求全体合伙人中的一人或数人承担全部清偿责任，也可以按照自己确定的清偿比例向各合伙人分别追索。如果某一合伙人实际支付的清偿数额超过其依照既定比例所应承担的数额，该合伙人有权就超过部分向其他未支付或者未足额支付应承担数额的合伙人追偿。

②合伙人的债务清偿与合伙企业的关系。

第一，合伙人发生与合伙企业无关的债务，相关债权人不得以其债权抵销其对合伙企业的债务；也不得代位行使合伙人在合伙企业中的权利。

第二，合伙人的自有财产不足清偿其与合伙企业无关的债务的，该合伙人可以以其从合伙企业中分取的收益用于清偿；债权人也可以依法请求人民法院强制执行该合伙人在合伙企业中的财产份额用于清偿。

案例精选

2008年8月8日，某生产家具的合伙企业的合伙人王某因儿子结婚，向刘某借20万元用于购房，同日刘某向该合伙企业订购了一批价值20万元的家具。10月10日当合伙企业向刘某催讨货款时，刘某提出合伙企业的合伙人王某欠其20万元，所以其不需要支付20万元的家具款。刘某的说法是否正确？

【案例解析】刘某的说法不正确。根据《合伙企业法》的规定，合伙人的债权人不得以其债权抵销其对合伙企业的债务。因为，如果允许两者抵销，就等于强迫合伙企业的其他合伙人为个别合伙人的个人债务承担责任。

6. 入伙与退伙

（1）入伙是指在合伙企业存续期间，合伙人以外的第三人加入合伙从而取得合伙人资格。

①入伙的条件和程序。《合伙企业法》规定，新合伙人入伙，除合伙协议另有约定外，应当经全体合伙人一致同意，并依法订立书面入伙协议。

②新合伙人的权利和责任。一般来讲，入伙的新合伙人与原合伙人享有同等权利，承担同等责任。但是，如果原合伙人愿意以更优越的条件吸引新合伙人入伙，或者新合伙人愿意以较为不利的条件入伙，也可以在入伙协议中另行约定。关于新合伙人对入伙前合伙企业的债务承担问题，《合伙企业法》规定，新合伙人对入伙前合伙企业的债务承担无限连带责任。

（2）退伙是指合伙人退出合伙企业，从而丧失合伙人资格。

第一，退伙的原因。合伙人退伙，一般有两种原因：一是自愿退伙；二是法定退伙。自愿退伙，是指合伙人基于自愿的意思表示而退伙。自愿退伙可以分为协议退伙和通知退伙两种。

关于协议退伙。《合伙企业法》规定，合伙协议约定合伙期限的，在合伙企业存续期间，有下列情形之一的，合伙人可以退伙：① 合伙协议约定的退伙事由出现；② 经全体合伙人一致同意；③ 发生合伙人难以继续参加合伙的事由；④ 其他合伙人严重违反合伙协议约定的义务。合伙人违反上述规定退伙的，应当赔偿由此给合伙企业造成的损失。

关于通知退伙，《合伙企业法》规定，合伙协议未约定合伙期限的，合伙人在不给合伙企业事务执行造成不利影响的情况下，可以退伙，但应当提前30日通知其他合伙人。

法定退伙，是指合伙人因出现法律规定的事由而退伙。法定退伙分为当然退伙和除名两类。

关于当然退伙，《合伙企业法》规定，合伙人有下列情形之一的，当然退伙：① 作为合伙人的自然人死亡或者被依法宣告死亡；② 个人丧失偿债能力；③ 作为合伙人的法人或者其他组织依法被吊销营业执照、责令关闭、撤销，或者被宣告破产；④ 法律规定或者合伙协议约定合伙人必须具有相关资格而丧失该资格；⑤ 合伙人在合伙企业中的全部财产份额被人民法院强制执行。此外，合伙人被依法认定为无民事行为能力人或者限制民事行为能力人的，经其他合伙人一致同意，可以依法转为有限合伙人，普通合伙企业依法转为有限合伙企业。其他合伙人未能一致同意的，该无民事行为能力或者限制民事行为能力的合伙人退伙。当然退伙以退伙事由实际发生之日为退伙生效日。

关于除名，《合伙企业法》规定，合伙人有下列情形之一的，经其他合伙人一致同意，可以决议将其除名：① 未履行出资义务；② 因故意或者重大过失给合伙企业造成损失；③ 执行合伙事务时有不正当行为；④ 发生合伙协议约定的事由。对合伙人的除名决议应当书面通知被除名人。被除名人接到除名通知之日，除名生效，被除名人退伙。被除名人对除名决议有异议的，可以自接到除名通知之日起 30 日内，向人民法院起诉。

第二，退伙的效果。退伙的效果，是指退伙时退伙人在合伙企业中的财产份额和民事责任的归属变动。这分为两类情况：一是财产继承；二是退伙结算。

关于财产继承，《合伙企业法》规定，合伙人死亡或者被依法宣告死亡的，对该合伙人在合伙企业中的财产份额享有合法继承权的继承人，按照合伙协议的约定或者经全体合伙人一致同意，从继承开始之日起，取得该合伙企业的合伙人资格。有下列情形之一的，合伙企业应当向合伙人的继承人退还被继承合伙人的财产份额：① 继承人不愿意成为合伙人；② 法律规定或者合伙协议约定合伙人必须具有相关资格，而该继承人未取得该资格；③ 合伙协议约定不能成为合伙人的其他情形。合伙人的继承人为无民事行为能力人或者限制民事行为能力人的，经全体合伙人一致同意，可以依法成为有限合伙人，普通合伙企业依法转为有限合伙企业。全体合伙人未能一致同意的，合伙企业应当将被继承合伙人的财产份额退还该继承人。死亡的合伙人的继承人取得该合伙企业的合伙人资格，从继承开始之日起获得。

关于退伙结算，合伙人退伙，其他合伙人应当与该退伙人按照退伙时的合伙企业财产状况进行结算，退还退伙人的财产份额。合伙人退伙时，并不能解除对于合伙企业既往债务的连带责任。根据《合伙企业法》的规定，退伙人对基于其退伙前的原因发生的合伙企业债务，承担无限连带责任。

7. 特殊的普通合伙企业

（1）特殊的普通合伙企业的含义

特殊的普通合伙企业，是指以专业知识和专门技能为客户提供有偿服务的专业服务机构。特殊的普通合伙企业名称中应当标明“特殊普通合伙”字样。

（2）特殊的普通合伙企业的责任形式

①责任承担。《合伙企业法》规定，非企业专业服务机构依据有关法律采取合伙制

的，其合伙人承担责任的形式可以适用《合伙企业法》关于特殊的普通合伙企业合伙人承担责任的规定。非企业专业服务机构，是指不采取企业（如公司制）形式成立的、不以营利为目的的、以自己专业只是提供特定咨询等方面服务的组织。如律师事务所、会计师事务所等专业服务机构，特殊的普通合伙企业的责任形式分为两种：

第一，有限责任与无限连带责任相结合。即一个合伙人或者数个合伙人在执业活动中因故意或者重大过失造成合伙企业债务的，应当承担无限责任或者无限连带责任，其他无过错合伙人以其在合伙企业中的财产份额为限承担责任。

第二，无限连带责任。对合伙人在执业活动中非因故意或者重大过失造成的合伙企业债务以及合伙企业的其他债务，全体合伙人承担无限连带责任。

②责任追偿。《合伙企业法》规定，合伙人执业活动中因故意或者重大过失造成的合伙企业债务，以合伙企业财产对外承担责任后，该合伙人应当按照合伙协议的约定对给合伙企业造成的损失承担赔偿责任。

案例精选

2009 年 1 月 1 日，王某等二十名合伙人出资 1000 万元设立了某特殊的普通合伙律师事务所。2009 年 2 月 1 日王律师代书立遗嘱，却因遗嘱形式欠缺未被法院确认，未继承到遗嘱的李女士将律师事务所诉至法院，要求律师事务所赔偿 1200 万余元。请问，本案中 1200 万余元赔偿如何偿付？

【案例解析】由律师事务所以其财产偿付其中 1000 万元，剩余的 200 万元由王律师个人承担。王律师代书立遗嘱，却因遗嘱形式欠缺未被法院确认，应当认定其在执业的过程中有重大过错，根据《合伙企业法》规定，王律师应当承担无限责任或者无限连带责任，其他无过错合伙人以其在合伙企业中的财产份额为限承担责任。

（三）有限合伙企业

1. 有限合伙企业的概念

有限合伙企业，是指由有限合伙人和普通合伙人共同组成，普通合伙人对合伙企业债务承担无限连带责任，有限合伙人以其认缴的出资额为限对合伙企业债务承担责任的合伙组织。引入合伙人有限责任制度有利于调动各方的投资热情，实现投资者与创业者的最佳结合，尤其适合风险投资。这种组织形式运用到风险投资中，可以由负责企业日常经营管理的普通合伙人承担无限连带责任，而资金投入者只承担有限责任。

在法律适用中，凡是《合伙企业法》中对有限合伙企业有特殊规定的，应当适用有关《合伙企业法》中对有限合伙企业的特殊规定。无特殊规定的，适用有关普通合伙企业及其合伙人的一般规定。

关键术语

有限合伙企业，是指由有限合伙人和普通合伙人共同组成，普通合伙人对合伙企业债务承担无限连带责任，有限合伙人以其认缴的出资额为限对合伙企业债务承担责任的合伙组织。

2. 有限合伙企业设立的特殊规定

（1）有限合伙企业人数

《合伙企业法》规定，有限合伙企业由 2 个以上 50 个以下合伙人设立；有限合伙企业至少应当有 1 个普通合伙人。按照规定，自然人、法人和其他组织可以依照法律规定设立有限合伙企业，但国有独资公司、国有企业、上市公司以及公益性的事业单位、社会团体不得成为有限合伙企业的普通合伙人。

（2）有限合伙企业名称

《合伙企业法》规定，有限合伙企业名称中应当标明“有限合伙”字样。

（3）有限合伙企业协议

有限合伙企业协议是有限合伙企业生产经营的重要法律文件。有限合伙企业协议除符合普通合伙企业合伙协议的规定外，还应当载明下列事项：①普通合伙人和有限合伙人的姓名或者名称、住所；②执行事务合伙人应具备的条件和选择程序；③执行事务合伙人权限与违约处理办法；④执行事务合伙人的除名条件和更换程序；⑤有限合伙人入伙、退伙的条件、程序以及相关责任；⑥有限合伙人和普通合伙人相互转变程序。

（4）有限合伙人出资形式

《合伙企业法》规定，有限合伙人可以用货币、实物、知识产权、土地使用权或者其他财产权利作价出资。有限合伙人不得以劳务出资。劳务出资的实质是用未来劳动创造的收入来投资，而有限合伙人并不参与企业事务的执行。

（5）有限合伙人出资义务

《合伙企业法》规定，有限合伙人应当按照合伙协议的约定按期足额缴纳出资；未按期足额缴纳的，应当承担补缴义务，并对其他合伙人承担违约责任。

（6）有限合伙企业登记事项

《合伙企业法》规定，有限合伙企业登记事项中应当载明有限合伙人的姓名或者名称及认缴的出资数额。

3. 有限合伙企业事务执行的特殊规定

（1）有限合伙企业事务执行人

《合伙企业法》规定，有限合伙企业由普通合伙人执行合伙事务。执行事务合伙人可以要求在合伙协议中确定执行事务的报酬及报酬提取方式。

（2）禁止有限合伙人执行合伙事务

《合伙企业法》规定，有限合伙人不执行合伙事务，不得对外代表有限合伙企业。另外，《合伙企业法》规定，第三人有理由相信有限合伙人为普通合伙人并与其交易的，该有限合伙人对该笔交易承担与普通合伙人同样的责任。有限合伙人未经授权以有限合伙企业名义与他人进行交易，给有限合伙企业或者其他合伙人造成损失的，该有限合伙人应当承担赔偿责任。

（3）有限合伙企业利润分配

《合伙企业法》规定，有限合伙企业不得将全部利润分配给部分合伙人；但是，合伙协议另有约定的除外。

（4）有限合伙人权利

有限合伙人可以同本企业进行交易；但是，合伙协议另有约定的除外。因为有限合伙人并不参与有限合伙企业事务的执行，有限合伙人与本有限合伙企业进行交易时，一般不会损害本有限合伙企业的利益。

另外，有限合伙人可以自营或者同他人合作经营与本有限合伙企业相竞争的业务；但是，合伙协议另有约定的除外。与普通合伙人不同，有限合伙人一般不承担竞业禁止义务，因为有限合伙人实质上是投资者，如果有限合伙人承担竞业禁止义务，则会限制投资者的投资热情，不利于经济的良性发展。

4. 有限合伙企业财产出质与转让的特殊规定

（1）有限合伙人财产份额出质

《合伙企业法》规定，有限合伙人可以将其在有限合伙企业中的财产份额出质；但是，合伙协议另有约定的除外。有限合伙人将其在有限合伙企业中的财产份额进行出质，产生的最终后果是有限合伙企业的有限合伙人财产的转让，这并不影响有限合伙企业的资合性。但是，有限合伙企业合伙协议可以对有限合伙人的财产份额出质作出约定，如有特殊约定，应按特殊约定进行。

（2）有限合伙人财产份额转让

《合伙企业法》规定，有限合伙人可以按照合伙协议的约定向合伙人以外的人转让其在有限合伙企业中的财产份额，但应当提前30日通知其他合伙人，有限合伙企业的其他合伙人有优先购买权。

5. 有限合伙人债务清偿的特殊规定

《合伙企业法》规定，有限合伙人的自有财产不足以清偿其与合伙企业无关的债务的，该合伙人可以以其从有限合伙企业中分取的收益用于清偿；债权人也可以依法请求人民法院强制执行该合伙人在有限合伙企业中的财产份额用于清偿、人民法院强制执行有限合伙人的财产份额肘，应当通知全体合伙人。在同等条件下，其他合伙人有优先购买权。

6. 有限合伙企业入伙与退伙的特殊规定

（1）入伙

《合伙企业法》规定，新入伙的有限合伙人对入伙前有限合伙企业的债务，以其认缴的出资额为限承担责任。

（2）退伙

有限合伙人当然退伙。《合伙企业法》规定，有限合伙人出现下列情形时当然退伙：

① 作为合伙人的自然人死亡或者被依法宣告死亡；② 作为合伙人的法人或者其他组织依法被吊销营业执照、责令关闭、撤销，或者被宣告破产；③ 法律规定或者合伙协议约定合伙人必须具有相关资格而丧失该资格；④ 合伙人在合伙企业中的全部财产份额被人民法院强制执行。

有限合伙人丧失民事行为能力的处理。《合伙企业法》规定，作为有限合伙人的自然人在有限合伙企业存续期间丧失民事行为能力的，其他合伙人不得因此要求其退伙。

有限合伙人继承人的权利。《合伙企业法》规定，作为有限合伙人的自然人死亡、被依法宣告死亡或者作为有限合伙人的法人及其他组织终止时，其继承人或者权利承受人可以依法取得该有限合伙人在有限合伙企业中的资格。

有限合伙人退伙后责任承担。《合伙企业法》规定，有限合伙人退伙后，对基于其退伙前的原因发生的有限合伙企业债务，以其退伙时从有限合伙企业中取回的财产承担责任。

7. 合伙人性质转变的特殊规定

《合伙企业法》规定，除合伙协议另有约定外，普通合伙人转变为有限合伙人，或者有限合伙人转变为普通合伙人，应当经全体合伙人一致同意。有限合伙人转变为普通合伙人的，对其作为有限合伙人期间有限合伙企业发生的债务承担无限连带责任。普通合伙人转变为有限合伙人的，对其作为普通合伙人期间合伙企业发生的债务承担无限连带责任。

（四）合伙企业解散和清算

1. 合伙企业解散

合伙企业解散，是指各合伙人解除合伙协议，合伙企业终止活动。

根据《合伙企业法》的规定，合伙企业有下列情形之一的，应当解散：（1）合伙期限届满，合伙人决定不再经营；（2）合伙协议约定的解散事由出现；（3）全体合伙人决定解散；（4）合伙人已不具备法定人数满 30 天；（5）合伙协议约定的合伙目的已经实现或者无法实现；（6）依法被吊销营业执照、责令关闭或者被撤销，（7）法律、行政法规规定的其他原因。

2. 合伙企业清算

合伙企业解散的，应当进行清算。《合伙企业法》对合伙企业清算作了以下几方面的规定：

（1）确定清算人

合伙企业解散，应当由清算人进行清算。清算人由全体合伙人担任；经全体合伙人过半数同意，可以自合伙企业解散事由出现后 15 日内指定一个或者数个合伙人，或者委托第三人，担任清算人。自合伙企业解散事由出现之日起 15 日内未确定清算人的，合伙人或者其他利害关系人可以申请人民法院指定清算人。

（2）清算人职责

清算人在清算期间执行下列事务：①清理合伙企业财产，分别编制资产负债表和财产清单；②处理与清算有关的合伙企业未了结事务；③清缴所欠税款；④清理债权、债务；⑤处理合伙企业清偿债务后的剩余财产；⑥代表合伙企业参加诉讼或者仲裁活动。

（3）通知和公告债权人

清算人自被确定之日起 10 日内将合伙企业解散事项通知债权人，并于 60 日内在报纸上公告。债权人应当自接到通知书之日起 30 日内，未接到通知书的自公告之日起 45 日内，向清算人申报债权。清算期间，合伙企业存续，但不得开展与清算无关的经营活动。

（4）财产清偿顺序

合伙企业财产在支付清算费用和职工工资、社会保险费用、法定补偿金以及缴纳所欠税款、清偿债务后的剩余财产，依照《合伙企业法》关于利润分配和亏损分担的规定进行分配。

（5）注销登记

清算结束，清算人应当编制清算报告，经全体合伙人签名、盖章后，在 15 日内向企业登记机关报送清算报告，申请办理合伙企业注销登记。

合伙企业注销后，原普通合伙人对合伙企业存续期间的债务仍应承担无限连带责任。

（6）合伙企业不能清偿到期债务的处理

合伙企业不能清偿到期债务的，债权人可以依法向人民法院提出破产清算申请，也可以要求普通合伙人清偿。合伙企业依法被宣告破产的，普通合伙人对合伙企业债务仍应承担无限连带责任。

（五）违反《合伙企业法》的法律责任

1. 合伙人违法行为应承担的法律责任

（1）《合伙企业法》规定，提交虚假文件或者采取其他欺骗手段，取得合伙企业登记的，由企业登记机关责令改正，处以 5000 元以上 5 万元以下的罚款；情节严重的，撤销企业登记，并处以 5 万元以上 20 万元以下的罚款。

（2）《合伙企业法》规定，合伙企业未在其名称中标明“普通合伙”“特殊普通合伙”或者“有限合伙”字样的，由企业登记机关责令限期改正，处以 2000 元以上 1 万元以下的罚款。

（3）《合伙企业法》规定，未领取营业执照，而以合伙企业或者合伙企业分支机构名义从事合伙业务的，由企业登记机关责令停止，处以 5000 元以上 5 万元以下的罚款。

（4）合伙企业登记事项发生变更时，未依照规定办理变更登记的，由企业登记机关责令限期登记；逾期不登记的，处以 2000 元以上 2 万元以下的罚款。合伙企业登记事项发生变更，执行合伙事务的合伙人未按期申请办理变更登记的，应当赔偿由此给合伙企业、其他合伙人或者善意第三人造成的损失。

（5）合伙人执行合伙事务，或者合伙企业从业人员利用职务上的便利，将应当归合伙企业的利益据为己有的，或者采取其他手段侵占合伙企业财产的，应当将该利益和财产退还合伙企业；给合伙企业或者其他合伙人造成损失的，依法承担赔偿责任。

（6）合伙人对《合伙企业法》规定或者合伙协议约定必须经全体合伙人一致同意始

得执行的事务擅自处理，给合伙企业或者其他合伙人造成损失的，依法承担赔偿责任。不具有事务执行权的合伙人擅自执行合伙事务，给合伙企业或者其他合伙人造成损失的，依法承担赔偿责任。

（7）合伙人违反《合伙企业法》规定或者合伙协议的约定，从事与本合伙企业相竞争的业务或者与本合伙企业进行交易的，该收益归合伙企业所有；给合伙企业或者其他合伙人造成损失的，依法承担赔偿责任。

（8）合伙人违反合伙协议的，应当依法承担违约责任。合伙人履行合伙协议发生争议的，可以通过协商或者调解解决。不愿通过协商、调解解决或者协商、调解不成的，可以按照合伙协议约定的仲裁条款或者事后达成的书面仲裁协议，向仲裁机构申请仲裁。合伙协议中未订立仲裁条款，事后又没有达成书面仲裁协议的，可以向人民法院起诉。

2. 合伙企业清算人违法行为应承担的法律责任

（1）清算人未依照《合伙企业法》规定向企业登记机关报送清算报告，或者报送清算报告隐瞒重要事实，或者有重大遗漏的，由企业登记机关责令改正。由此产生的费用和损失，由清算人承担和赔偿。

（2）清算人执行清算事务，牟取非法收入或者侵占合伙企业财产的，应当将该收入和侵占的财产退还合伙企业；给合伙企业或者其他合伙人造成损失的，依法承担赔偿责任。

（3）清算人违反《合伙企业法》规定，隐匿、转移合伙企业财产，对资产负债表或者财产清单作虚假记载，或者在未清偿债务前分配财产，损害债权人利益的，依法承担赔偿责任。

3. 行政管理机关及其人员违法行为应承担的法律责任

有关行政管理机关的工作人员违反规定，滥用职权、徇私舞弊、收受贿赂、侵害合伙企业合法权益的，依法给予行政处分。

4. 其他有关规定

（1）违反《合伙企业法》的刑事责任

违反《合伙企业法》且构成犯罪的，依法追究刑事责任。

（2）民事赔偿和缴纳罚款、罚金的承担顺序

违反《合伙企业法》的，应当承担民事赔偿责任和缴纳罚款、罚金，其财产不足以同时支付的，先承担民事赔偿责任。

✧ 思考与研讨题

1. 企业的分类有哪些？
2. 个人独资企业的特征有哪些？
3. 合伙企业损益的分配原则是什么？
4. 谈谈普通合伙企业与有限合伙企业的区别与联系。

第三节　公司法——大学生能否做股东

一、公司的概念及特征

（一）公司的概念

公司是一种重要的企业组织形式，但由于各国立法习惯以及法律体系的不同，公司的概念也不相同。即使是在同一个国家，在不同的经济时期，随着公司的不断发展和变化，公司的外延和内涵也会发生变化。因此，公司法理论并没有形成一个统一的公司的概念。

根据我国《公司法》的规定，公司是指股东依法以投资方式设立，以营利为目的，以其认缴的出资额或认购的股份为限对公司承担责任，公司以其全部独立法人财产对公司债务承担责任的企业法人。

（二）公司的特征

公司具有五个特征，即社团性、营利性、法定性、人格性和永续性。其中，公司的永续性其实是公司人格性的延伸。

1. 社团性

公司属于法人。依据法人理论，法人又分为社团法人和财团法人，前者以社员的结合为基础，如公司、合作社等，后者以财产的捐助为基础，如慈善机构、基金会等。

2. 营利性

股东设立公司是为了通过公司的经营活动获取利润。因此，以营利为目的是公司企业性的重要表现。此外，公司的营利活动应当具有连续性和稳定性，一次性、间歇性的营利行为不构成界定公司所称的营利活动。

3. 法定性

公司是依法定条件和程序设立的企业法人。公司的设立必须依法定条件、法定程序进行。如果公司的设立必须符合其他法律规定的，还应当依照其他法律规定，如商业银行法、保险法、证券法等。

4. 人格性

公司与合伙企业的显著差异就是公司具有法人地位，是一个独立的“人”。也就是说，公司虽由股东组成，但又独立于股东，有其自身的人格。虽说法人属于法律上的拟制，并非自然意义上有血有肉的自然人，但它与自然人一样，均具有独立的人格，具有权利能力、行为能力和相应的责任能力。

公司的权利能力始于公司成立，终于公司终止。公司的行为能力是指公司能够以自己的意思和名义，取得民事权利和承担民事义务的资格。公司既然具有自身的权利能力和行为能力，自应具有独立承担责任的能力。独立的财产则是其责任能力的基础，公司以其全部财产对公司债务承担责任。

5. 永续性

公司独立于股东而存在，有其独立人格，不因股东、代表人或雇员的变动或死亡，而影响其存续。只要公司经营状况良好，公司就可以永久存续。当然，这并不妨碍股东通过章程规定其经营期限。公司在市场竞争中优胜劣汰、生生死死乃是正常现象，能否实现“长寿”，则是取决于各个公司的竞争力、营利能力和持续发展能力。

> **关键术语**
>
> 公司是指股东依法以投资方式设立，以营利为目的，以其认缴的出资额或认购的股份为限对公司承担责任，公司以其全部独立法人财产对公司债务承担责任的企业法人。

二、我国公司的法定类型

我国《公司法》将公司分为有限责任公司和股份有限公司两种形式。

（一）有限责任公司

有限责任公司，也称有限公司，是指由50个以下股东共同出资设立，股东以出资额为限对公司承担责任，公司以其全部资产对其债务承担责任的公司。除一般有限责任公司外，我国还有两种特殊形式的有限责任公司，即一人有限责任公司和国有独资公司，三种类型公司的区别见表5–1。

表5–1　一般有限责任公司与一人有限责任公司和国有独资公司之比较

		一般有限责任公司	一人有限责任公司	国有独资公司
股东人数		至少2人	1人	1人
股东	自然人	√	√	×
	法人	√	√	×
	国家	√	×	√
股东会		√	×	×
董事会	董事会	√	√	√
	执行董事	√	√	×
监事会	监事会	√	√	√
	监事	√	√	×

（二）股份有限公司

股份有限公司，也称股份公司，是指全部资本分成等额股份，股东以其认购的股份为限对公司承担责任，公司以其全部资产对公司债务承担责任的公司。相对于有限责任公司，股份有限公司属于一种开放型的公司。法律上完整的公司和法人概念均以其为原型，属于最典型的社团法人。有限责任公司与股份有限公司都是以其全部资产对其债务承担责任，除法律另有规定外，二者的股东对公司承担的都是有限责任。但是，有限责任公司与股份有限公司是两种不同的公司组织形式，根据我国《公司法》的有关规定，二者的区别见表 5-2。

表 5-2　有限责任公司与股份有限公司的区别

<table>
<tr><th colspan="2" rowspan="2"></th><th colspan="3">有限责任公司</th><th rowspan="2">股份有限公司</th></tr>
<tr><th>一般有限责任公司</th><th>一人有限责任公司</th><th>国有独资公司</th></tr>
<tr><td rowspan="2">设立方式</td><td>发起设立</td><td colspan="3">√</td><td>√</td></tr>
<tr><td>募集设立</td><td colspan="3">×</td><td>√</td></tr>
<tr><td colspan="2">股东人数</td><td>2—50</td><td>1</td><td>1</td><td>发起人：2—200</td></tr>
<tr><td colspan="2">出资证明</td><td colspan="3">出资证明书</td><td>股票</td></tr>
<tr><td rowspan="2">股权转让方式</td><td>对内</td><td>自由转让</td><td>×</td><td>×</td><td rowspan="2">除法律限制外，自由转让</td></tr>
<tr><td>对外</td><td>其他股东过半数同意</td><td>自由转让</td><td>自由转让</td></tr>
<tr><td rowspan="4">组织机构设置</td><td>股东（大）会</td><td>√</td><td>×</td><td>×</td><td>√</td></tr>
<tr><td>董事会</td><td>√或 1 名执行董事</td><td>√或 1 名执行董事</td><td>√</td><td>√</td></tr>
<tr><td>监事会</td><td>√或 1—2 名监事</td><td>√或 1—2 名监事</td><td>√</td><td>√</td></tr>
<tr><td>经理</td><td>可设</td><td>可设</td><td>必设</td><td>必设</td></tr>
<tr><td colspan="2">所有权与经营权分离</td><td colspan="3">程度较低</td><td>程度较高</td></tr>
<tr><td colspan="2">信息披露义务</td><td colspan="3">无限制</td><td>财务和经营状况等要依法公开披露</td></tr>
</table>

三、公司的设立

公司设立，是指为组建公司并取得法人资格而完成的一系列法律行为的总和。它具有两个特征：（1）其目的是创设公司，取得公司法人资格；（2）系基于多数人一致意思表示的共同行为，从而有别于双方互负对待给付义务的契约行为。这表明，公司设立有别于公司成立，公司设立是为了成立，成立是设立的结果。

（一）发起人

发起人，是指负责筹办组建公司的人。公司的设立均需有人筹办，只是有限责任公司的发起事宜直接由未来的股东承办，而股份有限公司因股东人数众多，法律对其发起人有特殊规定。除了受法律法规禁止的人（党政机关、军队、公务员等）和受竞业禁止限制的人（董事、经理、合伙人等）外，自然人和法人均可成为发起人。

（二）公司设立的条件

公司的设立条件因公司类型而异。依照我国《公司法》的规定，有限责任公司需符合五项条件，股份有限公司需达到六项条件，其中有五项为其共有条件，唯股份发行、筹办事项系专门针对股份有限公司。

1. 股东或发起人符合法定人数

（1）有限责任公司：有限责任公司只有股东人数的要求，一般有限责任公司的股东为2—50人，即不能少于2人，但不能多于50人。一人有限责任公司则只能有1个股东，国有独资公司也只有1个股东，与一般一人有限责任公司的差别在于，国家为其股东，由各级国资委履行出资人职责。

（2）股份有限公司：股份有限公司因涉及向公众发行股份，不可能限制最多股东人数，各国都规定其最低发起人人数。我国《公司法》则不仅规定了最低人数，还规定了最高人数，即不能少于2人，且不能多于200人，并且1/2以上发起人在中国境内有住所。

2. 有法定的出资

（1）有限责任公司：我国《公司法》规定有限责任公司只要"有符合公司章程规定的全体股东认缴的出资额"即可申请登记注册，对于股东认缴的出资只要按照章程规定的数额和期限进行缴纳即可。有限责任公司的注册资本为在公司登记机关登记的全体股东认缴的出资额。法律、行政法规以及国务院决定对有限责任公司注册资本实缴、注册资本最低限额另有规定的，从其规定。

（2）股份有限公司：我国《公司法》规定股份公司设立必须要有符合公司章程规定的全体发起人认购的股本总额或者募集的实收股本总额。股份有限公司采取发起设立方式设立的，注册资本为在公司登记机关登记的全体发起人认购的股本总额。在发起人认购的股份缴足前，不得向他人募集股份。股份有限公司采取募集方式设立的，注册资本为在公司登记机关登记的实收股本总额。法律、行政法规以及国务院决定对股份有限公司注册资本实缴、注册资本最低限额另有规定的，从其规定。

3. 公司章程

（1）有限责任公司：有限责任公司的章程由股东共同制定，不仅是因为章程实质上就是股东之间的合约，理当由其制定，而且股东人数有限，共同制定也具有可行性。一人有限责任公司的章程由股东制定，国有独资公司的章程要么由国有资产监督管理机构制定，要么由董事会制定，报国有资产监督管理机构批准。

（2）股份有限公司：股份有限公司章程的制定要求，则有所不同。因采取募集设立的股份有限公司股东众多，不可能让其人人亲自签署章程，只要求发起人制定。采用募集方式设立的股份公司，需经创立大会通过。后来加入的股东视为接受了公司章程的约束。

4. 公司名称和组织机构

（1）公司名称

公司名称系公司在营业活动中所使用的名称。有限责任公司必须在其名称中标明有限责任公司或者有限公司字样，股份有限公司必须在名称中标明股份有限公司或者股份公司字样。一人有限责任公司虽无须在其名称中特别标注，但应在公司登记中注明自然人独资或者法人独资，并在公司营业执照中载明。公司名称中字号的选择需要符合国家的有关规定，如我国《企业名称登记管理规定》和《企业名称登记管理实施办法》。

（2）公司的组织机构

有限责任公司的组织机构通常为股东会、董事会和监事会，经理并非必设机关。股东人数较少或经营规模较小的有限责任公司，也可不设董事会和监事会，只设 1 名执行董事和 1—2 名监事。一人有限责任公司和国有独资公司不设股东大会。股份公司的必设组织机构有股东大会、董事会、经理和监事会。

5. 住所

公司可能有多个生产经营场所，但只能有一个住所。有限责任公司和股份有限公司均以其主要办事机构所在地为住所，通常以登记机关核准登记的法定地址为住所。公司的住所具有重要的法律意义，如决定法律文书送达的处所、债务履行地、登记管辖、诉讼管辖以及涉外民事关系中的准据法等。

6. 股份发行、筹办事项合法

这是股份有限公司设立的要求。有限责任公司根本不发行股份，无须符合该要件。有关发行股份的核准手续、招股说明书、认股书、承销协议以及股款缴付等事宜，详见下文。

（三）设立的方式

公司的设立方式主要有两种，即发起设立和募集设立，有限责任公司只能采用发起设立方式，股份有限公司既可以采用发起设立，亦可采用募集设立。比较而言，募集设立的程序比较复杂，发起设立的程序则比较简单。

1. 发起设立

发起设立，是指由发起人认足全部资本额而促成公司成立，亦称共同设立或单纯设立。采用这种设立方式，所有公司资本均来自发起人，不能公开向社会募集股份。有限责任公司和股份有限公司均可采用该方式。

2. 募集设立

募集设立，亦称渐次设立或复杂设立，是指公司发起人只认购部分股份，其余部分则通过向社会公开招募或者向特定对象募集而成立公司。在各类公司中，只有股份公司在设立阶段才可以对外募集股份，该方式仅适用于股份有限公司。依据我国《公司法》第 78 条和第 85 条规定，募集设立包括公开募集和定向募集，发起人所认购的股份不得少于公司总股份的 35%。若股份有限公司采取发起设立方式设立，注册资本为在公司登记机关登记的全体发起人认购的股本总额；如采取募集方式设立，注册资本则为在公司登记机关登记的实收股本总额。

（四）公司设立的程序

依照我国《公司法》的规定，公司的设立一般都包括订立发起人协议、制定章程、认缴资本、办理登记等事项。

1. 订立发起人协议

发起人协议用以确定各个发起人设立公司过程中的权利义务。有限责任公司是由未来股东直接充当发起人而订立该协议，股份公司则是由发起人订立协议。依据我国《公司法》第 80 条规定，股份有限公司的发起人必须订立发起人协议。

2. 订立公司章程

有限责任公司的章程需由全体股东共同制定，股份有限公司的章程由发起人制定，采用募集方式设立的，需经创立大会通过。自然人做股东或发起人的，该自然人需在章程上签字。法人做股东或发起人的，需由法定代表人或其授权代理人签字，并盖该法人印章。

公司章程应当确定公司的法定代表人。公司法定代表人依照公司章程的规定，可以由董事长、执行董事或者经理担任。担任公司法定代表人的人应当符合有关法律、法规以及规章规定的任职资格和条件。

公司章程还要确定公司的经营范围。公司的经营范围中属于法律、行政法规规定须经批准的项目，应当依法经过批准。公司可以修改公司章程，改变经营范围，但是应当办理变更登记。公司超过经营范围订立合同，根据 1999 年 12 月最高人民法院颁布的《关于适用〈中华人民共和国合同法〉若干问题的解释》第 10 条规定，当事人超越经营范围订立合同，人民法院不因此认定合同无效，但违反国家限制经营、特许经营以及法律、行政法规禁止经营规定的除外。

3. 必要的行政许可

依据我国《公司法》规定，公司设立实行准则主义。无论是有限责任公司还是股份有限公司，只要符合其设立条件，即可直接到登记机关办理注册登记。但是，法律和行政法规对特殊行业有准入限制的，则需取得前置行政许可。比如，依据我国《商业银行法》《保险法》《证券法》和《证券投资基金法》，设立商业银行、证券公司、保险公司、基金管理公司均需要有关主管机关的前置行政许可。否则，该公司无法成立。

4. 认缴资本

有限责任公司和以发起方式设立的股份有限公司，需全体发起人或股东认足注册资本，对于股东认缴的出资或者认购的股份需要按照章程规定的数额和期限进行缴纳。

以募集方式设立的股份公司，其注册资本为在公司登记机关登记的实收股本总额，发起人认购的股份不得少于股份总数的 35%。在缴足前，不得向他人募集股份。

5. 确立组织机构

有限责任公司和以发起方式设立的股份有限公司，其组织机构由发起人确立。以募集方式设立的股份有限公司，则需要通过创立大会确立。发起人应当自股款缴足之日起 30 日内主持召开公司创立大会。该大会由发起人和认股人组成。大会日期应由发起人在召开前 15 日通知各认股人或者予以公告。大会应有代表股份总数 1/2 以上的发起人、认股人出席，方可举行。大会决议亦需出席会议的认股人所持表决权的 1/2 以上方可通过。

创立大会的职权为：（1）审议发起人关于公司筹办情况的报告；（2）通过公司章程；（3）选举董事会成员；（4）选举监事会成员；（5）对公司的设立费用进行审核；（6）对发

起人用于抵作股款的财产的作价进行审核；（7）发生不可抗力或者经营条件发生重大变化直接影响公司设立的，可以作出不设立公司的决议。

6. 申请设立登记

在有限责任公司，股东的首次出资经依法设立的验资机构验资后，由全体股东指定的代表或者共同委托的代理人向公司登记机关报送公司登记申请书、公司章程、验资证明等文件，申请设立登记。以发起方式设立的股份有限公司，发起人首次缴纳出资后，应当选举董事会和监事会，由董事会向公司登记机关报送公司章程，由依法设定的验资机构出具的验资证明以及法律、行政法规规定的其他文件，申请设立登记。以募集方式设立的股份有限公司，董事会应于创立大会结束后30日内，向公司登记机关申请设立登记，所需要报送的文件包括公司登记申请书、创立大会的会议记录、公司章程、验资证明、法定代表人、董事、监事的任职文件及其身份证明、发起人的法人资格证明或者自然人身份证明以及公司住所证明。公开发行股票的，还应当向公司登记机关报送国务院证券监督管理机构的核准文件。自营业执照签发之日起，公司即告成立。

四、大学生能否成为公司股东

股东是指持有公司股份或出资的人。在公司设立时因出资或认购股份而成为股东的，称为原始股东；在公司成立之后，因依法转让、继承、赠与或法院强制执行等原因获得公司出资或股份而成为股东的，一般称为继受股东；在公司成立之后，因公司增资而出资或认购股份成为股东的，针对原股东而言，一般称为新股东。无论依据何种方式成为公司股东，除另有约定外，股东地位一律平等，即依据所持出资额或股份比例享有平等的权利和承担同等的义务。

股东可以是自然人，也可以是法人。但是，自然人作为发起人应当具备完全行为能力；法律禁止不可设立公司的自然人（如公务员等），不能作为公司的股东。法人作为公司股东，应当遵守法律、法规以及有关规定，如根据《公司法》第143条第1款的规定，公司原则上不得收购本公司的股份，但是，在公司减资、与持有本公司股份的其他公司合并、将股份奖励给本公司职工等情形除外；对公司发起人的国籍和住所有要求的，应当遵守有关规定。因此任何自然人或法人非法律所限制则均可成为公司的股东。

✧ 思考与研讨题

1. 设立公司的方式有哪些?
2. 公司的特征有哪些?
3. 有限责任公司与股份有限公司的区别?

第四节　知识产权法——发明创造如何保护

一、知识产权的概念和特征

（一）知识产权的概念

知识产权是指智力成果的创造人对所创造的智力成果和工商活动的行为人对所拥有的标记依法所享有的权利的总称。

关于知识产权的范围，学术界和立法实践历来有不同的理解。根据我国《民法典》第 123 条的规定，知识产权包括著作权、专利权、商标权、商业秘密权、集成电路布图设计权、植物新品种权和其他法律规定的权利。

> **关键术语**
>
> 知识产权是指智力成果的创造人对所创造的智力成果和工商活动的行为人对所拥有的标记依法所享有的权利的总称。

（二）知识产权的特征

知识产权是一种与物权、债权并列的独立的民事权利，其具有如下特征：[①]

1. 知识产权的无形性

知识产权的客体是智力成果或具有财产价值的标记，是一种没有形体的财富。知识产权客体的非物质性是知识产权的本质属性，这是其与其他有形财产所有权最根本的区别。

2. 知识产权的法定性

知识产权的法定性是指知识产权的范围和产生由法律规定。知识产权的法定性是由无形性决定的。由于其没有形体，因此其可以同时为多个主体所共同占有，且很难为拥有者所完全控制。因此，知识产权必须通过法律加以确认。

3. 知识产权的专有性

专有性即排他性。知识产权的专有性主要体现在两个方面：一是知识产权为权利人所独占，权利人垄断这种专有权并受到严格保护，没有法律规定或未经权利人许可，任何人不得使用权利人的知识产品；二是对同一项知识产品，不允许有两个或两个以上的主体同时对同一属性的知识产品享有权利。

4. 知识产权的地域性

知识产权作为专有权在空间上的效力并不是无限的，而要受到地域的限制，其效力仅限于本国境内。按照一国法律获得承认和保护的知识产权，只能在该国发生法律效力。

---

① 刘春田 . 知识产权法（第五版）[M] . 北京：高等教育出版社，2015：17-18.

5. 知识产权的时间性

知识产权作为一种民事权利，有时间上的限制。即知识产权只在法律规定的期限内受到保护，一旦超过法律规定的有效期限，这一权利就自行消灭，而其客体就会成为整个社会的共同财富，为全人类所共同使用。

二、专利法律制度

（一）专利权的概念

专利权，是指专利权人在法定期限内对其发明创造成果享有的专有权利。它是国家专利行政部门授予发明人或申请人生产经营其发明创造并禁止他人生产经营其发明创造的某种特权，是对发明创造的独占的排他权。

> **关键术语**
> 专利权，是指专利权人在法定期限内对其发明创造成果享有的专有权利。

（二）专利权的主体

专利权的主体是指具体参加特定的专利权法律关系并享有专利权的人。根据《专利法》的规定，发明人或者设计人、职务发明创造的单位、外国人和外国企业或者外国其他组织都可以成为专利权的主体。

1. 发明人或者设计人

《专利法》所称发明人或者设计人一般具有以下特征：

（1）发明人或者设计人为自然人。

（2）发明人或者设计人的认定不受其民事行为能力的限制。由于发明创造行为是一种事实行为，不是法律行为，因此，不论从事发明创造的人作为法律上的主体是否具备完全行为能力，只要其完成了发明创造，都可以被认定为发明人或者设计人。

（3）发明人或者设计人必须是对发明创造的实质性特点作出创造性贡献的人。在完成发明创造过程中，只负责组织工作的人、为物质技术条件的利用提供方便的人或者从事其他辅助工作的人，都不应认定为发明人或者设计人。

2. 职务发明创造的单位

职务发明创造是指发明人或者设计人执行本单位的任务，或者主要是利用本单位的物质技术条件所完成的发明创造。

凡符合下列条件之一的，均属于职务发明创造：

（1）在本职工作中作出的发明创造。

（2）履行本单位交付的本职工作之外的任务所作出的发明创造。

（3）退职、退休或者调动工作后一年内做出的与其在原单位承担的本职工作或者原单位分配的任务有关的发明创造。

（4）主要利用本单位的物质技术条件完成的发明创造。

对于职务发明创造，申请专利的权利属于该单位，申请被批准后，该单位为专利权人。对于非职务发明创造，申请专利的权利属于发明人或者设计人，申请被批准后，该发明人或者设计人为专利权人。利用本单位的物质技术条件所完成的发明创造，单位与发明人或者设计人订有合同，对申请专利的权利和专利权的归属作出约定的，从其约定。

两个以上单位或者个人合作完成的发明创造、一个单位或者个人接受其他单位或者个人委托所完成的发明创造，除另有协议的以外，申请专利的权利属于完成或者共同完成的单位或者个人；申请被批准后，申请的单位或者个人为专利权人。

案例精选

A公司与B公司合作开发一种新式家用空气调节器，双方各自指派甲和乙从事研制工作。新产品研制成功后，A公司和B公司决定申请实用新型专利。问：在填写申请文件时，发明人一栏应当填写谁？

【案例解析】本案例考核发明人的含义。发明人身份属于人身性质的权利，不因为发明创造技术成果的权利归属而有所改变。就本题而言，A、B两公司是该职务发明的专利申请人（专利权人），这是职务发明创造的权利归属问题。发明人身份的权利则不可转让的属于发明人个人，这是人身权的问题。因此，在填写申请文件时，发明人一栏应当填写甲和乙的姓名。

（三）专利权的客体

专利权的客体，也称专利法保护的对象，是指可以获得专利法保护的发明创造。我国《专利法》规定的发明创造是指发明、实用新型和外观设计。

1. 发明

（1）发明的概念和特征

发明是指对产品、方法或者其改进所提出的新的技术方案。

发明具有如下两个特征：①发明是利用自然规律而进行的创造。自然规律是脱离人的思维而独立存在的客观事物，发明则是在利用自然规律的基础上进行的一种创造。发明与发现不同，发现是对自然规律本身的新的认识，并不是利用，因此发现不能称为发明。②发明是具体的技术方案。发明应能够解决特定的技术难题，必须产生一定的技术效果，具有一定的实用性。

（2）发明的分类

发明一般分为产品发明和方法发明两类。产品发明是指人们通过研究开发出来的关于各种新产品、新材料、新物质等的技术方案，如电子计算机、超导材料等。方法发明是指人们为制造产品或者解决某个技术课题而研究开发出来的操作方法、制造方法以及工艺流程等技术方案，如汉字输入方法、无铅汽油的提炼方法等。

2. 实用新型

（1）实用新型的概念和特征

实用新型是指对产品的形状、构造或者其结合所提出的适于实用的新的技术方案。

实用新型具有如下特征：①实用新型是一种新的技术方案，也是发明的一部分。②实用新型仅限于产品，不包括方法。③实用新型要求产品必须是具有固定的形状、构造的产品。气态、液态、凝胶状或颗粒粉末状的物质或者材料，不属于实用新型的范围。

案例精选

某汽车制造厂完成了下列新技术成果：汽车新燃料、汽车防冻液、汽车发动机、汽车节能方法。问：根据专利法律制度的规定，以上新技术成果中，可能获得实用新型专利的有哪个或哪几个？

【案例解析】本案例考核专利权的客体。实用新型仅限于产品，不包括方法，因此汽车节能方法不属于实用新型；实用新型要求产品必须是具有固定的形状、构造的产品。气态、液态、凝胶状或颗粒粉末状的物质或者材料，不属于实用新型的产品范围，因此汽车新燃料和汽车防冻液均不属于实用新型。实用新型要求产品必须具有固定的形状，因此该汽车制造厂的新技术成果中，只有汽车发动机有可能获得实用新型专利。

（2）实用新型与发明的区别

实用新型与发明虽然同属于专利法保护的发明创造，两者又都是一种新的技术方案，但两者也存在许多区别：①两者保护的范围不同。发明专利保护的范围宽于实用新型专利。发明既可以是产品，也可以是方法；而实用新型仅限于产品，不包括方法。发明的产品没有任何特殊要求；而实用新型的产品要求具有固定的形状或构造。②两者对创造性要求不同。发明专利要求的创造性高于实用新型专利。《专利法》规定，发明专利的创造性是指与现有技术相比，具有实质性特点和进步。③两者的审查程序不同。发明专利既要对发明专利申请进行形式审查，还要对发明专利的内容进行实质审查；而实用新型专利采用形式审查制度，即只审查形式内容而不审查实质内容。④两者的保护期限不同。《专利法》规定，发明专利权的保护期限为20年；而实用新型专利的保护期限为10年。

3. 外观设计

外观设计是指对产品的整体或者局部的形状、图案的结合以及色彩与形状、图案的结合所作出的富有美感并适于工业应用的新设计。

外观设计具有如下特征：（1）外观设计必须与产品相结合。外观设计是产品的外观设计，必须以产品的外表为依托，构成产品与设计的组合。（2）外观设计必须能在产业上应用，必须能够用于生产经营目的的制造或生产。如果设计不能用工业的方法复制出来，或者达不到批量生产的要求，就不是专利法意义上的外观设计。（3）外观设计富有美感。外观设计包含的是美术思想，即解决产品的视觉效果问题，而不是技术思想。这一点与实用新型相区别。

（四）授予专利权的条件

1. 授予专利权的发明和实用新型应当符合的条件

《专利法》规定，授予专利权的发明和实用新型，应当具备新颖性、创造性和实用性。

（1）新颖性

①新颖性的概念：它是指该发明或者实用新型不属于现有技术；也没有任何单位或者个人就同样的发明或者实用新型在申请日以前向国务院专利行政部门提出过申请，并记载在申请日以后公布的专利申请文件或者公告的专利文件中。

②新颖性的判断标准：现有技术及公开。现有技术是指申请日以前在国内外为公众所知的技术。公开包括公开的方式、公开的地域标准、公开的时间标准，构成了新颖性判断标准的重要内容。

第一，公开的方式。公开的方式有三种：一是出版物公开或书面公开，即把发明创造的内容在出版物上予以描述。这里的出版物是指以书面形式描述并公开出版和发行的有形物，它可以是印刷品、胶片、磁带、电子出版物等。二是使用公开，是指由于使用，将发明或实用新型的技术内容公开，公众可以从技术的应用中得知其技术内容。使用公开包括产品的制造、使用、销售、公开演示、展览等。三是其他方式的公开，包括口头公开、广播公开等。但如果是以其他方式公开，要求公开的内容完整、清楚，公众能够根据其公开的内容实现发明或实用新型。

第二，公开的地域标准。关于公开的地域标准，目前有三种标准：一是世界性标准，即凡是在世界任何一个地方公开过的技术，都不具备新颖性。二是本国标准，即凡是在本国公开过的技术，都不具备新颖性。三是混合标准，即关于出版物的公开采用世界性的标准，而其他方式的公开采用本国标准。从我国《专利法》的规定看，我国采用的是世界性标准。

第三，公开的时间标准。关于公开的时间标准，目前有两种标准：一是以发明日为标准，即只要在发明创造完成时该发明创造是新的，就具有新颖性。二是以申请日为标准，即发明创造在申请日时是新的，便具有新颖性。从我国《专利法》的规定看，我国采取的是申请日的时间标准，即以国务院专利行政部门收到专利申请文件之日为申请日。

③抵触申请。所谓抵触申请是指由于在先申请的存在，使在后申请的同一发明创造不具备新颖性。如果出现抵触申请，必须把后申请的发明创造的技术内容与先申请的发明创造的技术内容进行比较，只要后申请的内容在先申请的内容中已经有所披露，则后申请不能获得专利权。需要指出的是，如果先申请在被公布以前撤回、放弃或者被视为撤回或者被驳回，则不能构成抵触申请。

④丧失新颖性的例外，即指在某些特殊情况下，尽管申请专利的发明或者实用新型在申请日或者优先权日前公开，但在一定期限内提出专利申请的，则不丧失新颖性。

《专利法》第 24 条规定，申请专利的发明创造在申请日以前 6 个月内，有下列情形之一的，不丧失新颖性：一是在国家出现紧急状态或者非常情况时，为公共利益目的首次公开的；二是在中国政府主办或者承认的国际展览会上首次展出的；三是在规定的学术会议或者技术会议上首次发表的；四是他人未经申请人同意泄露其内容的。

（2）创造性

创造性是指与现有技术相比，该发明具有突出的实质性特点和显著的进步，该实用新型具有实质性特点和进步。

创造性的衡量标准可以从该发明或者实用新型是否存在“实质性特点”和“进步”而得到判断。

所谓实质性特点，是指发明创造具有一个或几个技术特征，与现有技术相比有本质的区别。因此，凡是发明创造所属技术领域的普通技术人员都不能直接从现有技术中得出构成该发明创造的全部必要技术特征的，都应认为具有实质性特点。在评定一项发明创造是否具有实质性特点时，不仅要考虑技术方案本身的内容，还要考虑它的目的和效果，并把它们作为一个整体来理解。

所谓进步，是指与现有技术相比有所发展和前进。如克服了现有技术存在的缺点和不足，或者具有新的优点或效果，或者代表了某种新的技术趋势。

（3）实用性

实用性是指该发明或者实用新型能够制造或者使用，并且能够产生积极效果。

实用性一般具备三个条件：一是具有可实施性，即发明创造必须能够解决技术问题，并且能够在产业中应用，能够制造或者使用。二是具有再现性，即所属技术领域的技术人员根据公开的技术内容，能够重复实施专利申请中为解决技术问题所采用的技术方案。三是具有有益性，即发明创造能够在经济、技术和社会等领域产生积极和有益的效果。

2. 授予专利权的外观设计应当符合的条件

《专利法》规定，授予专利权的外观设计，应当不属于现有设计；也没有任何单位或者个人就同样的外观设计在申请日以前向国务院专利行政部门提出过申请，并记载在申请日以后公告的专利文件中。授予专利权的外观设计与现有设计或者现有设计特征的组合相比，应当具有明显区别。授予专利权的外观设计不得与他人在申请日以前已经取得的合法权利相冲突。上述所称现有设计，是指申请日以前在国内外为公众所知的设计。

由于外观设计是产品的一种新设计，是产品外在的东西，其本身并不涉及技术上的创造，因此，对于外观设计授予专利权的条件更多地体现在与同类产品比较是否具有新颖性。根据我国法律规定，外观设计的新颖性在判断标准上与发明、实用新型的新颖性基本相同。

（五）专利权的取得、终止和无效

1. 专利权的取得

（1）专利申请的原则

第一，先申请原则。先申请原则是指在两个以上的申请人分别就同样的发明创造申请专利的情况下，对先提出申请的申请人授予专利权。《专利法》规定，两个以上的申请人分别就同样的发明创造申请专利的，专利权授予最先申请的人。先申请的判断标准是专利申请日。如果两个以上申请人在同一日分别就同样的发明创造申请专利的，应当在收到专利行政管理部门的通知后自行协商确定申请人。

第二，单一性原则。单一性原则是指一份专利申请文件只能就一项发明创造提出专利申请，即“一申请一发明”原则。专利申请应当符合专利法有关单一性的规定。就发明或者实用新型的专利申请而言，一件发明或者实用新型专利申请应当限于一项发明或者实用新型。属于一个总的发明构思的两项以上的发明或者实用新型，可以作为一件申请提出。

《专利法》规定，同样的发明创造只能授予一项专利权。但是，同一申请人同日对同样的发明创造既申请实用新型专利又申请发明专利，先获得的实用新型专利权尚未终止，且申请人声明放弃该实用新型专利权的，可以授予发明专利权。

第三，优先权原则。优先权原则是指将专利申请人首次提出专利申请的日期，视为后来一定期限内专利申请人就相同主题在他国或本国提出专利申请的日期。专利申请人依法享有的这种权利称为优先权，享有优先权的首次申请日称为优先权日。

优先权包括外国优先权和本国优先权。外国优先权是指，申请人自发明或者实用新型在外国第一次提出专利申请之日起 12 个月内，或者自外观设计在外国第一次提出专利申请之日起 6 个月内，又在中国就相同主题提出专利申请的，依照该外国同中国签订的协议或者共同参加的国际条约，或者依照相互承认优先权的原则，可以享有优先权。本国优先权是指，申请人自发明或者实用新型在中国第一次提出专利申请之日起 12 个月内，或者自外观设计在中国第一次提出专利申请之日起 6 个月内，又向国务院专利行政部门就相同主题提出专利申请的，可以享有优先权。申请人要求优先权的，应当在申请的时候提出书面声明，并且在 3 个月内提交第一次提出的专利申请文件的副本；未提出书面声明或者逾期未提交专利申请文件副本的，视为未要求优先权。

（2）专利申请的提出、修改和撤回

第一，专利申请的提出。专利权不能自动取得，申请人必须履行《专利法》规定的专利申请手续，向国务院专利行政部门提交必要的申请文件。

根据《专利法》的规定，申请发明或者实用新型专利的，应当提交请求书、说明书及其摘要和权利要求书等文件。请求书应当写明发明或者实用新型的名称，发明人的姓名，申请人姓名或者名称、地址，以及其他事项。说明书应当对发明或者实用新型作出清楚、完整的说明，以所属技术领域的技术人员能够实现为准；必要的时候，应当有附图。摘要应当简要说明发明或者实用新型的技术要点。权利要求书应当以说明书为依据，清楚、简要地限定要求专利保护的范围。依赖遗传资源完成的发明创造，申请人应当在专利申请文件中说明该遗传资源的直接来源和原始来源；申请人无法说明原始来源的，应当陈述理由。申请外观设计专利的，应当提交请求书、该外观设计的图片或者照片以及对该外观设计的简要说明等文件。申请人提交的有关图片或者照片应当清楚地显示要求专利保护的产品的外观设计。

国务院专利行政部门收到专利申请文件之日为申请日。如果申请文件是邮寄的，以寄出的邮戳日为申请日。

第二，专利申请的修改。专利申请的修改，可以由申请人自己主动提出修改，也可以根据国务院专利行政部门的要求进行修改。对于申请人自己主动提出修改的，由申请人自行修改，但修改时要遵守以下规定：对发明和实用新型专利申请文件的修改不得超出原说明书和权利要求书记载的范围；对外观设计专利申请文件的修改不得超出原图片或者照片表示的范围。对于根据国务院专利行政部门的要求进行修改的，申请人应当在指定的期限内修改申请，逾期不修改的，应视为撤回；经修改后仍不符合《专利法》规定的，国务院专利行政部门应当予以驳回。

第三，专利申请的撤回。申请人可以在被授予专利权之前随时撤回其专利申请。申请人撤回其专利申请的，应当向国务院专利行政部门提出书面的撤回申请，写明发明创造的名称、申请号和申请日。专利申请被撤回后，该申请视为自始即不存在。如果专利申请的撤回是在专利公开以前提出的，在撤回之后，申请人可以重新提出申请，其他人也可以就相同的发明创造提出专利申请。如果撤回是在专利公开以后提出的，则该发明创造已丧失新颖性，任何人就此发明创造提出申请都会被驳回。

（3）专利的复审

专利申请人对国务院专利行政部门驳回申请的决定不服的，可以自收到通知之日起3个月内向国务院专利行政部门请求复审。国务院专利行政部门复审后，作出复审决定，并通知专利申请人。专利申请人对国务院专利行政部门的复审决定不服的，可以自收到通知之日起3个月内向人民法院起诉。

2. 专利权的终止

专利权的终止，是指专利权因期限届满或者其他原因在期限届满前失去法律效力。专利权终止后，被授予专利权的发明创造成为人类的共同财富，任何单位和个人都可以无偿使用。

根据《专利法》的规定，有下列情形之一的，专利权终止：一是专利权的期限届满；二是没有按照规定缴纳年费的；三是专利权人以书面声明放弃其专利的；四是专利权人死亡，无继承人或受遗赠人的。

专利权在期限届满前终止的，由国务院专利行政部门登记和公告。

3. 专利权的无效

（1）专利权无效的概念和理由

专利权无效是指已经取得的专利权因不符合《专利法》的规定，根据有关单位或个人的请求，经国务院专利行政部门审核后被宣告无效。

宣告专利权无效的理由，具体包括：授予专利权的发明创造不符合《专利法》规定的授予专利权的实质性条件；授予专利权的发明创造不符合《专利法》规定的关于专利申请文件的撰写要求或专利申请文件修改范围的规定；授予专利权的发明创造不属于《专利法》规定的发明、实用新型和外观设计；授予专利权的发明创造不符合先申请原则和单一性原则；授予专利权的发明创造属于《专利法》规定的不授予专利权的项目，或者属于依照《专利法》关于申请在先取得专利权的规定而不能取得专利权的项目；等等。

（2）专利权宣告无效的程序

请求宣告专利权无效的单位或个人，应当向国务院专利行政部门提出请求书，并说明理由。国务院专利行政部门收到请求宣告专利权无效的请求书后，应当及时审查和作出决定，并通知请求人和专利权人。宣告专利权无效的决定，由国务院专利行政部门登记和公告。对国务院专利行政部门宣告专利权无效或者维持专利权的决定不服的，可以自收到通知之日起3个月内向人民法院起诉。人民法院应当通知无效宣告请求程序的对方当事人作为第三人参加诉讼。

（3）专利权宣告无效的法律效力

根据《专利法》的规定，专利权宣告无效的法律效力具体体现为：①宣告无效的专利权视为自始即不存在。②宣告专利权无效的决定，对在宣告专利权无效前人民法院作出并已执行的专利侵权的判决、调解书，已经履行或者强制执行的专利侵权纠纷处理决定以及已经履行专利实施许可合同和专利权转让合同，不具有追溯力。但是因专利权人的恶意给他人造成的损失，应当给予赔偿。③依照上述规定不返还专利侵权赔偿金、专利使用费、专利权转让费，明显违反公平原则，应当全部或者部分返还。

（六）专利权的保护

1. 专利权的期限

专利权的期限，又称专利保护期。根据《专利法》的规定，发明专利权的期限为20年，实用新型专利权的期限为10年，外观设计专利权的期限为15年，均自申请日起计算。

2. 专利权的保护范围

专利权的保护范围，是指专利权效力所及的发明创造的技术特征和技术幅度。因此，专利权的范围即专利权的保护范围。

根据《专利法》的规定，发明或者实用新型专利权的保护范围以其权利要求的内容为准，说明书及附图可以用于解释权利要求的内容。外观设计专利权的保护范围以表示在图片或者照片中的该产品的外观设计为准，简要说明可以用于解释图片或者照片所表示的该产品的外观设计。

根据2001年6月19日最高人民法院审判委员会通过的《关于审理专利纠纷案件适用法律问题的若干规定》的规定，专利权的保护范围应当以权利要求书中明确记载的必要技术特征所确定的范围为准，也包括与该必要技术特征相等同的特征所确定的范围。等同特征是指与所记载的技术特征以基本相同的手段，实现基本相同的功能，达到基本相同的效果，并且本领域的普通技术人员无须经过创造性劳动就能够联想到的特征。

（七）申请专利与否之考量

对于自然人或法人完成我国《专利法》所保护的发明创造是否申请专利需要综合考虑以下几个方面的问题。

一是是否选择申请专利权，需要权利人权衡利弊。在我国，保护发明创造主要有两种方式，一种是按我国《专利法》的要求申请专利保护，而另一种是采取以技术秘密的方式来保护。对符合我国《专利法》所认可的发明创造，必然能获得《专利法》及相关的法律法规等的保护。但专利制度本身并非完美无缺，也存在一定的弊端，如专利权保护的时间性、地域性的限制、授权之前的必须公开其技术但最终可能会被驳回、一些发明创造不授予专利权等。因此，权利人的发明创造可作为技术秘密、商业秘密来予以保护。相较于申请专利保护，技术秘密保护的优势在于不存在各种申请、审查、缴费的手续，保护时间不受限制、不需要公开等。众所周知，美国可口可乐饮料的配方，至今仍未申请专利，而是作为商业秘密加以保护。

二是可行性判断。若权利人选择申请专利，其发明必须符合我国《专利法》所保护的范围，即该发明创造是否符合授予专利的积极条件，若符合可授予，反之则不能授予专利。

三是市场价值的判断。申请专利的发明创造是否能给权利人带来经济利益，没有市场价值的发明创造不能给权利人带来经济利益，申请专利只会让权利人花费人力、物力和财力，其申请便无意义。

四是申请方式的选择。在我国若申请人具有中国国籍，则其可自行向专利局申请，也可以委托专利代理机构代为申请。若发明人本人既是技术专家，又知悉专利法的有关知识，当然自行申请能节省一定的费用，更为经济。但通常情况下，发明人对专利申请的程序及条件不熟悉，则可寻求专业的专利代理机构代为办理。

五是新颖性丧失之预防。申请的发明创造必须具备新颖性，该项发明创造应不属于现有技术。所有已经对外公开的技术，无论其是否最终获得了专利权，都应被看成一种现有技术。另外，不能将技术轻易对外公开。如果申请专利的发明创造在申请日前就已经公开，那么这可能会导致该发明丧失新颖性。当然，如果符合我国《专利法》第 24 条之规定者不丧失新颖性，申请人仍可申请。

✧ 思考与研讨题

1. 知识产权的特征有哪些?
2. 我国《专利法》所保护的发明创造有哪些?
3. 如何判定职务发明?

第五节 产品质量法——购买假冒伪劣商品怎么办

一、产品与产品质量

（一）产品与产品质量的含义

产品的概念有狭义与广义两种解释，产品的狭义概念仅指可移动的工业制成品，即被生产出的物品；产品的广义概念指任何经过工业处理过的东西，无论其是静态还是动态的即可以满足人们需求的一切载体都可称其为“产品”。产品的“整体概念”是指能够满足人们某种需求并且可以被人们使用和消费的东西，其中可以包括有形物品、无形服务、组织、观念甚至它们的组合。产品是“一组将输入转化为输出的相互关联或相互作用的活动”的结果，即“过程”的结果。在经济领域中，通常也可理解为组织制造的任何制品或制品的组合。在现代汉语词典当中的解释为“生产出来的物品”。简单来说，产品是以使用为目的物品和服务的综合体，那些“为了满足市场需要而创建的用于运营的功能及服务”就是产品。

《中华人民共和国产品质量法》（以下简称《产品质量法》）第 2 条指出：“在中华人民共和国境内从事产品生产、销售活动，必须遵守本法。本法所称产品是指经过加工、制作，用于销售的产品。建设工程不适用本法规定；但是，建设工程使用的建筑材料、建筑构配件和设备，属于前款规定的产品范围的，适用本法规定。”

产品质量是指产品不仅能够满足正常使用的前提，还能满足潜在需要的特征和特性的总和。为满足用户的使用需要才制造出各种产品，故对产品质量的要求或标准也应运而生。对于产品质量来说，不论是简单产品还是复杂产品，都应当用产品质量特性或特征去描述。产品质量特性依产品的特点而异，表现的参数和指标也多种多样，反映用户使用需要的质量特性归纳起来一般有六个方面，即性能、寿命（即耐用性）、可靠性与维修性、安全性、适应性、经济性。《产品质量法》第 26 条指出：生产者应当对其生产的产品质量负责。产品质量应当符合下列要求：

1. 不存在危及人身、财产安全的不合理的危险，有保障人体健康和人身、财产安全的国家标准、行业标准的，应当符合该标准；

2. 具备产品应当具备的使用性能，但是，对产品存在使用性能的瑕疵作出说明的除外；

3. 符合在产品或者其包装上注明采用的产品标准，符合以产品说明、实物样品等方式表明的质量状况。

关键术语

产品是指经过加工、制作，用于销售的产品。建设工程不适用本法规定；但是，建设工程使用的建筑材料、建筑构配件和设备，属于前款规定的产品范围的，适用本法规定。

（二）产品质量法

产品质量法是为了加强对产品质量的监督管理，提高产品质量水平，明确产品质量责任，保护消费者的合法权益，维护社会经济秩序而制定的法律。基于此各国纷纷加强对产品质量的立法，其中美国的产品责任法形成最早，其主要是州立法，判例是其主要渊源；欧洲则是在 1985 年欧共体委员会正式通过了《关于对有缺陷产品责任的指令》后督促各国国内对产品质量的立法①；中国的《产品质量法》于 1993 年 2 月 22 日第七届

① 欧洲共同体的《产品责任指令草案》中将“产品缺陷”规定为“若产品未给人们和财产提供一个人有权期待的安全，则该产品有缺陷”。

全国人民代表大会常务委员会第三十次会议通过，自 1993 年 9 月 1 日起施行。2000 年 7 月 8 日第九届全国人民代表大会常务委员会第十六次会议通过了《关于修改〈中华人民共和国产品质量法〉的决定》，对该法进行了第一次修正。2009 年 8 月 27 日第十一届全国人民代表大会常务委员会第十次会议通过了《关于修改部分法律的决定》，对该法进行了第二次修正。2018 年 12 月 29 日第十三届全国人民代表大会常务委员会第七次会议通过了《关于修改〈中华人民共和国产品质量法〉等五部法律的决定》，对该法进行了第三次修正。

其中，生产者、销售者应当建立健全内部产品质量管理制度，严格实施岗位质量规范、质量责任以及相应的考核办法。生产者、销售者依照本法规定承担产品质量责任。禁止伪造或者冒用认证标志等质量标志；禁止伪造产品的产地，伪造或者冒用他人的厂名、厂址；禁止在生产、销售的产品中掺杂、掺假，以假充真，以次充好。国家鼓励推行科学的质量管理方法，采用先进的科学技术，鼓励企业产品质量达到并且超过行业标准、国家标准和国际标准。对产品质量管理先进和产品质量达到国际先进水平、成绩显著的单位和个人，给予奖励。

二、产品责任制度

（一）产品责任制度概述

产品责任是指产品的生产者、销售者或中间商因制造出有缺陷的产品给消费者、使用者或其他人造成人身、财产损害而应承担的一种民事责任。产品责任制度，是指产品的生产者、销售者或中间商因其产品给消费者、使用者或其他人造成人身、财产损害而应承担的一种补偿责任。产品责任立法的目的是不仅能让受害人因为产品缺陷导致的损害从负有责任的生产方、销售方或中间商那里得到补偿，而且还能促使生产方和销售方加强产品安全和质量意识。

《产品质量法》第 41 条规定："因产品存在缺陷造成他人损害的，生产者应当承担侵权责任。"依据以上规定，生产者只要其生产的产品存在缺陷造成他人损害的，除了法定可以减轻或免除责任事由外，不论缺陷产品的生产者主观上是否存在过错，都应当承担侵权责任。简言之，产品因存在缺陷造成他人损害的，生产者就应当承担侵权责任。

关键术语

产品责任是指产品的生产者、销售者或中间商因制造出有缺陷的产品给消费者、使用者或其他人造成人身、财产损害而应承担的一种民事责任。

（二）生产者承担产品责任的构成要件[①]

1. 产品存在缺陷

根据大多数国家的规定，产品缺陷是指产品存在不合理的危险，且这种危险在产品

① 李昌麒．经济法学［M］．北京：法律出版社，2016：295.

离开生产者或者销售者之前就已经存在。现实生活中，我们可以依据《产品质量法》第46条中有关缺陷的规定判断其是否为缺陷，再根据每种产品的具体情况作出具体的分析判断。

2. 损害事实的存在

这是指缺陷产品的使用过程中造成使用人或者第三人人身损害，或者财产的损失。

3. 缺陷产品与损害事实之间存在因果关系

因果关系是客观事物之间的前因后果的关联性。通常由受害人证明损害是由使用缺陷产品造成的，而生产者则就缺陷不存在或者缺陷与损害结果之间不存在因果关系举证，反之，如果生产者不能举证证明，则认定产品存在缺陷及缺陷与损害结果之间存在因果关系。

（三）产品责任归责原则

产品责任的归责原则是确定产品责任归属的准则，是要求行为人承担产品责任的根据、标准和理由。关于产品责任的归责原则，各国多经历从合同责任到过失责任（疏忽责任）再到现在的无过错责任的过程。

1. 无过错责任原则

根据《产品质量法》第41条规定："因产品存在缺陷造成人身、缺陷产品以外的其他财产（以下简称他人财产）损害的，生产者应当承担赔偿责任。"

2. 过错推定原则

根据《产品质量法》第42条规定："由于销售者的过错使产品存在缺陷，造成人身、他人财产损害的，销售者应当承担赔偿责任。销售者不能指明缺陷产品的生产者也不能指明缺陷产品的供货者的，销售者应当承担赔偿责任。"

（四）生产者、销售者的义务

1. 生产者的义务

保证产品质量是产品生产者的首要义务。根据《产品质量法》有关规定，生产者的产品质量责任和义务有以下三个方面。

（1）对其生产的产品质量负责

产品质量应当符合下列要求：不存在危及人身、财产安全的不合理的危险，有保障人体健康和人身、财产安全的国家标准、行业标准的，应当符合该标准；具备产品应当具备的使用性能，但是，对产品存在使用性能的瑕疵作出说明的除外；符合在产品或者其包装上注明采用的产品标准，符合以产品说明、实物样品等方式表明的质量状况。

（2）遵守《产品质量法》关于产品标识的规定

产品或者其包装上的标识应当符合下列要求：有产品质量检验合格证明；有中文标明的产品名称、生产厂厂名和厂址；根据产品的特点和使用要求，需要标明产品规格、等级、所含主要成分的名称和含量的，用中文相应予以标明；限期使用的产品，标明生产日期和安全使用期或者失效日期；使用不当，容易造成产品本身损坏或者可能危及人身、财产安全的产品，应当有警示标志或者中文警示说明。裸装的食品和其他根据产品的特点难以附加标识的裸装产品，可以不附加产品标识。

（3）遵守《产品质量法》关于产品包装的要求

易碎、易燃、易爆、有毒、有腐蚀性、有放射性等危险物品以及储运中不能倒置和其他有特殊要求的产品，其包装质量必须符合相应要求，依照国家有关规定作出警示标志或者中文警示说明，标明储运注意事项。生产者不得生产国家明令淘汰的产品。生产者不得伪造产地，不得伪造或者冒用他人的厂名、厂址。生产者不得伪造或者冒用认证标志等质量标志。生产者生产产品，不得掺杂、掺假，不得以假充真、以次充好，不得以不合格产品冒充合格产品。

2. 销售者的义务

销售者的产品质量义务包括四方面：严格执行进货检查验收制度；保持产品原有质量；保证销售产品的标识符合法律规定要求；严禁销售假冒伪劣产品。

（五）产品质量责任

1. 生产者的产品责任

生产者应当对其生产的产品质量负责。若违反相应法律规定，则可能承担民事责任、行政责任甚至刑事责任。《产品质量法》第 43 条规定："因产品存在缺陷造成人身、他人财产损害的，受害人可以向产品的生产者要求赔偿，也可以向产品的销售者要求赔偿。属于产品的生产者的责任，产品的销售者赔偿的，产品的销售者有权向产品的生产者追偿。属于产品的销售者的责任，产品的生产者赔偿的，产品的生产者有权向产品的销售者追偿。"

2. 销售者的产品责任

销售者属于产品生产者与消费者的中间人。虽然产品不是他们创造出来的，但他们却把缺陷商品卖给了消费者。故销售者承担产品责任的程度既要保护消费者权益又不能超过生产者的责任，其中责任的划分主要有三个方面：（1）销售者对受害人承担过错责任。（2）销售者仅在特定情况下对受害人承担严格责任。（3）销售者和生产者一样对受害人承担严格责任。销售者不能指明缺陷产品的生产者也不能指明缺陷产品供货者的，销售者应当承担赔偿责任。

《产品质量法》第 42 条规定："由于销售者的过错使产品存在缺陷，造成人身、他人财产损害的，销售者应当承担赔偿责任。销售者不能指明缺陷产品的生产者也不能指明缺陷产品的供货者的，销售者应当承担赔偿责任。"

三、产品召回法律制度

（一）产品召回管理制度概述

缺陷产品在我国的《产品质量法》第46条[①]和2015年公布的《缺陷消费品召回管理

---

①《产品质量法》第 46 条对"缺陷"有明确的界定：本法所称缺陷，是指产品存在危及人身、财产安全的不合理危险；产品有保障人体健康和人身、财产安全的国家标准、行业标准的，是指不符合该标准。

办法》第 3 条第 2 款[①]规定对“缺陷”进行了明确的界定，缺陷产品的标准主要有两个：一是是否存在不合理危险；二是国家保障人体健康和人身、财产安全的强制性标准。

所谓产品召回是指确定产品存在缺陷之后，生产者对缺陷产品采取修改消费说明、修理、更换或者退货等措施进行处理，以消除缺陷产品给消费者带来的不合理风险。缺陷产品的召回制度，有利于保护消费者的合法权益，提高企业的安全生产质量和管理水平。

产品召回制度是一种产品安全防控、追溯和补救机制，具有重要的意义，具体体现在以下几方面：

1. 缺陷产品召回有利于消费者的合法权益。缺陷产品召回制度将召回的主动权交给了生产者，主动承担产品所带来的风险和损失，使消费者的权益得到了有效的保护。

2. 缺陷产品召回制度有利于企业提高社会信誉。缺陷产品召回制度虽然会使企业在召回的过程中受到一点经济损失，但是企业在实施召回的过程中，也是在向社会展现自己重视社会信誉且忠于维护消费者的良好形象。在企业承担损失的同时，改进技术，提高生产质量及竞争力，有利于企业稳步发展。

3. 缺陷产品召回制度有利于维护经济秩序并促进经济发展。缺陷产品召回制度可以有效地避免企业只注重眼前利益和自身利益而将消费者利益抛之脑后事件的发生，达到促进经济发展的目的。

4. 缺陷产品召回制度有利于提高企业的环保理念。缺陷产品召回制度可以限制此类产品的流通，对环境有污染的产品可以强制将其召回，如排量超标的汽车、危害人体健康以及环境的有毒材料，等等。

关键术语

产品召回是指确定产品存在缺陷之后，生产者对缺陷产品采取修改消费说明、修理、更换或者退货等措施进行处理，以消除缺陷产品给消费者带来的不合理风险。

（二）产品召回法律关系

产品召回法律关系，是指产品召回法律规范在调整人们的行为过程中所形成的具有法律上权利义务形式的社会关系。其构成要素有三项：（1）产品召回法律关系主体；（2）产品召回法律关系内容；（3）产品召回法律关系客体。

1. 承担产品召回义务的主体

产品召回义务的主体，是对于市场上流通的缺陷产品承担召回义务的主体。但我国现有法律对于产品召回的义务主体的规定存在分歧。第一，根据危险控制理论。产品设计缺陷、制造缺陷是在产品进入流通领域之前产生的，应由生产者承担召回义务。但产品进入流通领域之后，可能会因批发者、销售者的过失在某一批次、某一类别产品上产

① 《缺陷消费品召回管理办法》第 3 条第 2 款规定：“本办法所称缺陷，是指由于设计、制造、警示标识等原因导致的在同一批次、型号或者类别的消费品中普遍存在的不符合国家标准、行业标准中保障人身、财产安全要求的情形或者其他危及人身、财产安全的不合理的危险。”

生不合理危险，一味要求生产者承担召回义务有悖于法律的公平正义，不但不能起到警示和惩戒违法的目的，甚至有可能阻碍正常的交易秩序并出现道德风险。第二，根据危险控制理论，即“谁能控制、减少危险，谁承担责任”。依据《民法典侵权责任编》第1206条规定，应当由负有直接责任的主体即生产者、销售者承担召回义务，只有这样才能够从源头上消除缺陷，有效预防和控制危害人身、财产的事故。另外在明确直接责任主体承担主要召回责任的同时，销售者也负有协助召回的义务。

2. 产品召回法律关系的主要内容

在违反警示和召回义务的情况下，义务人应该承担法律责任。根据《民法典》侵权责任编第1206条的规定，在违反警示、召回义务的情况下，生产者、销售者承担责任的要件包括：

（1）产品投入流通后发现缺陷

根据《产品质量法》第41条第2款的规定，产品投入流通时尚未发现缺陷的情况，可以作为《民法典》侵权责任编第1206条投入流通后发现缺陷前的抗辩事由。在此情况下，依据《产品质量法》的规定，生产者不承担损害赔偿责任，但仍应履行召回义务。如果产品在投入流通时就已存在缺陷，只是尚未发现，在此情况下造成受害人损害的，生产者既要承担损害赔偿责任，又要承担召回义务。

（2）生产者、销售者违反其负有的警示、召回等义务

《民法典》侵权责任编第1206条规定，“未及时采取补救措施或者补救措施不力造成损害的”，应当承担责任。所谓“未及时采取补救措施”，是指生产者、销售者发现产品缺陷以后，没有在合理期限内采取警示、召回等补救措施。所谓“补救措施不力造成损害的”，是指生产者、销售者发现产品缺陷后，没有采取足以保护消费者安全的合理措施。确定生产者和销售者是否履行义务，也要考虑其义务的存续期间。一般而言，自生产者将产品投放市场开始，到缺陷产品交回到生产者手中止，生产者都负有警示、召回等义务。在此期间内，生产者、销售者应当主动履行其警示、召回义务，而不以消费者提出请求为前提。

（3）造成受害人损害

生产者和销售者承担警示、召回义务时，并不以实际损害的发生为前提。产品召回制度是一种事前救济制度，建立在潜在的损害基础上，召回义务人在产品缺陷尚未对人身财产造成实际损害之前就应将产品召回，并采取修理等补救措施，防患于未然。但是，如果生产者和销售者违反其警示、召回等义务，并造成了实际损害，就要对消费者承担责任，因此，损害赔偿责任必须以消费者遭受了实际损害为前提。需要指出的是，生产者和销售者仅对缺陷产品负担警示、召回等义务，因此，受害人所遭受的损害应当是产品缺陷造成的损害。

（4）义务的违反与损害之间存在因果关系

因果关系是所有侵权责任承担的必备要件。在此类责任中，其因果关系就表现为，生产者和销售者违反了警示、召回等义务，并给受害人造成了损害，此种义务的违反与损害结果之间具有因果关系。在因果关系的判断上，应当与产品责任中其他因果关系的

判断采用同一规则。

3. 产品召回的客体

产品召回的客体即召回的缺陷产品的类型，根据我国法律的规定召回种类涉及儿童用品、食品相关产品、电子电器、汽车产品、其他交通运输设备、日用纺织品和服装、家用日用品、文教体育用品、家具、五金建材等 20 类产品。

4. 产品召回方式

召回主要包括主动召回和强制召回两种方式，二者在具体程序上存在较大差别。

（1）主动召回

所谓主动召回，也称为自愿召回，是指生产者一旦发现其生产的某类产品具有可能导致他人人身和财产损害的缺陷，应当主动将该类产品召回并进行检测、修理或者更换。主动召回缺陷产品实质上体现了企业的社会责任，对每个企业来说，不能因为产品已经销售出去而就此免责。自愿召回是召回的主要形式，应当在法律上予以鼓励。

（2）强制召回

所谓强制召回是指在企业不主动召回时，由主管机关责令企业召回。我国《药品召回管理办法》中将其称为责令召回。责令召回实际上是主管机关采取的一种行政措施。从性质上说，行政机关责令召回是一种行政督促行为。当召回义务人违反召回义务时，行政机关通过责令召回程序督促其尽快履行召回义务。如果召回义务人在接到责令召回的通知后仍然拒绝履行召回义务，则行政机关可以采取更为严厉的警告、罚款、暂扣营业执照等行政强制措施，敦促召回义务人履行召回义务。

案例精选

史某从江阴市三源商行购买了一台家用燃气热水器，由史某自行安装于江阴市家中的卫生间内。次日，其女儿史某一在该卫生间洗澡时，突然昏倒，送至江阴市人民医院抢救时已死亡。事故当晚，江阴市公安局长山派出所委托江阴市公安局法医对史某一的尸体进行了尸表检验，并抽取死者心血送无锡市公安局行毒物检验，经法医检验，死者属于一氧化碳（CO）中毒死亡（心血 HBCO 含量达 80％）。事故发生之后，江阴市工商行政管理局滨江分局委托江苏省产品质量监督检验中心所对本案所涉及的燃气热水器的安装及产品质量进行鉴定，质量鉴定结论为:（1）本案所涉的燃气热水器的安装不符合 GB17905—1999《家用燃气燃烧器具安全管理规程》标准，不符合安全使用要求。（2）热水器气密性、火焰稳定性、烟气中一氧化碳含量符合 GB17905 1999《家用燃气燃烧器具安全管理规程》标准要求。本案所涉热水器产品名称为美的王子牌烟道式燃气热水器，产品制造厂为巨田电器公司。三源商行为个体工商户，经营者为黄某，已由企业直接申请注销。三源商行卖给史某的燃气热水器是从江阴市的天赐商行进的货，天赐商行经营者为卢某，系个体工商户。史某及其妻子以黄某、卢某、巨田电器公司为被告起诉至法院，要求判令三被告赔偿医疗费、死亡赔偿金、精神损害抚慰金等损失共计 267 871.65 元。

【案例解析】产品符合相关国家标准、行业标准，是对产品经营者的最基本要求，但符合相关标准并不意味着商品一定不存在危及人身财产安全的不合理危险，只要存在该种危险，产品就存在缺陷。所以，经营者提供的产品，虽然符合相关国家标准，但实质上存在危及人身财产安全的不合理危险的，仍然应当承担相应的产品侵权责任。本案所涉的热水器存在一定的不合理危险，但并未明显违反国家强制性标准的规定，因而，经营者的过错是较小的，而史某在购买燃气热水器后，未请专业人员安装，在自行安装时，又未按说明书的要求安装排烟管道，存在重大过错，其行为是造成损害后果的主要的直接的原因，比较双方过错程度及过错行为在损害后果中所起的作用，本案主要责任应由史某夫妇承担。所以被告巨田电器公司承担相应的赔偿责任，被告黄某、卢某对此负连带赔偿责任。

✧ 思考与研讨题

1. 生产者承担产品责任的要件有哪些？
2. 产品责任的归责原则有哪些？
3. 如何理解产品召回法律关系？

第六节　消费者权益保护法——购买东西受骗该找谁

我国《消费者权益保护法》的立法宗旨是：为保护消费者的合法权益，维护社会经济秩序，促进社会主义市场经济健康发展。大学生在校是学生，同时也兼具消费者的身份。应当准确、清晰地了解消费者权益保护法的相关内容，在自己及家人的权益收到侵害时，熟练运用法律，保护自己的权益。本节主要介绍消费者的相关概念、消费者权益保护法的原则、消费者权利的界定及法律救济方式。

随着社会经济的发展，消费者消费需求日益增长，使消费者与经营者的关系日趋紧张。消费者权益的保护问题，得到了社会各界的普遍关注。保护在交易关系中处于弱势地位的消费者，维护消费者的合法权益，从而有效地促进市场经济的健康发展，逐渐成为市场经济发展的重要问题之一。

综观我国消费者权益保护的发展情况，可以看出我国在消费者权益保护方面已经取得了很大的成就：法律法规不断健全和完善；行政机关的行政执法朝着更科学化更专业化迈进；消费者权益保护组织发展壮大起来，成为保护消费者权益有力的组织。看到取得成就的同时，我们也应当看到，我国在保护消费者权益方面仍然存在许多不足，相关法律法规仍存在改进的空间。

一、消费者的概念

我国《消费者权益保护法》第 2 条规定："消费者为生活消费需要购买、使用商品或者接受服务，其权益受本法保护；本法未作规定的，受其他有关法律、法规保护。"可见，《消费者权益保护法》并没有对"消费者"作出一个明确的定义，只要为了生活需要而接受服务或消耗产品的都应当以消费者论，受到消费者权益保护法的保护，而未将法人或其他组织有意地剥离出去。法人和其他组织作为与自然人并列的民事主体，在从事特定的消费活动时，也当然受到本法的保护。

我们不能将所有的法人和其他组织的商品交换都等同于为了满足生产需要所必须发生的商事法律关系，因为法人或其他组织为了其内部成员的生活需要，也必须或多或少地扮演消费者的身份，为维持自然人的正常生活而被迫成为消费者。那么，在这样的法律关系中，即便是法人或者其他组织也会处于相应的弱势地位，也应当受到《消费者权益保护法》的保护。

消费者的消费客体应当包括商品和服务。商品和服务是多种多样的，有的用于生产消费，有的用于生活消费。这里的商品是为满足人们物质文化需要而用来交换的劳动产品。服务是为方便人们的物质文化生活而做出的工作或者劳动，像文化、教育、医疗、保险等。消费者的消费方式包括购买、使用商品和接受服务。消费者购买、使用商品或接受服务，大多数情况是进行了等价交换，一般情况下购买商品自己使用，使用者即消费者。购买商品供他人使用，实际使用者也应视为消费者，例如购买商品供家庭成员使用，接受服务既包括自己付费自己接受服务，也包括自己付费他人接受服务。[①] 因此，法人和其他组织在为自己的成员正常生活需要而设定的特定法律关系中，亦应视为消费者，受到《消费者权益保护法》的保护。

法人和其他组织是消费者权益保护法所调整的对象。但我们必须注意到，自然人、法人和其他组织不能当然等同于消费者。消费者这一概念是人类社会发展到一定历史阶段所提出的一个具有特定含义的概念，即在人类社会商品经济发展后出现的具有特定的经济和法律含义的概念。

案例精选

1996 年 1 月 4 日，大学生耿某在南京某商场买了三套被标明为"羊绒衫"的"松柏"牌保暖衬衫。在商场出具的发票上，写明了货品为"羊绒衬衫"，而事实上该货品的羊绒含量不到 2%。第二天，耿某以衬衫不是羊绒，商场有欺诈行为为由，要求商场依照《消费者权益保护法》第 49 条支付双倍赔偿。遭到拒绝后，他向法院提起诉讼。法院驳回了他的诉讼请求。法院认为，原告于 1 月 4 日在被告处购买之前，曾在另一家商场购买了同样的衬衫并获得了赔偿，故具有一定的商品知识。法院这样判决的另一个理由是，把含有 2% 羊绒的衬衫标作"羊绒衬衫"并无不当，被告并未构

① 廖向阳，王琪．论金融消费者的界定及司法救济的功能定位［J］．人民司法，2014（2）．

成欺诈行为。

【案例解析】耿某购买这三套保暖衬衫的目的不是生活消费需要，而是索赔，因此其不是《消费者权益保护法》中所称的消费者，当然不能用该法来调整此纠纷。另外，耿某在此之前曾在另一家商场购买了同样的衬衫并获得了赔偿，故具有一定的商品知识，以获利为目的购买假货也不属于真正的“消费者”。

关键术语

消费者是指为满足生活需要而购买、使用商品或接受服务的，由国家专门法律确认其主体地位和保护其消费权益的人。

二、消费者权益保护法概述

消费者权益保护法，是指保护消费者权益的法律规范的总和，即凡是以保护消费者在购买、使用商品或接受服务时所应享有合法权益为内容的法律规范都可归入消费者权益保护法的范畴。[①] 消费者权益保护法所保护的消费者权益主要有两种：一种是人身利益，即消费者对其一般人格利益、生命权、身体权、健康权、荣誉权、名誉权、姓名权、肖像权等享有的不受经营者直接或间接侵害的权利；另一种是财产利益，即指消费者的合法财产不受经营者侵犯以及消费者在交易过程中所享有的公平交易的权利。

消费者权益保护法具有以下特征：

第一，调整对象的特定性。消费者权益保护法以消费者这一社会群体作为调整对象，是专门为保护他们的合法利益所制定的法律规范，这是消费者权益保护法最重要的特点，也是消费者权益保护法区别于其他法律的主要方面之一。

第二，调整法律关系的特殊性，消费者权益保护法是为调整以消费者为主体的民事法律关系而制定的法。其目的是解决消费者与经营者之间的民事法律关系利益分配失衡的问题。

第三，利益分配的侧重性。消费者权益保护法是调整消费者与经营者之间利益分配的法。

消费者权益保护法对双方当事人之间的利益关系的调整，采取了不同于民法对一般民事法律关系调整时所采用的对双方当事人利益平等保护的做法，而是以侧重保护消费者的利益为立法宗旨，赋予消费者更多权利，赋予经营者更多义务，在消费者与经营者之间的利益分配上明显侧重消费者。

第四，经营者责任的多元化。在消费者权益保护法中，针对经营者侵害消费者权益的情况，既规定了经营者应承担的民事责任，也规定了经营者的行政责任和刑事责任。

第五，消费者救济途径的多样性。在救济途径上，既鼓励消费者通过协商、自力救

① 徐媛媛. 案例指导制度中的理性建构偏好——基于审判指导性案例的展开［J］. 国家检察官学院学报，2019（5）.

济的方式解决纠纷；也倡导消费者通过消费者协会解决纠纷；同时为消费者提供了多元化的公力救济途径解决纠纷。总之，有助于解决消费纠纷、达成对消费者权益保护的目的。这与传统法律部门单一的调整方法有所不同，是一种包括多种法律调整方法和调整手段综合运用的法类型。

第六，法域的现代性，消费者权益保护法是为解决现代社会消费者问题而制定的法，它具有现代法的特色。作为现代性法律，首先，它所针对的问题是现代社会所特有的问题，而非人类各个社会阶段普遍存在的问题。因此，它与历史上大多数的法律不同。其次，消费者权益保护法作为现代性法律，既有专门性也有综合性，与古代法只有综合性、近代法只强调专门性有所不同。最后，消费者权益保护法作为现代法，体现了现代法的精神。古代法属于社会控制法，法律主要作为社会控制工具出现的；近代法属于自由法，法的精神强调人的自由和人的解放，强调人的个性张扬；现代法则属于保障法，在保障人的自由的同时，保障人的生存（特别是弱者）和利益的相对平衡。

关键术语

消费者权益保护法是为保护消费者的合法权益，维护社会经济秩序，促进社会主义市场经济健康发展而制定的法。

三、消费者权益保护法的原则

（一）自愿、平等、公平、诚实信用和依法交易原则

自愿、平等、公平、诚实信用是市场交易的基本原则，依法交易是消费者权益保护法对经营者的最低要求，也是经营者在与消费者进行交易时的法定义务。这一原则要求经营者与消费者进行交易时，诚实守信，尊重消费者的意愿，不得恃强凌弱，不得采取欺诈或者其他违法手段，不得损害消费者的合法权益。

（二）对消费者予以特别保护原则

对消费者予以特别保护是消费者权益保护法的根本宗旨，也是贯穿该法的一项基本原则。消费者权益保护法只规定消费者权利而不规定义务和只规定经营者义务而不规定其权利，以及该法在消费争议解决、消费者权益受损救济等问题上所创设的一系列有利于消费者的制度，均突破了传统法律平等保护的思想，体现了现代立法对实质公平的追求。

（三）国家保护和社会监管相结合的原则

由于消费者与经营者地位上的不平等，需要国家对消费关系进行干预，达到实质上的平等。同时，由于客观上的原因，国家的干预和监督也会存在种种局限，尤其是以保护消费者权益为宗旨的消费者权益保护法，这就要求社会各类组织和个人参与到对涉及消费者权益的经济与社会活动的监督中来。我国《消费者权益保护法》也明确规定了这一原则，确立了国家保护与社会监督相结合的全面保护的基本指导思想。

四、消费者权利的法律界定

（一）消费者权利概述

关于消费者权利在法律上的界定，从宏观上看，消费者权利具有普遍性、基础性和内容的广泛性等特点，是生存权的重要组成部分，是人权在新的历史时期的新发展。从微观上看，部分消费者权利，如安全权、选择权等具有私权的特征，而结社权、受教育权等则明显具有社会权的属性。因此，诸项消费者权利存在着宪法、民法、经济法乃至社会法多重属性交错的情况。从制度设置目的这一整体角度看，消费者权利则完全可以视为经济法意义上的权利。

（二）我国立法保护的消费者权利

1. 安全保障权

消费者在购买、使用商品或接受服务时所享有的保障人身和财产安全不受侵害的权利，是消费者最基本的权利。

案例精选

某大学组织学生到野生动物园秋游，校方事先向某汽车租赁公司预定了四辆大巴，并由汽车租赁公司提供司机，游园至中午，大巴驶入野兽区，不知什么原因，行驶在前方的大巴停车了，很久都没再发动起来，紧跟其后的大巴也只好纷纷停下来，遗憾的是，动物园的排除故障的车没有出现，后边的大巴的一名司机下车前去协助，数分钟后他的行动被6只老虎发现了，老虎扑向司机，几分钟后动物园的版马车和驯养师才赶到将老虎驱散，并将受伤的司机送往医院，司机最终因伤势严重死亡，动物园在游客进入游览区有如下规定：“在车驶入游览区后，禁止停车，打开门窗，擅自下车，否则发生意外，一切责任自负。”

【案例解析】动物园在游园指南、车入区等多处写有“禁止停车，擅自下车”等警示语，动物园虽然确已尽到了提醒义务，但是动物园的游客实际上是享受服务的消费者，根据《消费者权益保护法》的规定：“消费者在购买、使用商品和接受服务时享有人身财产安全的要求。”因此游客的人身安全应从进入动物园起直至出园时止。动物园方面不能以游客进园时已警告过而对实际发生的动物伤人事件免责。但是，由于本案中司机本身对事故的发生也有一定程度的过失，动物园因此可以减轻部分责任。

2. 知情权

消费者享有知悉其购买、使用的商品或者接受的服务的真实情况的权利。消费者有权了解商品和服务的真实情况；消费者有权充分获取其购买的商品或服务的相关信息。

案例精选

大学生甲（24岁）在某商场购得一台“多功能扫地机”，回去试用后发现该产品只有一种功能，遂向商场提出退货，商场答复:“该产品说明书未就其性能做明确说明，这是厂家的责任，所以顾客应向厂家索赔，商场概不负责。”

【案例解析】《消费者权益保护法》规定：消费者享有知悉其购买、使用的商品或者接受的服务的真实情况的权利。消费者有权根据商品或者服务的不同情况，要求经营者提供商品的价格产地生产者用途性能规格等级主要成分生产日期有效期限检验合格证明使用方法说明书售后服务，或者服务的内容规格费用等有关情况，生产厂家都应对该产品负责，应由商场现行按照消费者甲的要求给与退货，然后商场可以向生产厂家追偿损失。

3. 选择权

选择权是指消费者享有的根据自己的意愿自主选择其购买商品及接受服务的权利：可以自主选择经营者；自主选择商品品种和服务方式；自主决定购买或不购买商品、接受或不接受一项服务；在自主选择商品或服务时有权进行比较、借鉴和挑选。

案例精选

大学生张某（女，22岁）与大学生刘某（女，20岁）至某百货商场化妆品自选柜台选购化妆品，两人在此挑选使用约20分钟，因未选中合适的化妆品想离开商场。为某品牌搞促销的王某极力劝说二人购买此商品，在二人要离开之际对二人硬拉硬扯，而且说话态度粗鲁，最终二人坚持不买。二人走到店门口时被一名营业员和一名保安拦住，指控二人偷了化妆品，要求检查二人的皮包，遭到二人的拒绝。迫于无奈二人交出皮包，经检查未发现化妆品，保安进一步指出要对二人搜身检查并对二人强行搜身，仍未找到。二人愤然离开商场并向法院提起诉讼，要求该商场赔礼道歉并为其恢复名誉并赔偿精神损失3000元。

【案例解析】我国《消费者权益保护法》规定：消费者享有自主选择商品或接受服务的权利。自主决定购买或者不购买任何一种商品。促销员王某虽未对消费者的人身财产构成损失，但有违消费者的自主选择权。消费者在购买、使用商品和接受服务事项有人格尊严，民族风俗习惯得到尊重的权利，本案中，某百货商场对张刘二人强行搜身检查的行为违反了《消费者权益保护法》，侵犯了消费者的人格尊严的权利，应依法承担责任。

4. 公平交易权

公平交易权是消费者在与经营者之间进行消费交易中所享有的获得公平交易条件的权利。消费者有权要求商品或服务应当具备公众普遍认为其应当具备的功能或质量；消费者有权要求商品或服务的定价合理，价格公允；消费者有权要求商品或服务的计量正确，不得克扣或短斤少两、不得降低服务水准；消费者有权拒绝经营者的强制交易行为。

案例精选

大学生甲在商场购买了电脑一台，使用三个月后发生故障，在“三包”有效期内经两次修理，仍不能正常使用，甲要求与商场退货，遭到拒绝。

【案例解析】该商场违反了《消费者权益保护法》中对消费者享有公平交易权的规定。消费者享有公平交易的权利，是指消费者在购买商品时或接受服务时，有权获得质量可靠，价格合理，计量正确等公平交易条件等权利。在案例中促销员侵犯了消费者的公平交易权，消费者的公平交易权规定消费者有权拒绝强买强卖等不法行为。

5. 获得赔偿权

获得赔偿权是指消费者在因购买、使用商品或者接受服务受到人身、财产损害时，依法享有要求并获得赔偿的权利，它是弥补消费者所受损害的必不可少的救济性权利。

6. 成立维权组织权

消费者享有依法成立维护自身合法权益的社会组织的权利。

7. 获得知识权

消费者享有获得有关消费和消费者权益保护方面的知识的权利。消费者应当努力掌握所需商品或者服务的知识和使用技能，正确使用商品，提高自我保护意识。

8. 受尊重权及信息得到保护权

消费者在购买、使用商品和接受服务时，享有人格尊严、民族风俗习惯得到尊重的权利，享有个人信息依法得到保护的权利。

9. 监督权

消费者享有对商品和服务以及保护消费者权益工作进行监督的权利。消费者有权检举、控告侵害消费者权益的行为和国家机关及其工作人员在保护消费者权益工作中的违法失职行为，有权对保护消费者权益工作提出批评、建议。

关键术语

消费者权利是指消费者在有偿获得商品或接受服务时，以及在以后的一定时期内依法享有的权益。

五、消费者权利的法律救济

消费者权益争议，简称消费争议或消费纠纷，是指经营者与消费者在购买、使用商品或接受服务过程中发生的权益争议。

（一）消费者权益争议的解决

我国《消费者权益保护法》规定了五种争议解决途径。在产生消费者权益争议时，作为消费者可以采取以下方式解决争议：一是与经营者协商和解；二是请求消费者协会调解；三是向有关行政部门投诉；四是根据仲裁协议提请仲裁机构仲裁；五是向人民法院提起诉讼。

消费纠纷通常具有小额性、多样性、复杂性、群体性等特点，因此不能简单重复一般民间纠纷的争议解决途径，应当针对消费者纠纷的特殊性设置特殊的争议解决机制，畅通消费者诉求表达、矛盾化解、权益维护的渠道。

（二）解决争议的几项特殊规则

1. 销售者的先行赔付义务。消费者在购买、使用商品时，其合法权益受到损害的，可以向销售者要求赔偿。销售者赔偿后，属于生产者的责任或者属于向销售者提供商品的其他销售者的责任的，销售者有权向生产者或者其他销售者追偿。

2. 生产者和销售者的连带责任。消费者或者其他受害人因商品缺陷造成人身、财产损害的，可以向销售者要求赔偿，也可以向生产者要求赔偿。属于生产者责任的，销售者赔偿后，有权向生产者追偿；属于销售者责任的，生产者赔偿后，有权向销售者追偿。此时，销售者与生产者可看作一个整体，对消费者承担连带责任。

3. 消费者在接受服务时，其合法权益受到损害的，可以向服务者要求赔偿。

4. 营业执照持有人与租借人的赔偿责任。消费者在购买、使用商品或者接受服务时，其合法权益受到损害，因原企业分立、合并的，可以向变更后承受其权利义务的企业要求赔偿。

5. 变更后的企业仍应承担赔偿责任。使用他人营业执照的违法经营者提供商品或者服务，损害消费者合法权益的，消费者可以向其要求赔偿，也可以向营业执照的持有人要求赔偿。

6. 展销会举办者、柜台出租者的特殊责任。为了在展销会结束后或出租柜台期满后，使消费者能够获得赔偿，法律规定消费者在展销会、租赁柜台购买商品或者接受服务，其合法权益受到损害的，可以向销售者或者服务者要求赔偿。展销会结束或者柜台租赁期满后，也可以向展销会的举办者、柜台的出租者要求赔偿。展销会的举办者、柜台的出租者赔偿后，有权向销售者或者服务者追偿。

7. 网络平台提供者的特殊责任。消费者通过网络交易平台购买商品或者接受服务，其合法权益受到损害的，可以向销售者或者服务者要求赔偿。网络交易平台提供者不能提供销售者或者服务者的真实名称、地址和有效联系方式的，消费者也可以向网络交易平台提供者要求赔偿。

网络交易平台提供者作出更有利于消费者的承诺的，应当履行承诺。网络交易平台提供者赔偿后，有权向销售者或者服务者追偿。

网络交易平台提供者明知或者应知销售者或者服务者利用其平台侵害消费者合法权益，未采取必要措施的，依法与该销售者或者服务者承担连带责任。

从事虚假广告行为的经营者及相关主体的责任。广告对消费行为的影响人尽皆知。

为规范广告行为,《广告法》《反不正当竞争法》《消费者权益保护法》均对虚假广告做了禁止性规定。《消费者权益保护法》规定:(1)消费者因经营者利用虚假广告或虚假宣传方式提供商品或者服务,其合法权益受到损害的,可以向经营者要求赔偿:广告经营者、发布者发布虚假广告的,消费者可以请求行政主管部门予以惩处。(2)广告经营者、发布者不能提供经营者的真实名称、地址和有效联系方式的,应当承担赔偿责任;广告经营者、发布者设计、制作、发布关系消费者生命健康商品或者服务的虚假广告,造成消费者损害的,应当与提供该商品或者服务的经营者承担连带责任。(3)社会团体或者其他组织、个人在关系消费者生命健康商品或者服务的虚假广告或者其他虚假宣传中向消费者推荐商品或者服务,造成消费者损害的,应当与提供该商品或者服务的经营者承担连带责任。

✧ 思考与研讨题

1. 如何理解消费者的概念?
2. 消费者的权利有哪些?
3. 消费者权利法律救济方式有哪些?

第六章　大学生必备就业法律知识

◆ **本章要点**

1. 劳动法概论
2. 什么是劳动关系
3. 求职中应注意什么
4. 劳动者与用人单位的义务

大学生毕业后总需要面临就业问题，大学生通过就业必然会与其他主体形成劳动关系，对于大学生而言，也正式步入了劳动关系社会。因此，劳动法对于大学生而言具有举足轻重的作用，它不仅是就业者应当遵循的法律规范，更是就业者的合法权益遭受侵害时的重要武器。

第一节　劳动法概论

劳动法律制度有其自身的理论体系，它以劳动法基本术语为逻辑起点，通过对基本术语的演绎推理，揭示劳动者的基本特点，确立劳动法基本原则，限定劳动法的适用范围，并最终形成完整的劳动法制度体系。

一、劳动法的概念和特点

科学而准确的劳动法概念，不仅是劳动法内在本质属性的体现，而且也能反映出劳动法的特点并实现其与相关部门法的区分功能。

（一）劳动法的概念

劳动法的概念，不同视角有不同的表述。就立法目的而言，劳动法是保护劳动者合法权益，促进劳动关系和谐稳定的法；就主要调整范围而言，劳动法是劳动法律关系的法；就基本内容而言，劳动法是主要包括就业促进、劳动合同、集体劳动关系、劳动基准、劳动监察、劳动争议处埋等方面法律规范的法。作为一个合乎逻辑规范的法律概念，劳动法是调整劳动关系以及与劳动关系有密切联系的其他社会关系的法律规范的总称。

（二）劳动法的特点

劳动法的特点是能够揭示劳动法本质属性的核心要素。理论上研究和归纳劳动法的特点，其意义在于方便人们对劳动法的认识，并使其区别于其他法律部门。

1. 私法与公法相兼容

法律制度变革及其理论创新，均基于社会客观需要。因此，社会客观需要既是劳动法产生的正当性基础，也能反映劳动法的特殊性。就法律历史演进过程而言，劳动法是从民法中分离出来的一个部门法，与民法有着天然的联系。私法的调整方法和基本原理，对劳动法制度的构建具有基础性地位和作用，譬如意思自治、平等协商、等价有偿、诚实信用等私法理念和原则，仍然是劳动合同法的制度基础。劳动法从民法中分离出来后，突破了单一私发理念的束缚，注入了一系列公法理念和调整方法，如制定劳动标准、禁止不当解雇、反对就业歧视、恶意欠薪入刑等，使劳动法成为一部公法与私法兼容的部门法。劳动法的公法、私法融合是实质性的融合，表现为同一法律规范两种性质手段的综合运用。譬如：在招工方面，既尊重用人单位的用工自主权，又在程序上坚持面向社会、公开招收、择优录用原则；在劳动合同订立方面，既强调契约自由、自愿平等，又禁止任何形式的就业歧视，要求权利义务的约定不得违反劳动基准的最低标准；在劳动报酬方面，既奉行按劳取酬和同工同酬的私法理念，也实行最低工资保障原则；在劳动合同履行与解除方面，既遵循私法的诚实信用原则，监督双方当事人恪守合同约定，也赋予劳动者自由灵活的单方解除劳动合同的权利。

2. 自愿约定与强制标准相结合

劳动法律制度是以市场为基础构建起来的制度体系，调整商品交换关系的私法理念和基本规则，仍然发挥着主导作用，合同法的基本原理，仍然是劳动合同法律制度中的逻辑主线，劳动合同订立，必须遵从平等、自愿、协商一致原则。但是，劳动合同的客体，恰恰是无法与劳动者人身相分离的劳动给付行为。因此，以劳动者基本人权保障为立法目的的劳动基准，构成了劳动法的显著特征，与劳动者基本人权相关的权利义务，也必然成为劳动基准的核心内容。在劳动法强制性标准面前，劳动者与用人单位关于劳动合同权利义务的约定受到限制。譬如：用人单位与未满 16 周岁未成年人签订劳动合同、订立具有歧视性劳动合同条款、通过合同约定排除用人单位职业安全与职业健康责任、双方约定的工资低于最低工资标准、订立强迫劳动者劳动的合同、合同约定内容损害劳动者人格尊严等，都将在劳动法强制性标准和规定面前，被认定为约定无效。

3. 实体法与程序法相统一

实体法与程序法是对法律属性的一种理论划分。通常而言，实体法是以规定和确认权利义务以及职权和责任为主要内容的法律。程序法是以规定保证权利和职权得以实现或行使、义务和责任得以履行的有关程序为主要内容的法律。实体法与程序法相互依存，一般情况下，实体法都有与之相配套的程序法。如民法与民事诉讼法，刑法与刑事诉讼法。劳动法是综合性的部门法，实体法与程序法在劳动法律规范体系中构成了一个统一的整体，许多实体性劳动权利义务，必须依赖程序性规定才能将其界定清晰。譬如：以保障劳动者就业权利平等的“面向社会、公开招收、择优录用”的程序性规定；与集体协商权相关的集体协商程序；与劳动争议处理相关的具体程序等，都充分体现了实体法与程序法相统一的综合性特点。

二、劳动法的适用范围

劳动法的适用范围，通常指劳动法发生作用的范围。我国《劳动法》第 2 条规定："在中华人民共和国境内的企业、个体经济组织（以下统称用人单位）和与之形成劳动关系的劳动者，适用本法。国家机关、事业组织、社会团体和与之建立劳动合同关系的劳动者，依照本法执行。"因此，我国《劳动法》的适用范围，主要包括两个方面。

（一）主体的适用范围

我国《劳动法》的适用范围以法定用工主体为标准确定，具体适用范围主体主要有六类：（1）企业。包括经依法核准登记设立的各种不同类型的企业。（2）个体经济组织。依法核准登记并取得营业执照的个体工商户，招用劳动者形成的劳动关系。（3）民办非企业单位。随着我国市场经济体制与机制的不断完善，2007 年我国《劳动合同法》将民办非企业单位产生的劳动关系纳入劳动法专门适用范围。根据《民办非企业单位登记管理暂行条例》的规定，民办非企业单位主要有各种民办的学校、医院、科研院所、文艺团体等组织。（4）事业单位。我国事业单位在实行聘用制用工制度改革之后，聘用制工作人员与事业单位产生的聘用劳动关系，依据《劳动合同法》第 96 条规定，属于劳动法的适用范围。（5）国家机关和社会团体。国家机关和社会团体在《公务员法》适用范围之外采取劳动合同制方式招聘工勤人员或非公务员岗位劳动者所建立的劳动关系，属于劳动法适用范围。（6）会计师事务所等合作组织和基金会。根据《劳动合同法实施条例》第 3 条的规定，依法成立的会计师事务所、律师事务所等合伙组织和基金会，属于劳动合同法规定的用人单位。

（二）地域上的适用范围

凡是在中华人民共和国境内（香港、澳门、台湾地区除外）与劳动法确认的用工主体之间产生的劳动关系，均适用我国《劳动法》，也包括外国企业在中国境内设立的外商投资企业和中国企业派往外国的劳动者。

三、劳动法的基本原则

劳动法的基本原则，是体现劳动法本质与精神，并在劳动立法、法律规范实施过程中发挥指导作用的基本准则。劳动法基本原则，能够反映劳动法的基本理念和立法精神，揭示劳动法本质特征，具有高度的抽象性、权威性和稳定性，对劳动立法和劳动法律规范实施具有普遍指导意义。

（一）确立劳动法基本原则的标准

由于我国劳动法发展起步较晚，理论研究相对薄弱，不仅《劳动法》中没有基本原则的立法确认，而且理论研究和劳动法教材也是各不相同，至今未能形成被多数人认同的原则体系。依据劳动法基本原则在劳动法"理念—原则—规则"规范逻辑体系中的地位和作用，确立劳动法基本原则，可以从三个视角进行分析。

1. 劳动法价值目标视角

劳动法基本原则，由其制度价值目标、基本理念基本思想等具有内在逻辑联系的本质属性演化而来，是劳动法律制度价值追求与基本理念的具体化及其延伸。反过来，劳动法基本原则也应当蕴含劳动法价值追求和基本理念。

2. 劳动法特点视角

由劳动法价值目标和基本理念衍生的劳动法基本原则，必然能够揭示劳动法本质特征，生成劳动法特殊的调整手段与调整方法。因此，从劳动法的特点、劳动法与相关法律之间的关系、劳动法特殊的调整手段与方法，既可以验证我们提炼出来的劳动法基本原则，也是判断劳动法基本原则是否具有科学性的核心标准。

3. 基本原则功能作用视角

任何一个部门法的基本原则，都必然有其作为基本原则的功能、作用和法律意义。当我们难以判断一项法律原则能否具备科学性时，从该法律原则的功能、法律意义视角考察，就具有十分重要的方法论意义。总之，如果我们总结、抽象出来的劳动法基本原则，不能支持劳动法价值目标，没有蕴含劳动法基本理念和特殊的调整方法，无法在劳动法实施过程中发挥一般准则作用，不能解决具体规范确实或模糊时的法律适用，那么归纳的原则也就缺乏科学性。

（二）劳动法基本原则内容

根据基本原则的本质属性和确立标准，我国劳动法的基本原则可以归纳为劳动自由、劳动者权益保障和劳动协调三项。三项原则具有内在的逻辑联系，共同构成了劳动法的原则体系。

1. 劳动自由原则

劳动自由原则是指劳动者按照自己的意愿决定是否参与社会劳动以及根据社会需要和自己的特长、兴趣爱好自由选择职业的权利。禁止任何形式的强迫或强制劳动，保障劳动者不违背自己意愿并屈从于被迫的社会分工或职业，是国际劳工组织分别在1930年第29号《强迫劳动公约》和1957年第105号《废除强迫劳动公约》确立的原则，也是马克思揭示的社会化劳动产生的基本条件。

劳动自由，作为劳动法的基本原则，其理论依据在于：第一，它是劳动法诞生的基础。劳动力成为商品既是货币转化为资本的前提，也是资本主义生产方式的特征。劳动法作为资本主义社会化生产方式的产物，自然与劳动力成为商品产生了内在逻辑联系。劳动者只有获得人身自由，才能在市场上与货币占有者“彼此作为身份平等的商品占有者发生关系，所不同的知识一个是买者，一个是卖者，因此双方是在法律上平等的人”。[①]第二，它是劳动法律制度体系的逻辑起点。劳动者将自己的劳动力作为商品出卖，仅仅是对一定时间的劳动力使用权的暂时让渡，并非把劳动力一下全部卖完，否则就是出卖自己的人身，劳动者也就成了奴隶。劳动自由原则不仅要求劳动就业过程中的自

① 马克思恩格斯文集：第5卷. 北京：人民出版社，2009：195.

愿、平等和协商一致，实际上整个劳动法律规范体系，都是以劳动者的劳动自由为前提设计的。第三，它是由劳动关系人身性质决定的。劳动关系是劳动过程中形成的社会关系，它以劳动力使用权的有条件让渡为核心。劳动力依附活的人的个体而存在，并通过人的活动才能使用。在人类法律拟制的全部权利中，人权是一项被优先保护的权利，而自由又是人权的基石。第四，它是人自身发展的需要。人的自由全面发展是社会发展与进步的基本标志，也是马克思主义对理想社会的追求。社会发展的实质是人的发展。人的发展只能建立在劳动实践活动的基础之上，而能够促进人的发展的劳动，又只能是人的自由劳动。

劳动自由原则，在劳动法律规范内容体系中主要体现在三个方面：第一，劳动法律制度设计以劳动者的劳动意愿为前提。第二，劳动合同法直接以劳动自由作为其制度基础，并坚持“平等自愿、协商一致”的劳动合同订立原则。第三，劳动自由原则贯穿于整个劳动法律规范内容体系。

2. 劳动者权益保障原则

劳动者权益保障原则是指对劳动者合法权益的特别保护或者倾斜性保护。保护劳动者合法权益是劳动法的基本目标，也是我国劳动立法的宗旨。《劳动法》和《劳动合同法》第 1 条开宗明义地指出，“为了保护劳动者的合法权益”制定本法，这是我国劳动法立场观点的集中体现。劳动者权益保障原则，充分体现了劳动法的基本理念和价值追求。它一方面要求国家在劳动立法中对劳动者权利实行倾斜配置，以实现劳动者权利实质平等的价值目标；另一方面，要求在劳动法实施过程中对劳动者合法权益给予特别性保护，即当运用具体法律规范难以作出维护劳动者或用人单位利益判断时，应当倾向于重点保护劳动者权益。

3. 劳动协调原则

劳动协调原则是劳动法调整劳动关系的基本准则。协调，既是一种状态，也是一种调整方法。作为状态，表现为劳资双方良好的合作与配合，表现为劳动关系的和谐稳定；作为方法，是指劳资双方特有的沟通、协商、谈判的自治机制，是指国家或政府对劳动关系和劳资利益失衡的适度干预。

劳动协调作为劳动法基本原则的客观基础，源于劳动关系的特殊性。劳动关系是劳资双方利益互相依存的社会关系。信赖是劳动关系存续的基础，合作是劳动关系存在的基本形式。马克思对资本主义生产方式的分析，不仅以协作劳动形式为基础，而且揭示了协作劳动在创造生产力、提高个人工作效率等方面的特殊作用①。因此，劳资双方协调与配合程度，客观上决定了双方利益可能实现的程度。劳动关系，也是劳资双方利益相冲突的社会关系。用人单位获取超过合理限度的利益，必然以劳动者合理利益的减损为条件。资本的逐利性和劳动关系的从属性，使劳动者合法权益常常处于易受侵害的境况之中。劳动关系中劳资利益的存在和冲突，决定了“协调”必然成为劳动法调整劳动关系的基本方式。通过劳资双方沟通、协商、谈判等自治性协调机制，促进劳资双方合作

① 马克思恩格斯文集：第 5 卷. 北京：人民出版社，2009：378-379.

与信赖，实现稳定劳动关系和构建和谐劳动关系的立法目标；通过建立劳资政三方协调机制，实现劳动关系不同主体之间的利益平衡。

四、劳动法的体系

按照不同的逻辑标准，劳动法律体系可以分为渊源体系和内容体系。这种分类的意义在于方便对劳动法制度内容体系的整体认知与把握。

（一）劳动法渊源体系

劳动法渊源体系，也称劳动法形式体系，即以劳动法律效力为标准构成的法律规范形式体系。我国劳动法渊源体系，主要由以下不同层次劳动法律规范构成：

1. 宪法

宪法是国家的根本大法，也是任何一项具体法律制度的基本渊源。我国宪法确立了劳动法的基本目标、任务和原则，是我国劳动法的立法依据和基础。譬如我国《宪法》第 42 条至第 45 条分别确立了劳动者的劳动权、休息权、社会保障权、物质帮助权等基本权利。这些规定是我国劳动立法的基本依据。

2. 法律

法律是指全国人民代表大会及其常务委员会通过的基本法或专门法，其效力仅次于宪法。我国全国人民代表大会及其常务委员会指定的众多劳动法律中，《劳动法》属于基本法，其他法律属于专门法，譬如《中华人民共和国劳动合同法》《中华人民共和国社会保险法》《中华人民共和国就业促进法》等。劳动基本法是对我国劳动关系调整的基本的制度设计，既有其内在的制度逻辑体系，也具有内容的全面性和劳动法律规范的综合性。劳动专门法是针对劳动法特定问题所作的专门的制度设计，具有专门制度的内容体系和逻辑结构体系。

3. 行政法规

行政法规是指由国务院依据宪法和法律制定的法律规范。国务院制定的劳动法律规范数量较多，譬如《女职工劳动保护特别规定》《工伤保险条例》《对外劳务合作管理条例》等。劳动行政法规，通常是为更好地实施劳动法律而制定的配套性细则，或者是在劳动法律立法条件尚未成熟时，由国务院制定的试行或者暂行性质的法律规范，例如《社会救助暂行条例》等。劳动行政法规应当依据宪法和法律制定，其内容不得与宪法和法律规定相冲突。

4. 地方性规定

劳动法领域的地方性规定，是指省级地方人民代表大会及其常务委员会或者《立法法》规定的市级地方人民代表大会及其常务委员会制定的劳动法领域的法律规范。地方性劳动法规，依据相关法律和行政法制定，并不得与法律和行政法规相冲突。地方性劳动法规通常是为了法律和行政法规实施而指定的配套性、具体化的劳动法律规范，譬如《江苏省劳动合同条例》《山东省劳动合同条例》等。

5. 规章

劳动法领域的规章包括部门规章和地方性规章。劳动法部门规章，是指由国务院有关部委制定的劳动法律规范。譬如《就业服务与就业管理规定》《工伤职工劳动能力鉴定管理办法》《劳务派遣暂行条例》等。劳动法地方性规章，是指省级人民政府或者《立法法》第 91 条规定："部分规章之间、部门规章与地方性政府规章之间具有同等效力，在各自的权限范围内施行。"劳动法地方性规章的内容，一般仅限于上位法没有规定的临时的和具体的劳动关系事项，是政府在劳动管理职能方面依法行政的重要方式。

（二）劳动法内容体系

劳动法内容体系，是指按照劳动法律规范内容构成的具有内在逻辑联系的内容结构。劳动法内容体系由就业促进法律制度、个别劳动关系法律制度、集体劳动关系法律制度、劳动基准法律制度、劳动行政监察法律制度和劳动争议处理法律制度构成。

关键术语

劳动法是调整劳动关系以及与劳动关系有密切联系的其他社会关系的法律规范的总称。

第二节　劳动法概述——什么是劳动关系

任何部门法都有其调整的特定类型的社会关系。劳动关系正是劳动法所调整的主要对象。

一、劳动关系的概念

劳动关系是劳动者与用人单位之间在实现社会化劳动过程中产生的社会关系。劳动法调整劳动关系的具体范围，是劳动法律制度价值目标以及将某一类劳动者纳入劳动法特殊保护范围必要性程度决定的。劳动法通过对劳动者和用人单位主体资格认定标准的调整，使劳动关系的具体范围随着社会发展需要而不断变化。就发展演变的规律性而言，劳动法调整劳动关系的具体范围，呈现着逐渐扩大的趋势。

二、劳动关系的特点

（一）主体资格法定

劳动法调整的劳动关系范围大小，是由劳动法确立的劳动关系主体资格所决定的。劳动关系双方的主体资格，必须由劳动法确认。我国劳动法关于劳动者主体资格的年龄标准，除国家另有规定外，必须年满 16 周岁。我国劳动法对用人单位主体资格的认定标准，是有关机关的审批或者登记，经批准或者登记设立的法人、非法人组织、个体工商户等依法取得用人单位主体资格，享有用工权利。家庭，在我国现行劳动法中还不认可其用人单位主体资格。因此，家庭与聘请的帮工或者家政服务人员所形成的社会关系，现在还不属于劳动法的调整范围。劳动法对劳动关系主体资格认定标准和范围，并非一成不变，根据不同的社会发展阶段、劳动法的价值目标，需要适时调整。

（二）产生于社会化生产过程中

劳动法调整的劳动关系，不仅具有劳动给付与劳动报酬对价的市场性质，而且还必须具有产业关系的社会化属性。劳动法的产生与独立，或者劳动法特殊的制度理念和调整方法，都与社会化大生产有着密切的关系。社会化大生产背景下的劳动关系，远远超出了民法上劳动力出卖与购买的纯商品属性。劳动环境与劳动条件的恶劣、劳动力生产与使用的可持续性威胁、职业伤害与职业风险的控制等社会问题，无不是社会化大生产的产物。因此，劳动关系的社会化，构成了劳动法调整的劳动关系的基本特点。譬如，当家务劳动未走向社会的时候，劳动法不可能调整这类社会关系。一旦家务劳动逐渐趋向社会，成为社会劳动的一部分，具备了社会化劳动属性的时候，也就具备了劳动法调整的必要性。

（三）具有财产与人身双重属性

劳动法所调整的劳动关系，首先是以其财产属性为基础的。用人单位要通过社会化劳动过程实现自身利益目标，就必须雇用大批劳动者；劳动者为了获得赖以生存的物质资料，只能通过劳动给付获得劳动报酬。这种以对价给付为主要内容的财产性社会关系，既是早期劳动关系纳入民法调整的原因，也是现代劳动关系的基础。劳动法所调整的劳动关系，同时也具有典型的人身属性。劳动者在劳动给付实现的过程中，其人身在客观上也受到一定程度的限制，使劳动关系具备了典型的人身性质。劳动关系的财产性与人身性又相互交织在一起。正是基于这种不能分割的社会关系，才导致了不能纯粹用私法或者公法理念调整的结果。基于劳动关系的财产属性，衍生出了劳动者的劳动义务和用人单位的报酬支付义务；基于劳动关系的人身属性，一方面产生了劳动者忠实地维护用人单位的利益、不断提高劳动技能、服从用人单位劳动纪律义务，另一方面产生了用人单位保护劳动者生命安全、身体健康和职业培训的义务。

（四）平等性与从属性相互交织

劳动法调整的劳动关系，除具有一般合同法上的自愿平等特性之外，更重要的是还具有这类关系中双方当事人的从属性。因此，从属性是劳动法调整的劳动关系的本质特征。劳动关系的存在，以实现正常劳动过程和用人单位生产经营利益目的为前提。劳动关系的目的性和劳动过程实现的特殊性，产生了用人单位对劳动过程的控制权。一方面，用人单位以实现正常劳动秩序为目的，合理调配劳动者，组织、指挥和协调劳动过程，是劳动关系中用人单位的基本权利；另一方面，用人单位合理行使控制权，也是劳动者服从组织、指挥和劳动调配，遵守劳动纪律义务的基础。

三、劳动关系与劳务关系的区别与判定

劳动关系的特点，不仅揭示了劳动关系本质属性，而且是区别劳动关系和劳务关系的基本判断标准。由于劳动关系和劳务关系都以劳动者向他人提供劳动给付为前提，因此，二者经常容易被混淆。在借助劳动关系特点区分劳动关系与劳务关系时，应当注意：

一是劳动关系的用工主体，必须是符合劳动法规定的用人单位主体资格，并依法拥

有招收、使用劳动者的法律权利。

二是应用辩证发展的观点把握劳动关系的从属性。在传统的生产经营方式下，判断是否具有从属性，主要通过劳动者与用人单位的依附程度、劳动者遵从用人单位劳动纪律、上下班时间、劳动者与用人单位工资关系等进行识别。但在现代生产经营方式特别是网络时代中，单靠传统识别要素并不能准确判定是否属于劳动关系。当越来越多的工作岗位并不需要在办公室或者特定时间完成、劳动报酬可以通过劳动数量进行核算的时候，传统的纪律从属和工资关系从属标准，便会失去应有的价值。现代社会劳动关系从属，主要表现为用人单位对劳动过程、劳动力资源配置、劳动模式选择等方面的控制。只要劳动者从事了与用人单位性质和职能范围相符合的生产经营等活动，只要劳动方式与模式由用人单位选择与控制，就应当认定为劳动关系。

三是防止用人单位滥用劳务关系、规避依法应当承担的生产经营职业风险责任。从某种意义上讲，劳动法从民法中分离出来的重要原因，就是基于民法理念不能恰当地解决劳动者在职业过程中形成的职业风险。因此，只要用人单位以营利为目的，有偿使用劳动力从事市场生产经营活动，劳动者在劳动过程中的职业风险就必须由生产经营活动的受益人承担。

四、与劳动关系密切联系的其他社会关系

劳动法不仅调整劳动关系，而且调整与劳动关系密切联系的其他社会关系。与劳动关系密切联系的社会关系，主要有三种情形：第一，这种社会关系是劳动关系产生的前提，如就业培训、职业介绍等形成的社会关系。第二，这种社会关系是劳动关系产生的必然结果，如失业、养老保险等所形成的社会关系。第三，这种社会关系与劳动关系的产生、变更、消灭有一定的牵连，如集体协商、职业介绍、劳动监察、劳动争议处理等过程中产生的社会关系。无论哪一种情形，都与劳动关系具有紧密的联系，离开这种社会关系，劳动法就无法对劳动关系实行最有效的法律调整。因此，与劳动关系的密切关联性，就是劳动法调整的这类其他社会关系的本质特征。

> **关键术语**
>
> *劳动关系是劳动者与用人单位之间在实现社会化劳动过程中产生的社会关系。*

第三节　劳动合同的订立——求职中应注意什么

劳动合同，是用人单位（包括企业、事业、国家机关、社会团体等组织）同劳动者之间确定劳动关系，明确相互权利义务的协议。企业与被招用的工人签订劳动合同时，必须遵守国家政策和法规的规定，坚持平等自愿和协商一致的原则；劳动合同必须以书面形式签订；劳动合同的内容必须完备、准确。

一、劳动合同订立的程序

劳动合同的订立，是指劳动者和用人单位经过相互选择和平等协商，就劳动合同条款达成协议，从而确立劳动关系和明确相互权利义务的法律行为。在理论上，包括订立书面劳动合同和订立口头劳动合同；而在我国立法中，“订立劳动合同”一般指订立书面劳动合同。

（一）招聘阶段

在此阶段，由用人单位与劳动者通过一定方式相互选择，为签订劳动合同做准备。它一般由用人单位的招聘行为和劳动者的应聘行为相结合而构成。根据实践中的通常做法，此阶段的程序包括以下主要环节：第一，公布招聘简章。用人单位招聘应当以法定方式或者有关国家机关指定方式，向不特定劳动者公布招聘简章。劳动者在求职过程中应当通过法定或官方的渠道获取、浏览招聘信息，从而选择求职方向。第二，自愿报名。劳动者按照招聘简章的要求，自愿进行应聘报名，并提交表明本人身份、职业技术、非在职等基本情况的证明文件。劳动者在求职过程中应当保证其身份信息的真实性，提供虚假材料、弄虚作假的将承担相应的法律责任。第三，全面考核。用人单位或其代理人依法对应聘人员的德智体状况进行考核，并公布考核结果。第四，择优录用。用人单位对于经考核合格的应聘者，择优确定被录用人员，并向其本人发出书面签约通知，为便于监督，还应公布被录用者名单。

在招聘阶段，用人单位与劳动者的相互选择，对劳动者合同双方各当事人具有一定的法律约束力。即在招聘简章和录用通知书所规定的期限内，劳动者有义务按期向用人单位报到，不按期报到就丧失要求与用人单位签订劳动合同的权利；用人单位对按期报到的劳动者，则负有与其依法签订劳动合同的义务。

在此阶段还有一种适用于大学毕业生初次就业的特殊制度，即就业协议制度，境外实践中类似的有雇佣内定（又称采用内定）制度。就业协议，即《全国普通高等学校毕业生就业协议书》的简称，是指毕业生、用人单位和学校经供需见面和双向选择后签订的预约用人单位接受毕业生就业的书面协议，既是学校上报就业计划和办理毕业生派遣手续、公共部门用人单位申报进人指标、毕业生办理落户手续的依据，也是订立劳动合同的依据，在毕业生到单位报到、用人单位正式接收后自行终止。就业协议是预约合同，劳动合同是本约合同，就业协议成立时劳动合同尚未订立，毕业生和用人单位因就业协议的成立只负有将来订立劳动合同的义务。

案例精选

小孙快大学毕业了，参加了不少求职面试，好不容易才联系好一家公司准备去那里上班。这时候辅导员赵老师找了小孙，督促他与那家公司签订一份《高校毕业生就业协议书》。小孙不清楚这个协议是什么，其属于什么样的性质，担心贸然要求公司和自己签订这份协议书会让到手的工作没了，心里很是不安。

一般情况下，毕业生与用人单位经过双向选择达成就业意向后，必须签订学校统一发放的《高校毕业生就业协议书》。因此在本案中，学校辅导员督促小孙和公司签订《高校毕业生就业协议书》是符合规定的，而且应该说，小孙签订协议书的行为可以同时使学校、公司和自己三方的权益都得到保护。当然，需要注意的是，每位毕业生只能与一个用人单位签订就业协议书，复制后与多家用人单位签订协议的行为是违规行为，不仅协议无效而且将受到追究乃至处分。

【案例解析】《高校毕业生就业协议书》是一种预约合同，若该就业协议成立而劳动合同尚未订立的，毕业生与用人单位之间则因该就业协议的成立只负有将来订立劳动合同的义务，所以对于毕业生、用人单位与学校而言均能起到保护作用。本案中，辅导员赵老师督促小孙与公司签订《高校毕业生就业协议书》，其目的是出于对小孙的劳动权的保障，小孙也并不会因此而丢掉工作，因此，辅导员赵老师的做法并无不妥。

（二）订立劳动合同的阶段

在订立劳动合同的阶段中，用人单位与劳动者就劳动合同的具体内容，通过平等协商，实现意思表示一致，以确立劳动关系和明确相互权利义务。其程序一般包括以下环节：第一，提出劳动合同草案。用人单位向劳动者提出拟定的劳动合同草案，并说明各种条款的具体内容和依据。第二，介绍劳动规章制度。在提出合同草案的同时，用人单位还必须向劳动者详细介绍本单位劳动规章制度。第三，商定劳动合同内容。用人单位与劳动者在劳动合同草案和劳动规章制度的基础上，对合同条款协商一致后以书面形式确定其具体内容。对劳动合同草案，劳动者可提出修改和补充意见，并就此与用人单位协商确定。对劳动者规章制度，劳动者一般只需要表示接受与否即可，而不能与用人单位协商修改或者补充其内容；不过，双方可以在劳动合同中作出不同于劳动规章制度某项内容或者指明不受劳动规章制度某项内容约束而对劳动者更有利的约定。第四，签名盖章。劳动者和用人单位应当在协商一致所形成的劳动合同文本签名盖章，以此标志双方意思表示一致的完成和劳动合同的生效。劳动合同文本由用人单位和劳动者各执一份。

（三）劳动合同的续订

劳动合同的续订，是指合同当事人双方以原劳动合同为基础再次订立劳动合同，自原劳动合同期满时起延续劳动关系。续订的劳动合同虽然以原劳动合同为基础，但由于再次合意，其内容可以与原劳动合同有差异。

劳动合同是否续订，一般取决于当事人双方的合意，无须其他条件。在立法中，也有规定续订条件的特殊情形。例如，已满 5 年的外国人劳动合同，未经审批不得续订；劳动合同期满后，因用人单位原因未办理终止或续订手续，劳动者仍然提供劳动的，视为双方同意续订劳动合同，用人单位应及时办理续订手续；劳动者患职业病或者因工负伤并被确认达到规定的伤残等级，要求续订劳动合同的，用人单位应当续订；具备法定应当订立无固定期限劳动合同之条件的，用人单位应当续订。

二、劳动合同订立的形式

（一）劳动合同订立形式的法律选择

劳动合同订立一般有书面形式与口头形式之分。在域外的立法中，一般允许当事人选择，只有特定劳动合同才要求采用书面的形式。在我国，根据《劳动法》的相关规定，所有劳动合同都应当采用书面形式；而根据《劳动合同法》的规定，劳动合同一般应当采用书面形式，但非全日制用工可以采用口头形式。

我国立法一直要求劳动合同应当采用书面形式，这是由我国现阶段的国情所决定的。主要表现在两个方面：一方面，市场信用度低，即使是书面合同，其履行率也不高，那么口头劳动合同就更难保障其履行；另一方面，劳动条件基准不完备，集体合同和劳动规章制度都不普遍且内容多不完整和具体，劳动权利义务的大部分内容需要由劳动合同约定，不采用书面形式，就不足以明确其内容。

（二）劳动合同书面形式的法律意义

在法理上，若法律把某种形式（如书面形式）明定为合同法定的必备形式，则可赋予其四种效力：第一，证据效力，即法定形式仅作为合同关系存在的证据。第二，成立效力，即只有采用法定形式才能使合同成立。第三，生效效力，即欲使合同生效，必须采用法定形式。第四，对抗第三人效力，即只有采用法定形式才能对抗第三人对合同提出的请求或主张。

在我国，立法尽管一直要求劳动合同应当采用书面形式，但对于书面形式是否作为劳动合同的有效要件，立法先后作出不同的选择。《劳动法》及其配套法规将书面形式作为劳动合同的有效要件，把没有书面劳动合同作依据的劳动关系规定为事实劳动关系，并对未与劳动者订立书面劳动合同的用人单位规定责令改正、赔偿损失、罚款等制裁手段，但这在实践中未能扭转书面劳动合同签订率低的局面，认定口头劳动合同无效和用人单位因未签订书面劳动合同而受处罚的实例并不多见。于是，《劳动合同法》没有赋予书面劳动合同以建立劳动关系的效力，即劳动合同的书面形式不作为建立劳动关系的要件。

我国立法上将开始用工作为建立劳动关系的标志，表明劳动合同的口头、推定形式具有建立劳动关系的合法性。因为，用工是劳动合同与用人单位的双方行为，隐含有口头或推定的劳动合同，且意味着口头或推定的劳动合同已经开始履行。

（三）用人单位订立书面劳动合同的义务

尽管以书面形式订立劳动合同应当是当事人双方的义务，但鉴于实践中书面劳动合同签订率的主要原因在于用人单位，而书面劳动合同较之口头劳动合同对劳动者权益保护更为有利，故立法将订立书面劳动合同之义务的约束力主要指向用人单位。

案例精选

高某是某公司的新人，虽然在入职前就已经和领导谈好了待遇问题，但公司一直没有与他签合同。作为新人，高某想给领导一个好的印象，也就没好意思多说什么。工作了 1 个月后，公司如数给高某发了工资，但依旧没有找他签订合同的意思。经过和其他同事的交流，高某这才知道公司的其他员工也都没有和公司签订书面的劳动合同。这时高某心里可犯了嘀咕，不知道公司这么做对不对，也不知道法律对此种情况有着什么样的保障措施。

【案例解析】本案主要涉及的是订立劳动合同不规范的法律问题。本案中的公司不与劳动者签订书面的劳动合同是不合法的。劳动合同将用人单位和劳动者之间的权利义务以最为直接的方式表述了出来，这是十分重要的。但在现实生活中，有的用人单位往往依仗着自己处于优势地位，在用工时不与劳动者签订书面的劳动合同，仅以口头的方式进行约定。在这样的情况下，如果发生了纠纷将对劳动者维权极为不利。

根据《劳动合同法》以及《劳动合同法实施条例》的规定：用人单位自用工之日起超过 1 个月不满 1 年未与劳动者订立书面劳动合同的，应当向劳动者每月支付 2 倍的工资。用人单位自用工之日起满 1 年未与劳动者订立书面劳动合同的，应该自用工之日起满 1 个月的次日至满 1 年的前一日向劳动者每月支付 2 倍的工资，并视为自用工之日起满 1 年的当日已经与劳动者订立无固定期限劳动合同，应当立即与劳动者补订书面劳动合同。

在本案中，高某可以向公司要求签订劳动合同，但是由于他本人仅在公司工作了 1 个月，因此他不能获得 2 倍工资。而高某的其他同事则可以根据法律的规定获得 2 倍工资，时间从用工之日起满 1 个月的次日开始计算。如果高某的同事中，有人已经在这个公司工作了 1 年，那么他将被视为自用工之日起满 1 年的当日与用人单位订立了无固定期限劳动合同。

三、劳动合同的主要条款

劳动合同条款作为劳动者与用人单位合意的结果，将劳动关系、当事人双方的权利和义务固定并具体化。因而，完备、明确和合法，是法律对劳动合同条款的基本要求。

（一）劳动合同条款的结构

劳动合同条款由法定必备条款和约定必备条款构成。前者即依据法律规定劳动合同必须具备的条款，又可分为一般法定必备条款和特殊必备条款；后者即依据当事人一方或者双方的要求而必须具备的条款。我国立法提供了一个比较完备的劳动合同条款结构。

1. 法定必备条款

《劳动合同法》第 17 条第 1 款规定，一般必备条款包括：（1）用人单位的名称、住所和法定代表人或者主要负责人；（2）劳动者的姓名、住址和居民身份证或者其他有效身份证件号码；（3）劳动合同期限；（4）工作内容和工作地点；（5）工作时间和休息休假；（6）劳动报酬；（7）社会保险；（8）劳动保护、劳动条件和职业危害防护；（9）法律、法规规定应当纳入劳动合同的其他事项。

与《劳动法》第19条第1款规定的一般必备条款相比，“劳动纪律”“劳动合同终止的条件”和“违反劳动合同的责任”未被列为法定必备条款。由于《劳动合同法》第17条第1款是对《劳动法》第19条第1款的替代，故《劳动合同法》第17条第1款中“法律、法规规定应当纳入劳动合同的其他事项”，不应当包括《劳动法》第19条第1款所规定的上述事项。

特殊法定必备条款，是法律要求某种或某几种劳动合同必须具备的条款。有的劳动合同由于自身的特殊性，立法特别要求其除一般法定必备条款外，还必须规定一定的特有条款。例如，《劳动合同法》对劳务派遣的劳动合同条款规定了特别要求。

2. 约定必备条款

约定必备条款是在法定必备条款以外应当事人双方或一方的要求所必备的，往往是劳动合同个性的体现，并非所有劳动合同都具有。至于哪些内容可以成为约定必备条款，法律不作限制。它是法定必备条款的必要补充，对劳动合同依法成立，在一定程度上有决定意义。按照作出约定的主体不同，可分为集体合同约定必备条款和劳动合同当事人约定必备条款。前者即集体合同要求在劳动合同中必须载明的条款，既包括集体合同已规定标准而应由劳动合同将其具体化的条款，也包括集体合同仅列出项目而由劳动合同明确其内容的条款。后者即签订劳动合同时当事人一方或双方特别约定劳动合同中必须有的条款。

在约定必备条款中，有的属于法定可必备条款，即法律规定劳动合同可以具备的条款。劳动合同的某些内容由于非常重要而不应被忽视，但又不宜作为法定必备条款，于是，在立法中予以特别提示，指明在劳动合同中可作出专项规定。例如《劳动合同法》第17条第2款规定，“劳动合同除前款规定的必备条款外，用人单位与劳动者可以约定试用期、培训、保守秘密、补充保险和福利待遇等其他事项”。这种规定具有示范性或者提示性。

（二）劳动合同法定必备条款欠缺的法律后果

1. 法定必备条款欠缺对劳动合同成立的影响

欠缺法定必备条款，其后果不是劳动合同无效或者部分无效，而是劳动合同部分内容或部分条款未形成合意。其理由在于：第一，劳动合同成立仅就劳动合同的主要内容达成合意，只涉及劳动合同成立与否的问题，而未涉及劳动合同的效力评价问题。第二，根据《劳动合同法》第81条的规定，欠缺法定必备条款的劳动合同属于应当改正的劳动合同，欠缺法定必备条款并非劳动合同无效的事由。

2. 法定必备条款欠缺的赔偿责任

劳动合同欠缺法定必备条款将导致劳动合同难以履行，给劳动者造成损害的，用人单位应当承担赔偿责任，属于缔约过失责任。

（三）劳动合同约定劳动标准不明确的处理

明确当事人双方的权利义务，是劳动合同的法定功能。然而，劳动合同作为“不完全契约”，其条款难免具有弹性和不确定性。基于劳动合同的这种局限性，依据合同以意思自治为原则的原理和劳动条件基准、集体合同、劳动合同之间效力关系的原理，对在劳动合同约定劳动报酬和劳动条件等标准不明确而引发争议的情况下，如何明确当事人双方的权利义务以保障劳动合同的完备性与合法性的问题，《劳动合同法》第18条作了相应的规定："劳动合同对劳动报酬和劳动条件等标准约定不明确，引发争议的，用人单位与劳动者可以重新协商；协商不成的，适用集体合同规定；没有集体合同或者集体合同未规定劳动报酬的，实行同工同酬；没有集体合同或者集体合同未规定劳动条件等标准的，适用国家有关规定。"

（四）劳动合同若干条款的基准规则

当事人双方在缔约时的强弱地位差异和某些合同条款所涉事项的复杂性，为确保双方尤其是劳动者在就特定事项商定合同条款过程中的意思自治，并确保合同条款能公平分配权利义务，除运用劳动条件基准外，还需要立法对某些特定事项分别规定相应的基准规则。无论是法定必备条款还是约定必备条款，若立法就其事项已经规定基准规则，当事人对该合同条款的商定就应当遵循这种规则。《劳动合同法》就以下条款规定了基准规则：

1. 试用期

试用期，是指当事人双方约定的，包括在劳动合同期限内而劳动关系还处于非正式状态，用人单位考核劳动者是否合格，劳动者了解用人单位是否适合自己的要求，以便确定劳动关系是否进入正式状态的短暂性、实验性期限。

2. 出资培训服务期

出资培训服务期，又称出资培训最低服务年限，是指当事人双方约定的，对劳动者有特殊约束力的，劳动者因获得用人单位出资培训而应当与用人单位持续劳动关系的期限。其主旨是保护用人单位因人力资本投资而获得的人力资源使用权。

3. 保密义务

约定劳动者承担保密义务，既基于劳动关系中劳动者的忠实义务，也基于对商业秘密和知识产权的保护，还基于公平竞争秩序的维护。为防范用人单位滥用保密权，对其主要通过以下几点进行规制：第一，承担保密义务的主体，仅限于由于职务或工作原因而可能知悉用人单位商业秘密和与知识产权相关的保密事项的劳动者，用人单位只可要求涉密岗位的劳动者与其约定保密条款或者订立保密协议；第二，保密条款或协议中应当明确约定保密的内容、范围和期限；第三，没有法律明确规定，不能通过保密措施限制劳动权利；第四，劳动者违反约定保密义务，给用人单位造成损失的，应当承担赔偿责任。

4. 竞业限制

竞业限制，又称竞业禁止，一般是指依据法律规定或合同约定，与特定营业主体有特定法律关系的主体，在一定的时空范围内不得在与该特定营业主体有竞争关系的用人单位就业，也不得从事与该特定营业主体有竞争关系的业务活动。

5. 劳动合同不得约定的条款

为避免劳动者陷于不利状况，立法特别禁止劳动合同约定不利劳动者的条款，例如，在劳动合同中既不得约定劳动者交纳保证金和在服务期违约金、竞业限制违约金以外承担违约金的条款，也不得约定免除用人单位的法定责任、排除劳动者权利的条款。

案例精选

赵某刚刚辞去了销售导购工作，在某工厂里找到了一份新工作，和厂长谈好待遇正准备签合同的时候，厂长提出要扣押赵某的身份证或者让他缴纳2000元的职业风险抵押金，并向赵某表示说这是为了便于工厂的人事管理，因为前几天有几个刚入职的员工就偷走了工厂里面很贵重的器械，给工厂造成了极大的损失。赵某认为自己又没偷又没抢，还没进厂工作就被人当贼一样地防着，心里很不是滋味；而且2000元不是个小数目，身份证又是自己应该随身携带的重要证件。但是厂长的话又不是没有道理，赵某真不知道该怎么和厂长说，于是便向律师进行了咨询。

【案例解析】本案主要涉及的是订立劳动合同不规范的法律问题。本案中的工厂在订立劳动合同时，扣押劳动者的证件和收取押金的行为是不合法的。

在现实生活中，很多用人单位由于不了解招进来的员工，担心万一员工在工作当中犯错误，给本单位造成巨大损失，或者这个员工本来就不是抱着工作的目的来求职的该怎么办。因此用人单位往往会要求扣押员工的证件或缴纳一定数额的抵押金，等员工离开本单位时再返还给他。此种做法虽然某种程度上维护了用人单位自己的利益，但却将风险转嫁到了劳动者身上，因此这种做法是不合适的。

针对上述情况，我国《劳动合同法》明文规定：用人单位招用劳动者，不得扣押劳动者的居民身份证和其他证件，不得要求劳动者提供担保或者以其他名义向劳动者收取财物。同时，《劳动合同法》还针对上述情况制定了惩罚的措施：用人单位违反本法规定，扣押劳动者居民身份证等证件的，由劳动行政部门责令限期退还劳动者本人，并依照有关法律规定给予处罚。用人单位违反本法规定，以担保或者其他名义向劳动者收取财物的，由劳动行政部门责令限期退还劳动者本人，并以每人五百元以上二千元以下的标准处以罚款；给劳动者造成损害的，应当承担赔偿责任。在本案中，赵某可以依据法律规定拒绝厂长的要求，如果厂长坚持要扣押证件或者收取抵押金，那么工厂将面临被罚款的后果。

关键术语

劳动合同是用人单位（包括企业、事业、国家机关、社会团体等组织）同劳动者之间确定劳动关系，明确相互权利义务的协议。

第四节　劳动合同的履行——劳动者与用人单位的义务

一、劳动合同的履行

（一）劳动合同履行的含义和意义

劳动合同履行，是指劳动合同双方当事人完成劳动合同所约定的义务，实现劳动过程和各自合法权益的行为。基于劳动合同内容的不完全性和劳动条件基准、集体合同和劳动规章制度对劳动合同内容的补充效力，履行劳动合同所约定的义务，包括履行作为劳动合同内容之补充的劳动条件基准、集体合同和劳动规章制度所规定的义务。

从合同效力的角度观察，合同履行是依法成立并生效的合同所必然发生的法律效果，并且构成合同效力的主要内容，故《劳动合同法》规定，依法订立的劳动合同具有约束力，用人单位与劳动者应当履行劳动合同约定的义务。从劳动合同目的之显示的角度，劳动合同履行是实现劳动合同目的的首选和常态方式，劳动合同的中止和承继是劳动合同履行的特殊形态，劳动合同的变更和解除是劳动合同履行的例外和补充。

（二）劳动合同履行的原则

《劳动合同法》第 29 条规定："用人单位与劳动者应当按照劳动合同的约定，全面履行各自的义务。"此即劳动合同的全面履行原则。劳动合同的内容是一个整体，合同条款之间的内在联系不能割裂。全面履行原则要求合同当事人必须适当地履行合同的全部条款和各自承担的全部义务，既要按照合同约定的标的及其种类、数量和质量履行，又要按照合同约定的时间、地点和方式履行，即履行无任何瑕疵[①]。

劳动合同的全面履行与实际履行既有区别又有联系。实际履行原则强调当事人按照劳动合同的约定履行各自义务，其真谛在于要求当事人应当实际地履行合同义务而不得任意地以赔偿损失来替代履行合同义务[②]；并且还体现在当劳动合同约定的劳动条件与客观实际不一致时，用人单位应当按照实际情况来执行有利于劳动者的劳动条件，如在消费品价格上涨的情形下及时调整劳动报酬[③]。但是，实际履行原则对劳动合同履行是否适当、全面，则无力顾及。而全面履行原则既要求实际履行，也要求所谓的履行完全符合法律和合同的规定。可见，全面履行必然是实际履行，而实际履行未必是适当、全面履行。

《劳动合同法》第 29 条规定的"全面履行原则"应当是一个广义概念，它涵盖了劳动合同法原理中的实际履行原则、亲自履行原则以及协作履行原则。实际履行原则是全面履行原则的应有之义，而亲自履行原则可视为全面履行原则在履行主体方面的体现，

---

① 崔建远 . 合同法（第三版）［M］. 北京：法律出版社，2003：90.

② 姜颖 . 劳动合同法［M］. 北京：法律出版社，2006：195.

③ 喻术红 . 劳动合同法专论［M］. 武汉：武汉大学出版社，2009：86.

协作履行原则则反映了全面履行原则在合同履行方式上的要求。亲自履行原则要求当事人双方都必须以自己的行为履行各自依据劳动合同所承担的义务，而不得由他人代理。协作履行原则要求当事人双方在劳动合同履行过程中始终坚持相互合作，相互关心，为对方履行义务提供条件。

（三）劳动合同履行的特殊规则

1. 履行不明确条款的规定

对于劳动合同中内容不明确的条款，应当先依法确定其内容，然后予以履行。依据劳动条件基准、集体合同、劳动规章制度和劳动合同之关系的原理，当事人双方可以就内容不明确的条款重新协商；协商不成而劳动规章制度有明确规定的，按照该规定履行；劳动规章制度未明确规定的，按照集体合同的规定履行；集体合同未明确规定的，按照有关劳动法规和政策的规定履行。其中，劳动报酬按同工同酬原则确定和支付；劳动法规和政策未作明确规定的，可考虑按照通行的习惯履行。《劳动合同法》第18条的规定，在一定程度上体现了这一原理。

2. 地方劳动条件基准选择的规则

劳动合同履行地与用人单位注册地不一致，且两地关于劳动者的最低工资标准、劳动安全卫生、本地区上年度职工月平均工资标准等劳动条件事项的规定有差异的，根据《劳动合同法实施条例》第14条的规定，按照劳动合同履行地的有关规定执行；但用人单位注册地有关标准高于劳动合同履行地的有关标准，且当事人双方约定按照用人单位注册地有关标准执行的，从其约定。

3. 向第三人履行的规则

劳动合同的任何一方当事人，一般都只向对方当事人履行义务，只有在法律允许的特殊情况下，劳动者或者用人单位才应当向第三人履行义务。劳动者向第三人履行劳动给付义务，有广义、狭义之分。狭义指临时向第三人履行，即在用人单位未发生更替的情形下，劳动者按照用人单位的指示向特定第三人给付劳动，以履行用人单位对该第三人所承担的劳动给付义务。广义还包括非临时性向特定第三人履行，即因用人单位发生更替，劳动者向更替后的新用人单位履行原劳动合同约定的劳动给付义务，此即劳动合同承继。故“劳动者向第三人履行”应当取其狭义的概念。劳动者向第三人给付劳动，应当以劳动合同的约定为依据；若用人单位即时指示劳动者向第三人给付劳动，除法律另有规定外，应当征得劳动者同意。劳动者因向第三人履行劳动给付义务而增加费用或其他成本的，用人单位应当增加相应的报酬或福利。

4. 履行约定之外的劳动给付的规则

劳动者履行劳动给付义务原则上以劳动合同约定范围为限，在劳动合同未变更时，用人单位一般不得指示劳动者从事劳动合同约定之外的劳动。但法定例外是，遇有紧急情况时，为了避免发生危险事故或者进行事故后抢救和善后工作的，用人单位可指示劳动者临时从事劳动合同约定之外的劳动，劳动者应当服从。

二、劳动合同履行的义务内容

劳动合同当事人双方依法享有各种权利，同时也需要承担相应的义务。劳动合同履行中的义务内容，可以分为劳动者与用人单位的义务。

（一）劳动者的义务

劳动者的义务主要体现在劳动者对劳动合同的履行行为，劳动者通过给付劳动而获取用人单位给付的报酬，此时，获得报酬是劳动者的权利，则给付劳动就是劳动者的义务。具体而言，劳动者的义务主要有以下几点：第一，执行约定的劳动内容。劳动合同中所约定的劳动内容，是劳动合同的主要部分，劳动者应当如约执行劳动合同中劳动种类、劳动时间、劳动范围等内容。同时，也应当保证劳动内容质量。第二，执行劳动安全卫生规章。通常情况下，劳动安全卫生规章没有被纳入劳动合同的范围之内，但遵守和执行劳动安全卫生规章既是劳动者的义务，也是用人单位的义务，因为它与单位所有员工的合法权益都有着密切联系。第三，遵守劳动纪律和职业道德。由于劳动关系有着从属性的特点，所以劳动者与用人单位之间也必然存在指示与服从的关系，这也要求劳动者在劳动期间应当遵守劳动纪律。同时，也要求劳动者应当严格遵守职业道德，劳动者在履行劳动合同的同时不得损害国家利益、社会公共利益以及用人单位的商业秘密。

（二）用人单位的义务

劳动者依照劳动合同的约定履行给付劳动义务，相对应的用人单位也应当依照劳动合同的约定履行支付报酬的义务。用人单位向劳动者支付劳动报酬，既是劳动合同中用人单位的主要义务，也是劳动关系的主要内容之一。具体体现为《劳动合同法》第62条规定："用工单位应当履行下列义务：（一）执行国家劳动标准，提供相应的劳动条件和劳动保护；（二）告知被派遣劳动者的工作要求和劳动报酬；（三）支付加班费、绩效奖金，提供与工作岗位相关的福利待遇；（四）对在岗被派遣劳动者进行工作岗位所必需的培训；（五）连续用工的，实行正常的工资调整机制。"

可以将用人单位的义务归纳为以下两个方面：第一，依照劳动合同履行支付报酬的义务。根据相关法律规定，用人单位除了向劳动者支付劳动范围内的劳动报酬以外，在安排劳动者加班的情况下还应当支付相应的加班费用。第二，保障劳动者健康权等基本权益。用人单位指示劳动者从事劳动活动时，应当充分考虑劳动者所从事劳动内容的危险性。必要时，用人单位应当定期为劳动者提供身体健康检查、高温低温补贴等福利帮助，以及在劳动者出现工伤情形时的相应赔偿和补偿。

案例精选

叶某生在大山中，由于家里十分贫穷，早早辍学。去年年末，他去一家砖厂工作，主要负责搬砖。每天工作下来，叶某往往累得腰酸背痛。从三个月前开始，砖厂要求叶某和同事加班，每人每天工作最少 12 个小时，每两周只休息一天。加了三个月班的叶某，没有拿到一分钱的加班费，也没有得到任何调休、换休的通知。叶某认为单位应该按照法律规定办事，于是要求砖厂支付加班费。但是遭到了砖厂人事主管的拒绝。叶某十分生气，他可以申请劳动仲裁吗？

【案例解析】根据我国《劳动争议调解仲裁法》第2条的规定，只要属于劳动争议纠纷的内容，都可以申请劳动仲裁，具体有以下几项：（1）因确认劳动关系发生的争议；（2）因订立、履行、变更、解除和终止劳动合同发生的争议；（3）因除名、辞退和辞职、离职发生的争议；（4）因工作时间、休息休假、社会保险、福利、培训以及劳动保护发生的争议；（5）因劳动报酬、工伤医疗费、经济补偿或者赔偿金等发生的争议；（6）法律、法规规定的其他劳动争议。

本案中，叶某所申请的要求单位支付加班费属于上述规定的第五项的范畴，是可以申请劳动仲裁的。因此，叶某可以通过申请劳动仲裁来维护自己的合法权益。

第五节　劳动合同的解除和终止——条件与后果

一、劳动合同解除与终止的概念

（一）劳动合同解除的概念

劳动合同解除是指劳动合同订立后，尚未全部履行以前，由于某种原因导致劳动合同一方或双方当事人提前消灭劳动关系的法律行为。

（二）劳动合同终止的概念

劳动合同终止是指劳动合同所确立的劳动关系因劳动合同解除以外的法律事实而消灭。

（三）劳动合同解除与终止的区别

劳动合同解除与终止的区别在于：（1）解除是劳动合同的提前消灭，终止则是劳动合同因期满、目的实现或当事人资格丧失而消灭。（2）解除需当事人依法作出提前消灭劳动合同关系的意思表示，即须经当事人双方协商一致或一方当事人依法行使解除权。即使具备劳动合同解除的条件，而无合同当事人解除劳动合同的意思表示的，劳动合同也仍未解除。终止则无须当事人双方合意或任何一方专门作出终止劳动合同的意思表示，只需当事人在终止的法定事由出现时作出无延续劳动关系的意思表示即可。

关键术语

劳动合同解除是指劳动合同订立后，尚未全部履行以前，由于某种原因导致劳动合同一方或双方当事人提前消灭劳动关系的法律行为。

劳动合同终止是指劳动合同所确立的劳动关系因劳动合同解除以外的法律事实而消灭。

二、劳动合同解除的方式

按照合同解除的方式不同可分为：（1）协议解除。劳动合同经当事人双方协商一致而解除。（2）单方解除。享有单方解除权的当事人，无须对方当事人同意，即可以单方意思表示解除劳动合同。

（一）劳动合同的协议解除

用人单位与劳动者双方皆可提出解除劳动合同，只要与对方协商并达成解除合意，即可解除劳动合同。

协议解除具有以下特点：（1）双方当事人具有平等的解除合同请求权，劳动者或者用人单位都可主动向对方提出解除劳动合同关系的请求。（2）必须经双方平等自愿协商一致而达成协议才可以解除合同，任何一方不能强加自己的意志于对方当事人。（3）协议解除，不受约定终止合同条件的约束。

解除劳动合同，谁先提出很重要。因为它涉及用人单位是否需支付劳动者解除劳动合同经济补偿金的问题。根据《劳动合同法》第46条的规定，用人单位依照本法第36条规定向劳动者提出解除劳动合同并与劳动者协商一致解除劳动合同的，应当向劳动者支付经济补偿。根据上述规定，如果由用人单位提出并与劳动者协商一致解除劳动合同的，用人单位应当向劳动者支付解除劳动合同经济补偿金。如果由劳动者提出，则用人单位无须支付经济补偿。因此，解除协议中明确解除劳动合同由哪一方先提出非常重要。

案例精选

2007年7月18日，王某入职甲公司，此后双方签订无固定期限劳动合同。2020年2月，甲公司提出与王某解除劳动合同，经双方协商具体方案后，王某于2020年2月20日通过电子邮件向甲公司发送辞职信。甲公司于2020年2月21日回复：邮件收到，内容确认。甲公司和王某从2020年2月24日开始按照辞职信的内容履行各自的权利义务。2020年9月8日，甲公司通过电子邮件通知王某："自明天起你开始休假，无须再来公司办公，你的薪水以及其他现有福利将支付到2020年9月30日。"双方于2020年9月16日办理了离职交接手续。王某之后表示不同意辞职，认为其虽发送辞职信，但并非自愿行为，双方劳动合同系因甲公司提出而解除，故主张解除劳动合同经济补偿金。

【案例解析】用人单位与劳动者协商一致，可以解除劳动合同。本案王某于2020年2月20日向甲公司递交辞职信，提出在2020年9月30日与甲公司解除劳动合同，而甲公司同意其辞职申请，并对辞职信中所载明的双方的权利义务予以确认。双方于2020年9月16日办理了离职手续，甲公司按照约定将王某的工资正常支付到了2020年9月30日。以上事实均可证明王某系主动辞职。劳动者主动提出解除劳动合同的，用人单位无须支付经济补偿金，只有用人单位提出解除劳动合同的，才需要向劳动者支付解除劳动合同经济补偿金。

（二）劳动合同单方解除

按照行使单方解除权是否需要预告，可分为单方预告解除和单方即时解除。单方预告解除是需预先通知对方当事人后才可单方解除合同；单方即时解除是在通知对方当事人之时就可解除单方劳动合同。按照行使单方解除权的主体不同，可分为劳动者单方解除（劳动者辞职）和用人单位解除（用人单位辞退）。另外，用人单位解除还可分为辞退和裁员。用人单位单个地辞退某个劳动者，此为辞退的一般形式。用人单位批量辞退一定数量的劳动者，称为裁员。对于裁员，往往有更为严格的程序和条件的规定。

三、劳动者单方解除劳动合同（劳动者辞职）

法律保护劳动者辞职权的基本依据在于辞职权是劳动者和公民的一项重要权利，该权利背后具有重要的法理价值:（1）辞职权有利于保护劳动者劳动自由的基本权利。劳动自由的内涵包括两个层面。第一层面是劳动与不劳动的自由，即劳动者有劳动的自由，也有不劳动的自由。第二层面是劳动者有选择劳动的自由，即劳动者可以根据自己的意愿决定工作的对象、内容和方式。（2）辞职权有利于人力资源的合理流动和优化配置。辞职权的存在有利于劳动者根据市场和自身条件的变化，寻找更适合自己的雇主和工作岗位，从而有利于劳动者充分发掘自身潜力，避免劳动力市场的僵化。（3）辞职权有利于克服劳动者的弱势地位。在劳动关系中，劳动者与用人单位相比处于弱势地位，如果不赋予劳动者辞职权，用人单位极有可能利用其强势地位，在订立合同时对劳动合同期限作出对劳动者不利的规定，从而使劳动者的工作选择权受到限制。

《劳动合同法》第 37 条规定，劳动者提前三十日以书面形式通知用人单位，可以解除劳动合同。在劳动法上，除了劳动者经预告解除劳动合同外，还存在当用人单位存在过错时，劳动者可以即时解除合同的情形。

（一）预告辞职

1. 预告辞职的概念及特征

预告辞职，是指劳动者解除劳动合同不需要任何理由，只需要提前一定的期限告知用人单位即可解除劳动合同。其特点主要有:（1）它是劳动者享有的法定权利。（2）它是劳动者的单方意思表示。（3）它不受用人单位制约，无须征得用人单位的同意。（4）它除了以预告为程序条件外，不附加实体条件，故也可以认为预告辞职权是劳动者享有的无条件的单方解除权。（5）用人单位可不支付经济补偿。

2. 预告辞职的行使程序

《劳动合同法》第 37 条规定：劳动者提前三十日以书面形式通知用人单位，可以解除劳动合同。除了劳动者经预告解除劳动合同外，还存在当用人单位存在过错时，劳动者可以即时解除合同的情形。

3. 预告辞职的限制

对于劳动者不遵守辞职预告期的，我国现行《劳动合同法》已有相应规则加以处理。《劳动合同法》第 90 条规定，劳动者违反本法规定解除劳动合同，或者违反劳动合同中约定的保密义务或者竞业限制，给用人单位造成损失的，应当承担赔偿责任。该条所规定“劳动者违反本法规定解除劳动合同”，包括劳动者违反提前通知的预告义务的情形。因此，如果劳动者未履行预告义务，给用人单位造成损失的，应当承担赔偿责任。例如，航空公司的飞行员未按法定要求提前通知用人单位突然辞职的，导致航班取消，用人单位因乘客退票遭受损失的，可以要求劳动者承担赔偿责任。因此，预告期制度虽然只是程序性安排，但其不仅是对辞职行为的规范，也是对用人单位利益的保护，以使用人单位有充分时间应对劳动者的辞职行为，而且违反预告义务的责任设置也会促使劳动者遵守预告的义务。

（二）即时辞职

1. 即时辞职的概念

即时辞职，是指劳动者无须向用人单位预告就可随时辞职，即时辞职只限于用人单位有过错的情形，且用人单位应给予经济补偿。

2. 即时辞职的种类

根据是否通知用人单位，即时辞职可分为随时通知辞职与无须通知辞职。随时通知辞职是指劳动者在辞职时需履行通知用人单位的义务。无须通知辞职是指劳动者在辞职时可以不通知用人单位，即可以不辞而别。存在这种区别的原因主要在于用人单位过错行为对劳动者人身自由或人身安全的危险程度。用人单位实施一般损害劳动者权益的过错行为，劳动者须在即时辞职时通知用人单位；而用人单位实施的过错行为严重损害劳动者权益或者危及劳动者人身自由或人身安全时，劳动者可以不辞而别，并不承担任何责任。

《劳动合同法》第 38 条规定：用人单位有下列情形之一的，劳动者可以解除劳动合同：（1）未按照劳动合同约定提供劳动保护或者劳动条件的；（2）未及时足额支付劳动报酬的；（3）未依法为劳动者缴纳社会保险费的；（4）用人单位的规章制度违反法律、法规的规定，损害劳动者权益的；（5）用人单位具有以欺诈、胁迫的手段或乘人之危，使劳动者在违背真实意思的情况下订立或变更劳动合同而致使劳动合同无效；（6）法律、行政法规规定劳动者可以解除劳动合同的其他情形。用人单位以暴力、威胁或者非法限制人身自由的手段强迫劳动者劳动的，或者用人单位违章指挥、强令冒险作业危及劳动者人身安全的，劳动者可以立即解除劳动合同，不需事先告知用人单位。

关键术语

预告辞职，是指劳动者解除劳动合同不需要任何理由，只需要提前一定的期限告知用人单位即可解除劳动合同。

即时辞职，是指劳动者无须向用人单位预告就可随时辞职，即时辞职只限于用人单位有过错的情形，且用人单位应给予经济补偿。

案例精选

郑某是一家互联网公司的网络工程师。公司为多赚钱，接了很多项目，强迫郑某及其同事每天加班到凌晨。许多同事因这样高强度的工作累病了。郑某也忍受不了高强度工作向主管反映要求调休，被主管严词拒绝。郑某认为公司是在压迫和剥削自己和同事，他想马上离开这个公司，但人事处经理告诉他，劳动者辞职最少要提前30日通知公司，否则应当承担给公司造成的损失。

【案例解析】本案中，郑某所在的公司因强迫劳动者加班，自身存在过错，劳动者辞职应是公司预料之中的事情，此时不需要考虑劳动者辞职是否会对公司正常经营造成不利影响，郑某可以立即解除劳动合同，不需事先告知公司，其所在的公司也必须及时结算、发放工资，并且根据《劳动合同法》第40条的规定，公司还应当给予郑某经济补偿。

四、用人单位单方解除劳动合同（用人单位辞退）

《劳动合同法》在赋予劳动者单方解除权的同时，也赋予用人单位对劳动合同的单方解除权，以保障用人单位的用工自主权。但为了防止用人单位滥用解除权，随意与劳动者解除劳动合同，立法上严格限定企业与劳动者解除劳动合同的条件，以保护劳动者的劳动权。用人单位单方解除劳动合同是一种严厉的、带有惩处性质的行为，将使劳动者丧失工作机会，因此必须从严掌握：一方面须符合实体上的许可条件；另一方面要符合程序要求。

根据辞退事由来源不同可分为来自劳动者的辞退事由及来自用人单位的辞退事由。来自劳动者的法定辞退事由又可分为过错性事由和能力性事由。根据《劳动合同法》的规定，对劳动者的过错性事由和试用期内能力性事由，实行即时辞退。对来自用人单位的事由和试用期外劳动者能力性事由，实行预告辞退。

（一）即时辞退

1. 即时辞退的概念和特征

即时辞退是指用人单位无须向劳动者预告或无须支付代预告金，就可随时通知辞退。即时辞退的特征：（1）用人单位无须向劳动者预告，可随时通知辞退。（2）须满足劳动者经试用不合格或劳动者有过错的条件。（3）用人单位可不支付经济补偿金。

2. 即时辞退的类型

根据《劳动合同法》第39条的规定，即时辞退可分为经试用不合格而即时辞退和过错性辞退。经试用不合格，是指劳动者在试用期内被证明不符合录用条件。过错性辞退的法定事由有：（1）严重违反用人单位的规章制度的。（2）严重失职，营私舞弊，给用人单位的利益造成重大损害。（3）劳动者同时与其他用人单位建立劳动关系，对完成工作任务造成严重影响，或者经用人单位提出拒不改正。（4）因劳动者欺诈、胁迫或者乘人之危而导致劳动合同无效。（5）被依法追究刑事责任。

案例精选

杨某于2015年1月5日入职某科技发展公司，双方订立了无固定期限劳动合同，约定杨某的岗位为高级产品经理，月工资为3万元。2019年10月14日，杨某非因工作需要查询他人行程轨迹信息，被同事举报至风控合规部立案调查。次日，风控合规部调查员约谈杨某，并对谈话作记录，杨某承认在2018年12月至2019年9月期间，利用公司授予的查询权限，多次登录公司出行系统，违规查询公司同事的行程轨迹信息。2019年11月，该公司以杨某严重违反《员工手册》关于禁止非因公目的获取隐私信息和关于违反保密义务私自获取、保存或泄露公司保密信息的规定为由，与其解除劳动合同。《员工手册》经职工代表大会讨论通过并经过公示程序。杨某于2020年1月，向仲裁委提出仲裁申请。

【案例解析】本案中，杨某利用职务之便，非因工作需要违规登录查询系统，获取同事的行程轨迹信息，严重违反了科技发展公司的相关规章制度，科技发展公司以此为由将杨某辞退，具备事实与法律依据，故杨某的仲裁请求无法得到仲裁委的支持。

（二）预告辞退

1. 预告辞退的概念和特征

预告辞退又称为无过失性辞退，是指在合同履行过程中因客观情况的变化、不可归责于任何一方的过失，用人单位在向劳动者事先通知或支付代预告金后单方解除劳动合同的行为。法律设定辞退预告期的目的是基于劳动者生存权的考虑，给予被辞退的劳动者再求职的准备时间，故用人单位可以以支付预告期工资的方式代替预告的义务。《劳动合同法》第40条规定用人单位可以选择提前30日预告或额外支付劳动者一个月工资作为单方解除劳动合同的条件。

预告辞退的特点有:（1）预告是用人单位的程序义务。（2）预告辞退仅适用于劳动者没有过错的情形，若劳动者具有过错则可即时解除。（3）用人单位应当支付经济补偿。

2. 预告辞退的许可条件

预告辞退分为一般预告辞退和裁员。一般预告辞退，即用人单位单个地辞退某个劳动者。根据《劳动合同法》第40条的规定，符合下列条件的，用人单位提前30日以书面形式通知劳动者本人或者额外支付劳动者一个月工资后可以解除合同:（1）劳动者患病或者非因工负伤，在规定的医疗期满后不能从事原工作，也不能从事由用人单位另行安排的工作。（2）劳动者不能胜任工作，经过培训或者调整工作岗位，仍不能胜任工作。（3）劳动合同订立时所依据的客观情况发生重大变化，致使劳动合同无法履行，经用人单位与劳动者协商，未能就变更劳动合同内容达成协议。

裁员是经济性裁员的简称，指的是用人单位由于生产经营严重困难、企业重整等原因，与多位劳动者解除劳动合同的情形。裁员不同于一般预告辞退，是一次裁减20人以上或者裁减不足20人但占企业职工总数10%以上的集体辞退。《劳动合同法》第41条对裁员作出特别规定，给予更多的限制：（1）许可条件的限制。必须是依照企业破产法规定进行重整；生产经营发生严重困难；企业转产、重大技术革新或者经营方式调整，经变更劳动合同后，仍需裁减人员；其他因劳动合同订立时所依据的客观经济情况发生重大变化，致使劳动合同无法履行。（2）程序上的限制。用人单位应提前30日向工会或者全体职工说明情况，听取工会或者职工的意见后，裁减人员方案须向劳动行政部门报告。（3）裁减人员类型的限制。特定的人员应当优先留用，即在选择裁员对象和安排裁员顺序时，将特定类型的人员优先留用。《劳动合同法》第41条规定：裁减人员时，应当优先留用下列人员：（1）与本单位订立较长期限的固定期限劳动合同的。（2）与本单位订立无固定期限劳动合同的。（3）家庭无其他就业人员，有需要扶养的老人或者未成年人的。同时还规定了，用人单位裁减人员，在六个月内重新招用人员的，应当通知被裁减的人员，并在同等条件下优先招用被裁减的人员。

3. 预告辞退的禁止条件

法律规定了用人单位的预告辞退的权利，但在一定情形下，用人单位不得行使预告辞退的权利，即使具备预告辞退的许可条件，也不得预告辞退，只有在被禁止辞退的情形消失后，用人单位以许可条件为依据的预告辞退权才可以恢复。但是预告辞退的禁止条件不能限制用人单位的即时辞退的权利，也就是说即使具备禁止辞退的情形，若同时具备即时辞退的许可条件，也可即时辞退。

《劳动合同法》第42条规定：有下列情形之一的，用人单位不得行使预告辞退的权利：（1）从事接触职业病危害作业的劳动者未进行离岗前职业健康检查，或者疑似职业病病人在诊断或者医学观察期间的。（2）在本单位患职业病或者因工负伤并被确认丧失或者部分丧失劳动能力的。（3）患病或者非因工负伤，在规定的医疗期内的。（4）女职工在孕期、产期、哺乳期的。（5）在本单位连续工作满十五年，且距法定退休年龄不足五年的。（6）法律、行政法规规定的其他情形。

关键术语

即时辞退，是指用人单位无须向劳动者预告或无须支付代预告金，就可随时通知辞退。

预告辞退，又称为无过失性辞退，是指在合同履行过程中因客观情况的变化、不可归责于任何一方的过失，用人单位在向劳动者事先通知或支付代预告金后单方解除劳动合同的行为。

裁员，指的是用人单位由于生产经营严重困难、企业重整等原因，与多位劳动者解除劳动合同的情形。

案例精选

某实业公司因经营不善，现已进入破产重整阶段。在此情况下，公司决定裁员100人以应对这一特殊时期，其中包括吴某、林某。吴某是一名怀孕5个月的孕妇，林某是一名老员工，已经在单位工作30年，还有2年就要退休。吴某、林某认为公司无权将自己裁掉，决定向单位讨个说法。

【案例解析】本案中，该实业公司的情况属于《劳动合同法》第41条的规定，可以进行经济性裁员，但是由于吴某是孕妇，林某已在单位工作30年且距离退休仅有2年，根据《劳动合同法》第42条的规定：有下列情形之一的，用人单位不得行使预告辞退的权利：……（四）女职工在孕期、产期、哺乳期的；（五）在本单位连续工作满十五年，且距法定退休年龄不足五年的……。裁员属于预告辞退，故实业公司在裁员时不得辞退他们。

（三）工会对用人单位单方解除的干预

单个劳动者相对于用人单位处于弱势地位，特别是在用人单位对劳动者进行即时辞退、预告辞退或裁员时，劳动者更处于不利地位，其权益更容易受到侵犯，更需要工会的支持和维护。因此。立法将工会干预辞退规定为辞退的必要程序，赋予工会对辞退的参与和监督权。

《劳动合同法》第43条、《劳动法》第30条、《工会法》第21条的规定表明，工会对用人单位辞退劳动者的干预有以下要点：（1）工会对辞退有知情权，即用人单位单方解除劳动合同，应当事先将理由通知工会。（2）工会对不当辞退有要求纠正权，即工会认为用人单位解除劳动合同不适当的，有权提出意见；如果用人单位违反法律、法规或者劳动合同，工会有权要求纠正；用人单位应当研究工会的意见，并将处理结果书面通知工会。（3）工会有义务支持和帮助劳动者提起仲裁和诉讼。劳动者认为企业侵犯其劳动权益而申请劳动争议仲裁或向人民法院提起诉讼的，工会应当给予支持和帮助。

五、劳动合同终止

根据《劳动合同法》和《劳动合同法实施条例》的规定，劳动合同终止包括以下三种：（1）一般终止；（2）特殊终止；（3）延期终止。

（一）劳动合同的一般终止

劳动合同的一般终止事由包括：（1）劳动合同期满；（2）以完成工作任务为期限的合同约定的任务完成；（3）劳动者开始依法享受养老保险待遇；（4）劳动者死亡，或被人民法院宣告死亡或宣告失踪的；（5）用人单位被依法宣告破产的；（6）用人单位被吊销营业执照、责令关闭、撤销或者用人单位决定提前解散的；（7）法律、行政法规规定的其他情形。

（二）劳动合同的特殊终止

《劳动合同法实施条例》第5条、第6条规定了特殊的终止情形：（1）自用工之日起一个月内，经用人单位书面通知后，劳动者不与用人单位订立书面劳动合同的，用人单位应当书面通知劳动者终止劳动关系。（2）用人单位自用工之日起超过一个月不满一年未与劳动者订立书面劳动合同的，应当向劳动者每月支付两倍的工资，并与劳动者补订书面劳动合同；劳动者不与用人单位订立书面劳动合同的，用人单位应当书面通知劳动者终止劳动关系，并支付经济补偿。

（三）劳动合同的延期终止

延期终止是指劳动合同期满，但存在法定特殊情形，劳动合同应当续延至相应情形消失时终止。

六、劳动合同解除和终止的经济补偿

劳动合同解除和终止的经济补偿，即劳动合同解除或终止时，用人单位在法定条件下应当按照法定标准向劳动者一次性支付的货币补偿。狭义上，仅指《劳动法》第 28 条和《劳动合同法》第 46 条、第 47 条规定的经济补偿，广义上还包括医疗补助费、工伤医疗补助金和伤残就业补助金等。[①]

（一）经济补偿的事由

1. 劳动合同解除的经济补偿事由

根据《劳动合同法》第 46 条的规定，劳动合同解除的经济补偿事由包括：（1）用人单位有《劳动合同法》第 38 条规定的违反劳动合同和劳动与社会保障法律法规的情形，劳动者被迫辞职。（2）用人单位依照《劳动合同法》第 36 条规定，向劳动者提出解除劳动合同并与劳动者协议解除劳动合同。（3）劳动者有《劳动合同法》第 40 条规定的基于健康、劳动能力的原因，或由于劳动合同订立时所依据的客观情况发生重大变化，不能履行劳动合同，用人单位经努力仍无效果而预告辞退。（4）用人单位由于《劳动合同法》第 41 条第 1 款规定的企业破产重整、生产经营发生严重困难等劳动合同订立时所依据的客观经济情况发生重大变化，致使劳动合同无法履行，而依法进行规模裁员。上述事由表明，在据以解除劳动合同的事由中劳动者本人没有过错的，应当给予经济补偿。

2. 劳动合同终止的经济补偿事由

根据《劳动合同法》第 46 条和《劳动合同法实施条例》第 22 条的规定，劳动合同终止的经济补偿事由包括：（1）除用人单位维持或者提高劳动合同约定条件续订劳动合同，劳动者不同意续订的情形外，劳动合同期满终止。（2）劳动合同因用人单位被依法宣告破产，被吊销营业执照、责令关闭或撤销，或者用人单位决定提前解散而终止。（3）以完成一定工作任务为期限的劳动合同因任务完成而终止。（4）法律、行政法规规定的其他经济补偿事由。

---

① 王全兴：劳动法［M］. 北京：法律出版社，1997：184.

案例精选

张某是某公司的员工，她与A公司签订为期三年的劳动合同，将于三天后合同期满。张某十分喜欢现在的工作环境，还想继续在单位工作，但是得到了A公司不打算续签劳动合同的答复。张某十分伤心，正收拾东西准备交接事宜时，被单位老同事李某看到。李某在了解张某情况后，建议她向单位要求支付经济补偿金。

【案例解析】《劳动合同法》第46条第（五）款规定：除用人单位维持或者提高劳动合同约定条件续订劳动合同，劳动者不同意续订的情形外，用人单位应当向劳动者支付经济补偿。本案劳动合同到期后，劳动者张某同意续订劳动合同而公司不同意续订劳动合同，因此公司应向张某支付经济补偿金。

根据《劳动合同法实施条例》第6条的规定，用人单位自用工之日起超过一个月不满一年，不与劳动者订立书面劳动合同的，用人单位应当书面通知劳动者终止劳动关系，并依照规定支付经济补偿。

（二）经济补偿的标准

根据《劳动合同法》第47条的规定，按劳动者在本单位工作的年限，每满一年支付一个月的工资。六个月以上不满一年的，按一年计算；不满六个月的，支付半个月的工资。这里的“月工资”是指劳动者在劳动合同解除或者终止前12个月（工作不满12个月的为实际工作月数）的平均工资。

另外，经济补偿有两种特殊标准。（1）高薪劳动者的特别高限。《劳动合同法》第47条第2款规定，劳动者月工资高于用人单位所在直辖市、设区的市级人民政府公布的本地区上年度职工月平均工资三倍的，向其支付经济补偿的标准按职工月平均工资三倍的数额支付，向其支付经济补偿的年限最高不超过12年。（2）低薪劳动者的特别低限。《劳动合同法实施条例》第27条的规定，劳动者月平均工资低于当地最低工资标准的，按照当地最低工资标准计算。

七、用人单位违法解除或者终止劳动合同的后果

用人单位解除和终止劳动合同的行为，如果违反了法律法规关于劳动合同解除和终止的强制性规定或者违反了集体合同和劳动合同依法约定的解除和终止劳动合同的规则，则属于用人单位违法解除或终止。根据《劳动合同法》第48条的规定，其后果包括：

（一）优先继续履行

劳动者要求继续履行合同的，用人单位应当继续履行。其要件包括：（1）用人单位已实施违法解除或终止劳动合同的行为；（2）劳动者有继续履行劳动合同的要求；（3）用人单位有继续履行劳动合同的条件。

（二）支付赔偿金

用人单位违法解除或者终止劳动合同，劳动者不要求继续履行劳动合同或者劳动合

同已经不能继续履行的，用人单位应当按照《劳动合同法》第 87 条规定支付赔偿金，即应当按照《劳动合同法》第 47 条规定的劳动合同解除和终止经济补偿标准的二倍向劳动者支付赔偿金。

✧ 思考与研讨题

1. 劳动合同解除与终止有哪些区别？
2. 劳动合同解除的类型？
3. 用人单位存在哪些情形劳动者可以即时辞职？
4. 什么情况下用人单位可以即时辞退劳动者？
5. 一般预告辞退的条件有哪些？
6. 劳动合同终止的事由有哪些？
7. 用人单位应当支付经济补偿的事由有哪些？

第七章　大学生必备行政法律常识

◆ 本章要点

1. 行政的含义和分类
2. 行政法的含义
3. 行政法基本原则
4. 扰乱公共秩序违法行为及处理
5. 妨害公共安全违法行为及处理
6. 妨害社会管理违法行为及处理
7. 治安管理处罚种类

行政法是有关行政的主体及职权、行为及程序、违法及责任和救济的法律规范的总称。由规范行政主体和行政权设定的行政组织法、规范行政权行使的行政行为法、规范行政权运行程序的行政程序法、规范行政权监督的行政监督法和行政救济法等部分组成。其重心是控制和规范行政权，保护行政相对人的合法权益。

在我国，行政法仅在学科类别的范畴内使用，目前我国尚没有统一完整的实体行政法典。其大致包括以下几类：行政组织法、公务员法、立法法、行政许可法、行政处罚法、行政强制法、行政复议法等。

第一节　行政法概论

一、行政的含义和分类

关于行政，人们在不同的场合，有不同的说法。《现代汉语词典》中对“行政”的解释是：行使国家权力的活动；机关、企业、团体等内部的管理工作。① 按照人们的日常解释，行政是指社会组织基于特定目标对一定范围的事务进行组织、管理的活动。这是一般意义上的行政，按照这种解释，行政存在于所有的社会组织之中，所以我们能在日常生活中看到“行政部”“行政文员”等称呼，但是，这种一般行政，并非行政法上的行政，行政法上的行政是指公共行政。这是一个相对于立法、司法的概念，公共行政

① 中国社会科学院语言所词典编辑室编 . 现代汉语词典［M］. 北京：商务印书馆，1996：1409.

是国家通过一定的组织为实现国家或社会职能而进行的公共管理活动及其过程。①

公共行政与一般行政的区别主要有以下几点：

（一）性质不同

公共行政是一种国家职能活动，国家的行政活动不是对自身事务的组织和管理，而是对具有公共性质事务的组织和管理。比如为了公众安全，交通管理机关对交通秩序的维持；为了交易安全，工商机关对市场维持，这些都是公共利益，而不是行政机关自身的利益。一般行政指的是局限于局部或个别的组织与管理活动，不具有公共性质。

（二）目的不同

公共行政的目的是谋求公共利益，维护公共秩序，增进公共福利。比如工商部门对市场秩序的维护，是为了公共交易安全。一般行政是为了团体自身的利益，即使活动增进了公共利益，出发点也是为了维护自身利益。比如企业经济交往过程中进行的组织管理活动，直接目的是在于自身获取利润。

（三）手段不同

公共行政以公共利益为目的，国家行政机关在活动中享有许多特权，可以采用一般组织管理不具有的手段，比如可以命令企业履行一定的义务，或者对于违反命令者给予处罚等制裁，将自己的意志强加给对方，这些手段在维护公共利益中不可缺少。一般行政对外不具有这些手段，社会组织相互之间地位处于平等状态，任何一方不具有超越他方的特权，所以相互之间只能通过合同达成合意，不能将自己的意志强加给对方。②

案例精选

王某是某省一所高校外语系二年级的本科生。一天傍晚，他在学校宿舍里私自用电炉煮饭时不慎失火，造成部分公私财物毁损，本人也被轻微烧伤。因其行为严重违反了学校关于禁止在学生宿舍使用燃煤、燃油炉具和各种用于煮饭、烧水的电热器的规定，故受到记大过的处分，同时学校总务处行政科依据学校有关规定给予其罚款100元的“行政处罚”。这期间，王某自学了《行政处罚法》，认为学校行政科不是国家行政机关，无权对他实施行政处罚，要求退还100元罚款，但校方不予退还；于是王某将此争执情况反映到省教育委员会，要求撤销学校作出的“行政处罚”，责令学校退还该项罚款。

【案例解析】本案例所涉及的问题究竟是否属于行政法调整的范围，结合我国现行法律规定，我们可从学校行政科及其处罚行为的性质来加以认识和理解。从公共行政的含义不难看出，该校（包括学校行政科）不是国家行政机关，不具有公共行政权力，在没有法律法规授权的情况下不能以自己的名义对外从事公共行政管理活动即“公共行政”；学校的组织性质是行政相对人，行政科的性质是学校这个行政相对人

① 《行政法与行政诉讼法学》编写组．行政法与行政诉讼法学［M］．北京：高等教育出版社，2018：7.

② 张树义．行政法与行政诉讼法学［M］．北京：高等教育出版社，2007：11.

的内部行政（管理）部门，其管理活动是行政相对人的内部管理活动，其罚款行为是学校采用经济手段进行的内部管理措施，属于“一般行政”的范畴，与我国《行政处罚法》所说的行政处罚不是一回事，只要不违反法律规定，教育行政机关就不应干预（撤销）其正常的管理行为。[①]

关键术语

行政法上的行政是指公共行政，专指国家行政或公共行政，即国家行政机关对公共事务的组织与管理。

二、行政法的含义

行政法是调整行政活动的法律规范的总称，它主要规范国家行政权力的组织，行政权力的活动以及对行使权力后果如何补救，其目的在于实现依法行政，确认或建立行政法律秩序。[②]

行政法的核心是对行政权力的控制，规范承担行政权力的组织、行政权力的活动，以及对权力行使的后果进行补救的法律。行政法的目的在于实现依法行政，确认或建立符合人民利益和意志的行政法律秩序。

三、行政法基本原则

行政法的基本原则是指导行政法规的制定、执行、遵守以及解决行政争议的基本准则，贯穿于行政立法、行政执法、行政司法和行政法制监督等各个环节。行政法的基本原则具有揭示行政法规的主要矛盾和本质，界定行政法规发展的框架和方向。指导和规范行政法规的制定、执行、司法适用等实践活动，弥补行政法规的漏洞，完善行政法体系等重要意义。

我国行政法的基本原则应全面适用于行政主体及其活动、职权职责与监督、权利与救济等基本范畴，因而包括依法行政原则、行政合理性原则、程序正当原则、诚信原则、高效便民原则和监督与救济原则。

（一）依法行政原则

依法行政原则即行政法治原则，是各国行政法的共同理念或基本原则，基本含义是行政机关和其他行政公务组织必须依法行使行政权或者从事行政管理活动，主要包含三个层面内涵：

1. 职权法定原则

这是依法行政原则的基本要求之一，指国家行政机关以及其他组织的行政职权，必须由法律予以规定或授予，否则，其权力来源就没有法律根据。

---

① 陈大文．新编行政法理论与实务［M］．北京：中国人民大学出版社，2009：3.

②《行政法与行政诉讼法学》编写组．行政法与行政诉讼法学［M］．北京：高等教育出版社，2018：8.

2. 法律优先原则（又称“消极的依法行政”）

这是指行政活动不得与立法机关制定的法律相抵触，即法律优先于行政。这一原则主要有两个方面的含义：其一是凡行政活动在位阶上均低于法律，即法律的效力高于行政行为；其二是行政行为不得与法律规定相违背。

3. 法律保留原则（又称“积极的依法行政”）

具体是指行政机关的行为必须有明确的法律授权，法律无明文授权即无行政。在这里法律仅指全国人大及其常委会制定的法律。对某些事项，没有法律授权时行政机关就不能为之，否则就属于违法。

（二）行政合理性原则

行政主体享有广泛的自由裁量权，这在各国公共行政中都不可避免，因此，行政合理性原则尤为重要。其包含比例原则和平等原则两个层面。

1. 比例原则

比例原则起源于德国，最初只适用于警察行政领域，后被扩充至行政诸领域，被视为宪法和行政法上的原则。比例原则具体由三个子项构成：适当性、必要性和衡量性。

适当性，是对行政行为的目的所作的要求，即行政行为要适合于目的的实现，或者说不得与目的相悖离。

必要性，是指行政行为不超越实现目的之必要程度，也即为达成目的面对多种可能选择的手段，须尽可能采取对人民利益影响最轻微的手段。必要性的基本要求在于，使用“最不激烈手段”（在诸多可选择的手段中选择对公民权益损害最少的）或者“最温和手段”。假定公民丈夫甲正在殴打妻子乙，邻居看到后报警，警察来到后，为了制止这种局面，警察可以采取的手段：可以强行将二者拉开，可以给甲戴上手铐，也可以把甲拘留，当然也可以用枪击毙，警察应做何选择？如果选择开枪，很省事，如果甲的行为对乙并没有迫在眉睫的生命危险，警察就违反了必要性原则。

衡量性，是指手段应按目的加以衡量，即任何干涉措施所造成的损害应轻于达成目的所获得的利益，才具有合法性。换言之，行政机关在作出行政行为时，面对多种可能选择的手段，对手段的选择应按目的加以衡量。

2. 平等原则

平等原则是行政主体在履行职责、行使裁量权时必须遵循的原则。平等对待的基本含义是，没有正当理由不得区别对待，即非歧视原则。在行政法领域，平等对待的具体要求主要表现在：行政主体应平等对待行政相对人；国家应平等对待行政主体与行政相对人。

（三）程序正当原则

程序正当原则主要包括行政公开、程序公正和公众参与三个方面。

阳光是最好的防腐剂。同理，行政过程公开透明也是预防行政主体恣意、滥权和腐败的有效手段。行政公开是现代社会行政活动所遵循的一项基本原则，具有重要的意义。行政公开可以实现公民的知情权，满足公民对信息的需要；行政公开有利于公民对行政事务的参与，增强公民对行政机关的信赖；行政公开有利于防止行政腐败。

程序公正，是法律正义的基本内涵。在救济程序领域，程序公正的基本要求有两个：一是任何人不得做自己案件的法官；二是任何人在受到不利对待时应当给予其陈述和辩护的机会。具体而言，行政程序公正意味着：（1）行政机关工作人员不得处理与自己有利害关系的行政案件；（2）听取利害相关人的意见；（3）说明理由；（4）不得单方接触。

所谓公众参与，是指作为行政相对人的公民、法人或其他组织有权参与行政过程，有权对行政主体即将作出的行为表达意见，而且该等意见应当获得行政主体的尊重。公众参与行政原则的基本要求主要表现在以下几个方面：（1）信息公开透明；（2）充分保障公众的参与机会；（3）给予当事人陈述与申辩的机会。

（四）诚信原则

诚信原则是指诚实守信、信赖保护原则。

1. 诚实守信原则

在行政法中，诚实守信意味着行政主体不得为了自身的利益、欺骗行政相对人，不得"钓鱼执法"和"养鱼执法"，违反法律、法规、政策的初衷和目的。政府在制定法律、政策、决定和作出承诺前，必须充分考虑各种复杂的情形，听取多方意见，在慎重考虑的基础上作出决定。行政主体必须依法行政，不得任意反悔。法律规范应具有稳定性与不可溯及性。法治要求法律规范具有稳定性与连续性、可靠性与可预测性。行政活动应具有真实性与确定性。行政主体作出行政活动，应出于真实的目的和意图，意思表示真实、准确，真实性不只适用于行政法律行为，也应包括行政事实行为，如咨询、信息提供等。虚假、错误的行政行为造成公民合法权益损害的，行政主体负有赔偿义务。

2. 信赖保护原则

信赖保护原则是传统法理中的诚实信用原则、法律安定性原则以及人民基本权利保障原则等综合演化而成。它是指人民基于对国家公权力行使结果的合理信赖而有所规划或举措，由此而产生的信赖利益应受保护。信赖保护原则主要包括两个方面的内容：一是信赖保护的适用条件；二是信赖保护的法律效果。

信赖保护原则的适用须具备如下条件：一是须有信赖基础，即须行政机关作出一定的行政行为，如命令或决定，否则就没有人民信赖的基础。二是须有信赖表现。人民须因信赖行政行为而有客观上具体表现信赖的行为，如安排其生活或处置其财产。如果纯属人民的主观愿望或期待而没有已生信赖的客观事实表现，尚不足以主张信赖保护。三是须信赖值得保护。人民的信赖须值得保护，如果这种信赖有瑕疵而不值得保护时，即适用无信赖保护原则。

信赖保护的法律效果，可分为存续保护与财产保护，且两者之间存在选择关系。（1）存续保护，指不论现存法律状况是否合法，为稳定人民所信赖的法律状况，维持原来的信赖基础。这主要适用于对授益行政行为。（2）财产保护，即以适当的财产补偿来减轻行政相对人因合理信赖所造成的损失。

（五）高效便民原则

高效便民，是指行政机关应依法高效率、高效益地行使职权，最大限度地方便人民群众，从而更好地服务于人民和实现行政管理的目标。

高效原则，即以最低成本在最短时间内创造出更多的成果。高效原则在行政法上的基本要求是:（1）精简机构，裁撤冗员，降低公共行政的人力成本;（2）公共行政必须坚持为民服务的宗旨，以满足人民的真实需求为施政方向，坚持从实际出发，量力而行;（3）行政决策、行政决定必须进行成本效益核算，禁止采取得不偿失的行政活动;（4）公共行政应当严格遵循法定时限，禁止拖拉;（5）改进行政工作作风，消除非法设置的人为障碍和前置条件。

便民原则，是指民众能够方便获得行政主体提供的公共服务。结合我国的行政现实，便民原则的基本要求是:（1）保障民众以最低成本和最便利方式获取公共信息;（2）行政机关的办公场所应当尽可能接近服务对象，减少民众获取公共行政服务的成本;（3）行政事权和行政人员应当尽可能下放到基层;（4）将分散于不同行政部门但又密切相关的行政事项在程序上尽可能一体办理;（5）应当健全服务咨询制度，及时、准确、全面解答民众的咨询和疑问;（6）在特殊情况下，如服务对象丧失行动能力等，应当提供上门服务。

（六）监督与救济原则

所谓监督原则，即监督行政的原则，是指国家机关、公民、法人或者其他组织对行政机关或其他组织的行政活动有权进行监督与问责。基于“权责一致”和“有权力必有监督”的要求，监督原则主要包括监督与责任两个方面的内容。

监督主要表现为：自觉接受“他律”监督；加强行政内部层级监督和专门监督。责任主要表现为：行政机关有责任依法行使职权；对违法、不当行为及其他造成公民或组织权益损害的行为应当承担责任；问责。

所谓救济原则，“有权利必有救济”“无救济即无权利”，可以说是一条法律公理。在行政活动中，行政机关极易给行政相对人的权益造成损害，如果没有对因其违法或不当的行政活动造成损害的弥补与救济，行政公权力就会被“任性”地行使，从而使人民的权益处于一种危险状态。因此，从保障人民的合法权益角度出发，必须使公民或组织在其合法权益受到行政违法或不当侵害的情况下享有充分的救济。

处于行政相对人地位的公民、法人或其他组织的救济权利，主要包括申请行政复议权、提起行政诉讼权、要求赔偿权或补偿权以及救济过程中的相应权利等。这些救济权的行使及实现，在我国主要通过行政复议、行政诉讼、国家赔偿与补偿等制度来保障。①

关键术语

公共秩序是人们在长期的社会生活中形成的一种由法律、社会公共生活准则以及道德所维护的有序的社会状态，这种有序的社会状态是整个社会生活正常进行的基础。公共秩序的内涵非常广泛，主要包括社会管理秩序、各单位的生产管理秩序、公共交通秩序、公共空间和公共场所秩序等。

---

① 行政法与行政诉讼法学编写组．行政法与行政诉讼法学［M］．北京：高等教育出版社，2018：18.

第二节　扰乱公共秩序违法行为及处理

一、扰乱公共秩序行为的概念

扰乱公共秩序行为，是指故意干扰和破坏社会公共秩序，具有一定社会危害性，但情节轻微，尚未达到刑事处罚程度，依法应当给予治安管理处罚的违法行为。[①]

扰乱公共秩序行为具有如下构成特征：

（一）扰乱公共秩序行为侵害的客体是公共秩序

这是此类行为最本质的特征，没有对公共秩序这一客体的侵害，就谈不上扰乱公共秩序。需注意的是，《治安管理处罚法》中所规定的扰乱公共秩序的行为，其社会危害性都不太严重，严重的社会危害性是犯罪行为的本质特征，具有严重社会危害性的扰乱公共秩序行为构成的是扰乱公共秩序罪。因此，社会危害性严重与否是区分一般违法行为和犯罪行为的基本尺度。

（二）扰乱公共秩序行为在客观上具有扰乱公共秩序的危害行为和危害结果

这里指以各种手段实施了扰乱公共秩序的行为，造成公共秩序的混乱，并产生一定的不良影响，具有一定的社会危害性，但危害程度尚不够刑事处罚。例如，聚众（三人以上为“聚众”）在医院内部吵闹、强占医院办公室，导致医院的某个科室在某段时间内无法正常工作，但没有造成严重损失的，即属于聚众扰乱单位秩序的行为，若聚众在医院闹事，致使医疗工作无法进行，造成严重损失的，则构成聚众扰乱社会秩序罪。

（三）扰乱公共秩序行为实施的主体是自然人

这里指的是即达到法定年龄、具有责任能力、能够承担违反治安管理责任的任何自然人。需注意的是，此类行为中某些行为的主体还要符合特定的条件，如上述聚众扰乱单位秩序行为的主体必须是聚众者，如果行为主体不是聚众者，那么其行为就不能构成聚众扰乱单位秩序，只能构成一般扰乱单位秩序。

（四）扰乱公共秩序行为在主观上只能由故意构成

这包括直接故意和间接故意，过失不构成此类行为。直接故意，即行为人明知自己的行为会发生扰乱公共秩序的危害结果，并希望或追求这种结果发生的主观心理态度；间接故意，即行为人明知自己的行为会发生扰乱公共秩序的危害结果，主观上虽不积极希望或追求，但放任这种结果发生的心理态度。

二、扰乱公共秩序行为的种类

根据《治安管理处罚法》第 23—29 条的规定，同时依据公安部《违反公安行政管理行为的名称及其适用意见》（2020 年最新修订）的相关规定，扰乱公共秩序行为具体

---

① 王理 . 治安管理处罚法实训教程［M］. 北京：中国人民公安大学出版社，2016：36-37.

包括扰乱单位秩序、扰乱公共场所秩序、扰乱公共交通工具上的秩序等29种。

三、扰乱公共秩序行为的认定与处理

根据《治安管理处罚法》的相关规定，可以将上述29种具体的扰乱公共秩序行为归纳为7大类型。下面将围绕法律条文的规定，分别对各个类型的扰乱公共秩序行为的认定与处理进行全面阐释。

（一）扰乱特定场所、活动秩序行为的认定与处理

根据《治安管理处罚法》第23条的规定，该类型的扰乱公共秩序行为有10种：扰乱单位秩序；扰乱公共场所秩序；扰乱公共交通工具上的秩序；妨碍交通工具正常行驶；破坏选举秩序；聚众扰乱单位秩序；聚众扰乱公共场所秩序；聚众扰乱公共交通工具上的秩序；聚众妨碍交通工具正常行驶；聚众破坏选举秩序。

1. 扰乱特定场所、活动秩序行为的认定

（1）扰乱单位秩序行为

扰乱单位秩序行为，是指扰乱机关、团体、企业、事业单位秩序，致使工作、生产、营业、医疗、教学、科研不能正常进行，尚未造成严重损失的行为。行为人扰乱单位秩序的具体手段是多种多样的，既有暴力的，也有非暴力的。例如，在单位内砸毁门窗、办公用具等物品属于暴力性的扰乱，在单位内起哄、闹事、辱骂则属于非暴力性的扰乱。

需注意的是，扰乱单位秩序行为必须造成一定的危害结果，但又尚未造成严重损失，即扰乱单位秩序行为“致使工作、生产、营业、医疗、教学、科研不能正常进行”，但未造成停产停业、人员伤亡或者重大财产损失等严重后果。换言之，虽然行为人的行为在客观上表现为扰乱单位秩序行为，但该行为不足以影响工作、生产、营业、医疗、教学、科研正常进行，或者虽然有一定的影响，但经过说服教育，行为人能听从劝阻，及时停止扰乱行为，则不构成违法行为，不会受到行政处罚。

案例精选

赵某是高校的大三学生，其利用暑假时间在某辅导机构兼职了一个半月的作业辅导老师，兼职结束后该辅导机构以赵某工作不认真为由，扣除了赵某500元工资。赵某不服，多次与该辅导机构争论未果，于是找到当地劳动保障监察大队投诉，当得知自己的投诉至少需要等15天才能处理，眼见开学在即，赵某一时心急，便在劳动保障监察大队办公室吵闹起来，经工作人员劝阻后仍继续吵闹，甚至爬上办公室的窗台以跳楼相威胁，要求劳动保障监察大队3日内为自己要回被辅导机构扣除的工资。随后，赵某被民警带离劳动保障监察大队办公室，并处100元罚款的行政处罚。

【案例解析】本案涉及扰乱单位秩序行为的认定与处理。本案中，赵某因兼职工资被扣与辅导机构产生纠纷，自行协商未果后，其有权向相关部门投诉或者申请仲裁，这是积极维权的表现。但是，赵某在劳动保障监察大队办公室吵闹甚至爬上窗

台，并以跳楼相威胁，扰乱了该单位的正常工作秩序，但情节尚不严重，应当处警告或者 200 元以下罚款。

（2）扰乱公共场所秩序行为

扰乱公共场所秩序行为，是指在公共场所内打架斗殴、损毁财物、制造混乱或者阻碍维持秩序人员履行职责，扰乱公共场所正常的运营管理秩序。例如，在公共场所非法游行或者静坐示威，造成交通阻塞，秩序混乱。

关键术语

公共场所是一个内涵和外延比较广泛的概念，凡是能够为不特定的社会公众提供参与某些活动的空间的地点或区域，都可以称为公共场所，如车站、港口、码头、机场、商场、公园、景区、展览馆、公共图书馆等。

（3）扰乱公共交通工具上的秩序行为

扰乱公共交通工具上的秩序行为，是指扰乱公共汽车、电车、火车、船舶、航空器或者其他交通工具上的秩序的行为。关于公共交通工具上的秩序，我国各级人民政府和有关交通管理部门有很多规定。例如，乘车必须购买车票；不得拒绝乘务人员查票；严禁携带危险物品乘车等。需注意的是，这里的“公共交通工具”，是指正在运营的公共交通工具，而不是指停放在车库或停留在车站、码头、机场待用的公共交通工具。

（4）影响交通工具正常行驶行为

影响交通工具正常行驶行为，一是指没有正当理由或合法依据拦截机动车、船舶、航空器以及其他交通工具，影响交通工具正常行驶；二是指强登、扒乘机动车、船舶、航空器以及其他交通工具，影响交通工具正常行驶。需注意的是，前者包括非机动车，而后者不包括非机动车。[①]

（5）破坏选举秩序行为

破坏选举秩序行为，是指以暴力、威胁、欺骗、贿赂、伪造选举文件、虚报选举票等手段破坏选举秩序或者妨害选民自由行使选举权、人民代表自由行使被选举权。

2. 扰乱特定场所、活动秩序行为的处理

根据《治安管理处罚法》第 23 条第 1 款、第 2 款的规定，扰乱特定场所、活动秩序的，处警告或者 200 元以下罚款；情节较重的，处 5 日以上 10 日以下拘留，可以并处 500 元以下罚款；对于聚众扰乱特定场所、活动秩序的，对首要分子处 10 日以上 15 日以下拘留，可以并处 1000 元以下罚款。

---

① 由力．治安管理处罚法百问［M］．吉林：吉林人民出版社，2010：35.

（二）扰乱大型群众性活动秩序行为的认定与处理

关键术语

大型群众性活动是指法人或者其他组织面向社会公众举办的每场次预计参加人数达 1000 人以上的体育比赛活动，演唱会、音乐会等文艺演出活动，展览、展销等活动，游园、灯会、庙会、花会、焰火晚会等活动，以及人才招聘、现场开奖的彩票销售等活动。需注意的是，公园、影剧院、音乐厅、娱乐场所等在其日常业务范围内举办的活动不属于大型群众性活动。

根据《治安管理处罚法》第 24 条的规定，该类型的扰乱公共秩序行为有 6 种：强行进入大型活动场内；违规在大型活动场内燃放物品；在大型活动场内展示侮辱性物品；围攻大型活动工作人员；向大型活动场内投掷杂物；其他扰乱大型活动秩序的行为。

1. 扰乱大型群众性活动秩序行为的认定

（1）强行进入大型活动场内行为

强行进入大型活动场内行为，是指未经许可而强行进入大型活动场内的行为。例如，不购买门票或者入场券，并且不听工作人员的制止，强行进入场内观看比赛或者其他活动。

案例精选

李某是北京某音乐学院一年级的本科生，暑假期间某摇滚乐团要在北京鸟巢举办演唱会，于是李某特意留在学校，并满怀期待地购买了演唱会门票。演唱会当天，李某兴奋地前往鸟巢，但是经过安检时，安检仪发出警鸣信号，安检人员要求李某拿出身上的可疑物品。李某不满道："我身上没有危险物品，你们没有资格检查！"由于每次检测都有警鸣，李某又不配合检查，安检人员便拒绝李某入场。李某怒吼："我买了门票，你们凭什么不让我进去！"并强行推开一名安检人员，闯过安检口，造成现场秩序混乱。后来，李某被民警强行带离鸟巢，并处 200 元罚款的行政处罚。

【案例解析】本案涉及强行进入大型活动场内行为的认定与处理。本案中，李某不积极配合安全检查工作，并强行闯入场内，造成现场秩序混乱，但情节尚不严重，应当处警告或者 200 元以下罚款。

（2）违规在大型活动场内燃放物品行为

违规在大型活动场内燃放物品行为，是指违反规定，在大型活动场内燃放烟花爆竹或其他危险物品的行为。需注意的是，符合大型活动所在地的地方性法规，作为大型活动一部分的燃放烟花爆竹则不在禁止之列。这里的"其他危险物品"，主要是指燃放后可能造成环境污染，留下安全隐患，扰乱大型群众性活动秩序的物品。例如，有的情绪激动的行为人，在大型活动现场燃烧衣物、标语、横幅等，扰乱了现场秩序。

（3）在大型活动场内展示侮辱性物品行为

在大型活动场内展示侮辱性物品行为，是指在大型活动场内展示侮辱性标语、条幅等物品的行为。这种行为多发生在文化、体育活动等大型活动中，为了活跃气氛、表达自己对表演人员或参赛选手的喜爱、支持，许多观众会悬挂各种标语、条幅等物品，但也有的观众会展示侮辱性标语、条幅，这种行为极易引发骚乱，影响大型活动的正常进行，同时也是对他人人格的侵害，必须从法律上加以禁止。

（4）围攻大型活动工作人员行为

围攻大型活动工作人员行为是一种比较严重的扰乱大型群众性活动秩序行为，指的是在大型活动现场围攻裁判、运动员或者其他工作人员，这种行为直接影响到大型活动的正常进行，还有可能引发更大范围的混乱，造成更为严重的后果。

（5）向大型活动场内投掷杂物行为

向大型活动场内投掷杂物行为，是指向大型活动场内投掷杂物，并且不听制止。在大型活动中，特别是体育比赛，观众的情绪往往会随着活动的进行而发生变化，有的观众为了发泄对裁判或参赛选手的不满情绪而向场内投掷矿泉水瓶、食品等杂物。对于这种行为，活动组织者和现场维持秩序人员应当及时制止，不听制止的，应当根据《治安管理处罚法》的相关规定予以处理。

（6）其他扰乱大型活动秩序的行为

其他扰乱大型活动秩序的行为，是指除上述5种扰乱大型群众性活动秩序行为之外，因侵害客体、危害行为、危害结果的相似性，处理结果也和上述扰乱大型群众性活动秩序行为相当的其他行为。[①] 例如，在大型活动现场煽动观众不满情绪，用恶意语言攻击运动员、裁判员，甚至不听制止，跳入活动场内追逐运动员、裁判员。

2. 扰乱大型群众性活动秩序行为的处理

根据《治安管理处罚法》第24条第1款、第2款的规定，扰乱大型群众性活动秩序的，处警告或者200元以下罚款；情节严重的，处5日以上10日以下拘留，可以并处500元以下罚款；对于因扰乱体育比赛秩序被处以拘留处罚的，可以同时责令其12个月内不得进入体育场馆观看同类比赛；违反规定进入体育场馆的，强行带离现场。

（三）利用虚假的暴力、威胁方法扰乱公共秩序行为的认定与处理

根据《治安管理处罚法》第25条的规定，该类型的扰乱公共秩序行为有3种：虚构事实扰乱公共秩序；投放虚假危险物质；扬言实施放火、爆炸、投放危险物质。

1. 利用虚假的暴力、威胁方法扰乱公共秩序行为的认定

（1）虚构事实扰乱公共秩序行为

虚构事实扰乱公共秩序行为，是指通过散布谣言，谎报险情、疫情、警情或者以其他虚构事实的方法扰乱公共秩序的行为。需注意的是，如果行为人主观上不是出于故意，只是由于对道听途说信以为真或者认识判断上的失误而向有关部门报错了险情、疫情、警情的，不构成虚构事实扰乱公共秩序行为。

---

① 李春华，熊一新主编．治安案件查处教程［M］．北京：中国人民公安大学出版社，2015：180.

案例精选

杨某是某高校的大四学生，2022 年 1 月寒假期间，杨某在家准备公务员考试，但楼下对面的公园经常有人在晚间跳广场舞，而且音乐声音较大，影响到杨某复习。杨某父母多次与跳广场舞的组织者协商，但对方表示公园是公共场所，他们有跳舞的自由，而且音乐声音小了就没有跳舞的氛围。1 月 8 日，杨某复习时被吵得心烦意乱，于是拨打 110 报警电话，谎称跳广场舞的几位大妈家中有从“疫区”返回的子女，并且有发烧、咳嗽等症状，疑似感染新冠肺炎。1 月 9 日，当地公安局以虚构事实扰乱公共秩序行为对杨某处 7 日行政拘留。

【案例解析】本案涉及虚构事实扰乱公共秩序行为的认定与处理。本案中，杨某虚构事实谎报疫情扰乱公共秩序，应当根据《治安管理处罚法》第 25 条的规定，处 5 日以上 10 日以下拘留，可以并处 500 元以下罚款。事实上，广场舞等噪声扰民事件已成为社会的热点问题，《治安管理处罚法》对该问题有明确规定，该法第 58 条规定：违反关于社会生活噪声污染防治的法律规定，制造噪声干扰他人正常生活的，处警告；警告后不改正的，处 200 元以上 500 元以下罚款。因此，杨某在协商不成后，应当通过合法途径维护自己的权益。

（2）投放虚假危险物质行为

投放虚假危险物质行为，是指投放虚假的爆炸性、毒害性、放射性、腐蚀性物质或者传染病病原体等危险物质扰乱公共秩序的行为。日常生活中，行为人一般以邮寄、放置、丢弃等方式，将虚假危险物质置于公众面前或者生活、工作场所周围。

（3）扬言实施放火、爆炸、投放危险物质行为

扬言实施放火、爆炸、投放危险物质行为，是指扬言要实施放火、爆炸、投放危险物质等扰乱公共秩序的行为。需注意的是，扬言既可以是口头的，也可以是书面的，如通过书信、传单、电子邮件等方式。

2. 利用虚假的暴力、威胁方法扰乱公共秩序行为的处理

根据《治安管理处罚法》第 25 条的规定，利用虚假的暴力、威胁方法扰乱公共秩序的，处 5 日以上 10 日以下拘留，可以并处 500 元以下罚款；情节较轻的，处 5 日以下拘留或者 500 元以下罚款。

（四）寻衅滋事行为的认定与处理

寻衅滋事行为是日常生活中常见的违法行为，是指在公共场所结伙斗殴，追逐、拦截他人，强拿硬要或者任意损毁、占用公私财物，以及其他寻衅滋事等扰乱公共秩序的行为。根据《治安管理处罚法》第 26 条的规定，寻衅滋事的，处 5 日以上 10 日以下的拘留，可以并处 500 元以下罚款；情节较重的，处 10 日以上 15 日以下拘留，可以并处 1000 元以下罚款。

正确认定寻衅滋事行为，应当注意区分其与寻衅滋事罪的界限。寻衅滋事行为与寻衅滋事罪既有密切联系，又有本质区别，前者是一般违法行为，后者是犯罪行为。二者在侵

害客体、行为主体和主观方面都基本一致，主要区别是客观方面的社会危害性程度不同。根据《刑法》第293条的规定，随意殴打他人，情节恶劣的；追逐、拦截、辱骂、恐吓他人，情节恶劣的；强拿硬要或者任意损毁、占用公私财物，情节严重的；在公共场所起哄闹事，造成公共场所秩序严重混乱的行为，构成寻衅滋事罪。由此可见，寻衅滋事行为在情节恶劣、情节严重、造成公共场所秩序严重混乱的情况下，即构成寻衅滋事罪。

（五）利用封建迷信、会道门扰乱公共秩序行为的认定与处理

根据《治安管理处罚法》第27条的规定，该类型的扰乱公共秩序行为有3种：组织、教唆、胁迫、诱骗、煽动从事邪教、会道门活动；利用邪教、会道门、迷信活动危害社会；冒用宗教、气功名义危害社会。

> **小贴士**
>
> 邪教、封建迷信活动是与马克思主义科学理论、现代科学技术相背离的思想活动表现，其传播对社会具有不良影响。所谓“邪教”，是指冒用宗教、气功或者其他名义建立，神化首要分子，利用制造、散布迷信邪说等手段蛊惑、蒙骗他人，发展、控制内部成员，危害社会的非法组织。所谓“会道门”，是封建迷信活动组织的总称。

1. 利用封建迷信、会道门扰乱公共秩序行为的认定

（1）组织、教唆、胁迫、诱骗、煽动从事邪教、会道门活动行为

组织、教唆、胁迫、诱骗、煽动从事邪教、会道门活动行为主要有以下5种手段：一是组织，即行为人召集、网罗他人从事邪教、会道门活动；二是教唆，即行为人通过劝说、请求等方式唆使他人参加邪教、会道门活动；三是胁迫，即行为人通过暴力威胁或精神威胁迫使他人参加邪教、会道门活动；四是诱骗，即行为人通过利诱、欺骗等手段拉拢他人参加邪教、会道门活动；五是煽动，即行为人通过语言、文字鼓动他人从事邪教、会道门活动。

（2）利用邪教、会道门、迷信活动危害社会行为

利用邪教、会道门、迷信活动危害社会行为，是指利用邪教、会道门、迷信活动危害社会，扰乱社会秩序、损害他人身体健康的行为。这种行为主要表现为：一是利用邪教、会道门、迷信活动聚众（人数在20人以下）冲击国家机关、团体、企业、事业等单位；二是利用邪教、会道门、迷信活动传播迷信反动思想，攻击我国宪法确立的国家制度；三是利用邪教、会道门、迷信活动蛊惑群众放弃工作、生产、学习；四是利用邪教、会道门、迷信活动制造、散布邪说，蛊惑其成员或者其他人实施绝食、自焚、自虐等行为或者阻止病人进行正常的治疗；五是利用迷信、巫术等给他人治病，损害他人身体健康。

案例精选

顾某是在校大学生，某次去云南昆明旅游，在途经某村时，发现该村有一名自称

是“仙娘”的村民戚某，其宣扬自己是药神下凡，还经常用所谓“仙水”为别人治病。于是顾某立即前往县里的公安机关举报，经公安机关调查，戚某所谓“仙水”只是普通的自来水加一点消炎药，其目的是利用“仙水”包治百病的说法骗取村民的财物。鉴于戚某骗取财物数额较少，属于情节较轻，公安机关对戚某进行了批评教育，戚某也如实交代了自己利用封建迷信骗取他人财物的违法行为，并保证不会再犯。最后，根据《治安管理处罚法》第11条和第27条的规定，公安机关没收戚某非法所得，对其处5日行政拘留，并处500元罚款。

【案例解析】本案涉及利用迷信活动危害社会行为的认定与处理。本案中，戚某自称“仙娘”制造“仙水”为他人治病的行为属于典型的迷信活动，虽然“仙水”是普通的自来水加消炎药，但是用于为他人治病仍会损害病人的身体健康，具有一定的社会危害性，可以认定为利用迷信活动危害社会。故此，公安机关对戚某的处罚决定是正确的。

（3）冒用宗教、气功名义危害社会行为

冒用宗教、气功名义危害社会行为，是指冒用宗教、气功名义进行扰乱社会秩序、损害他人身体健康的活动。需注意的是，正常的宗教活动以及以强身健体为目的的气功活动是受国家保护的，但任何人不得冒用宗教、气功名义进行扰乱社会秩序、损害他人身体健康的活动，否则将受到相应的法律制裁。

2. 利用封建迷信、会道门扰乱公共秩序行为的处理

根据《治安管理处罚法》第27条的规定，利用封建迷信、会道门扰乱公共秩序的，处10日以上15日以下拘留，可以并处1000元以下罚款；情节较轻的，处5日以上10日以下拘留，可以并处500元以下罚款。

（六）干扰无线电通信行为的认定与处理

根据《治安管理处罚法》第28条的规定，该类型的扰乱公共秩序行为有2种：故意干扰无线电业务正常进行；拒不消除对无线电台（站）的有害干扰。

1. 干扰无线电通信行为的认定

（1）故意干扰无线电业务正常进行行为

故意干扰无线电业务正常进行行为，是指故意干扰无线电业务正常进行、破坏无线电运营秩序的行为。

小贴士

目前，根据《国际无线电规则》和我国《无线电频率划分规定》的相关规定，无线电业务的种类可以分为43项，主要有无线电通信业务、固定业务、卫星固定业务、航空固定业务、空间操作业务、移动业务、广播业务、无线电导航业务、无线电定位业务、卫星气象业务等。

（2）拒不消除对无线电台（站）的有害干扰行为

拒不消除对无线电台（站）的有害干扰行为，是指已经对正常运行的无线电台（站）产生有害干扰，经有关主管部门指出后，拒不采取有效措施消除该有害干扰的行为。

2. 干扰无线电通信行为的处理

根据《治安管理处罚法》第 28 条的规定，干扰无线电通信的，处 5 日以上 10 日以下拘留；情节严重的，处 10 日以上 15 日以下拘留。

（七）危害计算机信息系统安全行为的认定与处理

根据《治安管理处罚法》第 29 条的规定，该类型的扰乱公共秩序行为有 4 种：非法侵入计算机信息系统；非法改变计算机信息系统功能；非法改变计算机信息系统数据和应用程序；故意制作、传播计算机破坏性程序。

关键术语

计算机信息系统是由计算机及其相关配套的设备、设施（含网络）构成的，按照一定的应有目标和规则对信息进行采集、加工、储存、传输、检索等处理的人机系统。

1. 危害计算机信息系统安全行为的认定

（1）非法侵入计算机信息系统行为

非法侵入计算机信息系统行为，是指违反国家规定，侵入计算机信息系统，造成危害后果（如造成信息丢失、泄密等）的行为。

（2）非法改变计算机信息系统功能行为

非法改变计算机信息系统功能行为，是指违反国家规定，对计算机信息系统功能进行删除、修改、增加、干扰，造成计算机信息系统不能正常运行。具体而言，这种行为主要有以下 4 种方式：一是删除，即将计算机某种功能去除，减少了计算机应有的某种功能；二是修改，即改变计算机原有的某种功能，使计算机的某种功能发生改变；三是增加，即赋予计算机某种新的功能；四是干扰，即对计算机的正常功能进行扰乱。

（3）非法改变计算机信息系统数据和应用程序行为

非法改变计算机信息系统数据和应用程序行为，是指违反国家规定，对计算机信息系统中存储、处理、传输的数据和应用程序进行删除、修改、增加。

（4）故意制作、传播计算机破坏性程序行为

故意制作、传播计算机破坏性程序行为，是指故意制作、传播计算机病毒等破坏性程序，影响计算机信息系统正常运行的行为。

2. 危害计算机信息系统安全行为的处理

根据《治安管理处罚法》第 29 条的规定，危害计算机信息系统安全的，处 5 日以下拘留；情节较重的，处 5 日以上 10 日以下拘留。

第三节　妨害公共安全违法行为及处理

一、妨害公共安全行为的概念

妨害公共安全行为，是指故意或者过失地实施了妨害或者可能妨害不特定多数人的生命、健康和公私财产以及社会生产、工作和公共生活的安全，但情节轻微，尚未达到刑事处罚程度，依法应当给予治安管理处罚的违法行为。[①]

妨害公共安全行为具有如下构成特征：

（一）妨害公共安全行为侵害的客体是公共安全

这是此类行为区别于其他各类违反治安管理行为的最本质特征。妨害公共安全行为往往会造成人身伤害或者财产损失，有时二者兼而有之，但这种危害具有“不特定”性，即此类行为侵害的对象具有不确定性，其侵害的范围和程度具有广泛性，其可能造成的危害结果难以预料且难以控制。

（二）妨害公共安全行为在客观上具有妨害公共安全的危害行为

需注意的是，此类行为的社会危害性不大，如果造成了危害公共安全的严重后果，如致人重伤、死亡或者使公私财产遭受重大损失，则不再是妨害公共安全行为，而是构成危害公共安全罪。

（三）妨害公共安全行为实施的主体既可以是自然人，也可以是单位

需注意的是，此类行为的主体大多是一般主体，但个别行为必须由特殊主体才能构成。例如，公共场所经营管理人员违反安全规定行为，其主体必须是公共场所的经营管理人员，不具有该特殊身份的人不能成为该行为的主体。

（四）妨害公共安全行为在主观上既可以由故意构成，也可以由过失构成

因为此类行为重在对危害后果的积极预防和控制，只要行为不属于意外事件，行为人都应当受到处罚。

> **关键术语**
>
> 安全是人类最基本的需要。具体而言，安全首先是指一种免受威胁和侵害的稳定状态；其次又是指消除恐怖的心理。这二者体现为人身安全、财产安全和公共安全三个方面。其中，公共安全是指不特定多数人的生命、健康、重大公私财产以及社会生产、工作和公共生活的安全。

---

① 王理．治安管理处罚法实训教程［M］．北京：中国人民公安大学出版社，2016：67-68.

二、妨害公共安全行为的种类

根据《治安管理处罚法》第 30—39 条的规定，同时依据公安部《违反公安行政管理行为的名称及其适用意见》（2020 年最新修订）的相关规定，妨害公共安全行为具体包括非法制造、买卖、储存、运输、邮寄、携带、使用、提供、处置危险物质、危险物质被盗、被抢、丢失不报，非法携带枪支、弹药、管制器具等 24 种。

三、妨害公共安全行为的认定与处理

根据《治安管理处罚法》的相关规定，可以将上述 24 种具体的妨害公共安全行为归纳为 6 大类型。下面将围绕法律条文的规定，分别对各个类型的妨害公共安全行为的认定与处理进行全面阐释。

（一）非法管控危险物质行为的认定与处理

根据《治安管理处罚法》第 30—32 条的规定，该类型的妨害公共安全行为有 3 种：非法制造、买卖、储存、运输、邮寄、携带、使用、提供、处置危险物质；危险物质被盗、被抢、丢失不报；非法携带枪支、弹药、管制器具。

1. 非法制造、买卖、储存、运输、邮寄、携带、使用、提供、处置危险物质行为

非法制造、买卖、储存、运输、邮寄、携带、使用、提供、处置危险物质行为，简称违反危险物质管理行为，是指违反国家有关规定，制造、买卖、储存、运输、邮寄、携带、使用、提供、处置爆炸性、毒害性、放射性、腐蚀性物质或者传染病病原体等危险物质，如未经有关部门批准和向县、市以上公安机关备案，擅自设厂，生产危险物质，又如剧毒化学品生产企业、经营企业向个人或者无购买凭证、准购证的单位销售剧毒化学品。根据《治安管理处罚法》第 30 条的规定，违反危险物质管理的，处 10 日以上 15 日以下拘留；情节较轻的，处 5 日以上 10 日以下拘留。

小贴士

上述行为违反的国家有关规定，既包括相关法律、行政法规的规定，也包括部门规章、通告等规范性文件的规定。这些规定主要有：《民用爆炸物品安全管理条例》《烟花爆竹安全管理条例》《危险化学品安全管理条例》《剧毒化学品购买和公路运输许可证件管理办法》《放射性污染防治法》《反射性同位素与射线装置安全和防护条例》《传染病防治法》《固体废物污染环境防治法》《医疗废物管理条例》等。

2. 危险物质被盗、被抢、丢失不报行为

危险物质被盗、被抢、丢失不报行为，是指爆炸性、毒害性、放射性、腐蚀性物质或者传染病病原体等危险物质被盗、被抢或者丢失，相关单位或者责任人未按规定向公安机关报告。根据《治安管理处罚法》第 31 条的规定，危险物质被盗、被抢、丢失不报的，处 5 日以下拘留；故意隐瞒不报的，处 5 日以上 10 日以下拘留。这里的“故意隐瞒不报”，是指危险物质被盗、被抢或丢失后，相关单位或者责任人为了逃避责任，采取统一口径、隐匿证据、破坏现场、掩盖事实真相等方法，故意隐瞒不报。

3. 非法携带枪支、弹药、管制器具行为

非法携带枪支、弹药、管制器具行为主要表现为以下两种方式：一是非法携带枪支、弹药或者弩、匕首等国家规定的管制器具；二是非法携带枪支、弹药或者弩、匕首等国家规定的管制器具进入公共场所或者公共交通工具。根据《治安管理处罚法》第 32 条的规定，非法携带枪支、弹药、管制器具的，前者处 5 日以下拘留，可以并处 500 元以下罚款；情节较轻的，处警告或者 200 元以下罚款。后者处 5 日以上 10 日以下拘留，可以并处 500 元以下罚款。

案例精选

邓某是某高校的大一学生，在国庆假期准备出去旅游，由于是第一次独自旅游，邓某担心路上会遇见坏人，为了保障自己的安全，便随身携带了一把带有自锁装置的弹簧刀。在乘坐地铁时，邓某被市公安局地铁分局某派出所查获。经公安机关调查，邓某携带的弹簧刀被认定为管制刀具，遂对邓某作出收缴管制刀具弹簧刀 1 把，拘留 10 日的处罚决定。

处罚送达后，邓某不服，以携带弹簧刀是为了保障自身安全，并且没有造成任何危害后果为由向市公安局提出行政复议，要求撤销分局作出的处罚决定。随后，市公安局作出行政复议决定，维持原处罚决定。

【案例解析】本案涉及非法携带管制器具行为的认定与处理。根据公安部制定的《管制刀具认定标准》，管制刀具是指国家依法进行管制，只能由特定人员持有、使用，禁止私自生产、买卖和持有匕首、三棱刀、带有自锁装置的弹簧刀（跳刀）及其他相类似的单刃、双刃、三棱尖刀。本案中，带有自锁装置的弹簧刀属于典型的管制刀具，不论邓某主观目的如何、是否造成了实际危害后果，其行为已经构成了在公共场所非法携带管制刀具行为。故此，公安机关对邓某作出的处罚决定是正确的。

（二）侵害有关设施行为的认定与处理

根据《治安管理处罚法》第 33 条的规定，该类型的妨害公共安全行为有 4 种：盗窃、损毁公共设施；移动、损毁边境、领土、领海标志设施；非法进行影响国（边）界线走向的活动；非法修建有碍国（边）境管理的设施。

1. 侵害有关设施行为的认定

（1）盗窃、损毁公共设施行为

关键术语

公共设施是指正在使用中的服务于社会公众的各种设施。盗窃、损毁公共设施行为中的公共设施包括油气管道设施、电力电信设施、广播电视设施、水利防汛工程设施或者水文监测、测量、气象测报、环境监测、地质监测、地震监测等公共设施。

盗窃、损毁公共设施行为主要表现为以下 2 种方式：一是盗窃，即以非法占有为目的窃取公共设施；二是毁损，即故意或者过失损坏或者毁坏公共设施。

需注意的是，如果盗窃或者毁损公共设施数额较大，达到刑事立案标准，就不再是一般违法行为，而是构成盗窃罪或者故意毁坏财物罪。

（2）移动、损毁边境、领土、领海标志设施行为

移动、损毁边境、领土、领海标志设施行为，是指移动、损毁国家边境的界碑、界桩以及其他边境标志、边境设施或者领土、领海标志设施的行为。这里的“移动、损毁”，是指将边境、领土、领海标志设施砸毁、拆除、挖掉、盗走、移动或者改变其原样，从而使其失去原有的意义和作用。

（3）非法进行影响国（边）界线走向的活动行为

非法进行影响国（边）界线走向的活动行为，是指违反国家国（边）境管理法规，实施影响国（边）界线走向的活动，尚不够刑事处罚的行为。例如，行为人在国（边）界线附近从事非法挖沙、伐木、采矿活动，从而影响了国（边）界线走向。

（4）非法修建有碍国（边）境管理的设施行为

非法修建有碍国（边）境管理的设施行为，是指违反国家国（边）境管理法规，修建有碍违反国家国（边）境管理的设施，尚不够刑事处罚的行为。例如，行为人在靠近国（边）境位置修建房屋，从而妨碍国（边）境管理。

2. 侵害有关设施行为的处理

根据《治安管理处罚法》第 33 条的规定，侵害有关设施的，处 10 日以上 15 日以下拘留。

（三）妨害航空、铁路管理秩序行为的认定与处理

根据《治安管理处罚法》第 34 条、第 35 条、第 36 条的规定，该类型的妨害公共安全行为有 10 种：盗窃、损坏、擅自移动航空设施；强行进入航空器驾驶舱；在航空器上使用禁用物品；盗窃、损毁、擅自移动铁路设施、设备、机车车辆配件、安全标志；在铁路线路上放置障碍物；故意向列车投掷物品；在铁路沿线非法挖掘坑穴、采石取沙；在铁路线路上私设道口、平交过道；擅自进入铁路防护网；违法在铁路线路上行走坐卧、抢越铁路。

1. 盗窃、损坏、擅自移动航空设施行为

盗窃、损坏、擅自移动航空设施行为，是指盗窃、损坏、擅自移动使用中的航空设施的行为。这里的“航空设施”，是指用来保证航空器安全飞行的设施设备，如机坪、航道、灯塔、标志、机场监控装备等。根据《治安管理处罚法》第 34 条第 1 款的规定，盗窃、损坏、擅自移动航空设施的，处 10 日以上 15 日以下拘留。

2. 强行进入航空器驾驶舱行为

强行进入航空器驾驶舱行为，是指非机组人员不听他人制止，执意进入使用中的航空器驾驶舱。这里的“使用中”，是指处于运营状态的航空器，即航空器正在起飞、爬升、空中飞行、下降、着陆等。根据《治安管理处罚法》第 34 条第 1 款的规定，强行进入航空器驾驶舱的，处 10 日以上 15 日以下拘留。

3. 在航空器上使用禁用物品行为

在航空器上使用禁用物品行为，是指在使用中的航空器上使用可能影响导航系统正常功能的器具、工具，并且不听空乘人员的劝阻。航空器上禁止使用的物品，主要有手机、收音机、对讲机、手提电脑、遥控玩具等能够产生无线电干扰的便携电子设备。需注意的是，只有不接受空乘人员停止使用相关器具、工具的劝说，仍执意使用，或者经劝阻停止使用后又再次使用的，才构成该行为。根据《治安管理处罚法》第 34 条第 2 款的规定，在航空器上使用禁用物品的，处 5 日以下拘留或者 500 元以下罚款。

案例精选

2019 年 6 月 29 日，北京某高校大一学生孙某乘坐飞机回家，其乘坐的航班从首都国际机场起飞后，孙某觉得飞机飞行的噪声过大吵得自己难受，于是打开了手机的移动信号，戴上耳机开始打游戏。不久，机长突然发现飞机罗盘的指示和飞机航线存在严重偏差，计算机系统显示飞机偏航 10 海里。机长立即通知乘务员进行检查，发现孙某正在使用手机，乘务员几次劝阻孙某立即停止游戏，并将手机关机或者调至飞行模式，孙某声称自己结束这局游戏就会关机。经民航公安机关调查，孙某在飞机飞行过程中违反规定使用手机，影响导航系统正常运行，且不听乘务员的劝阻，仍坚持继续打游戏，无视航空安全，其行为已经构成在航空器上使用禁用物品行为。故此，公安机关对孙某作出 500 元罚款的处罚决定。

【案例解析】本案涉及在航空器上使用禁用物品行为的认定与处理。本案中，孙某明知自己使用手机的行为会干扰航空器的导航系统，而且不听乘务员的劝阻，认定其构成在航空器上使用禁用物品是正确的，公安机关对孙某作出的处罚决定也是合法的。

4. 盗窃、损毁、擅自移动铁路设施、设备、机车车辆配件、安全标志行为

盗窃、损毁、擅自移动铁路设施、设备、机车车辆配件、安全标志行为，是指盗窃、损毁、擅自移动铁路设施、设备、机车车辆配件、安全标志的行为。铁路设施、设备、机车车辆配件、安全标志主要有铁路钢轨、夹板、扣件等，桥涵、站场等，机车的安全阀、电缆、闸瓦钎、拉杆等，信号灯、信号机变压器等。根据《治安管理处罚法》第 35 条的规定，盗窃、损毁、擅自移动铁路设施、设备、机车车辆配件、安全标志的，处 5 日以上 10 日以下拘留，可以并处 500 元以下罚款；情节较轻的，处 5 日以下拘留或者 500 元以下罚款。

5. 在铁路线路上放置障碍物行为

在铁路线路上放置障碍物行为，是指在使用中的铁路线路上放置影响列车正常行驶的障碍物（如石块、木块等）。根据《治安管理处罚法》第 35 条的规定，在铁路线路上放置障碍物的，处 5 日以上 10 日以下拘留，可以并处 500 元以下罚款；情节较轻的，处 5 日以下拘留或者 500 元以下罚款。

6. 故意向列车投掷物品行为

故意向列车投掷物品行为，是指故意向正在行驶中的列车，也包括在车站停靠或在他处临时停留的列车投掷物品。根据《治安管理处罚法》第 35 条的规定，故意向列车投掷物品的，处 5 日以上 10 日以下拘留，可以并处 500 元以下罚款；情节较轻的，处 5 日以下拘留或者 500 元以下罚款。

7. 在铁路沿线非法挖掘坑穴、采石取沙行为

在铁路沿线非法挖掘坑穴、采石取沙行为，是指在铁路线路、桥梁、涵洞两侧规定的禁止施工距离内，采石挖沙、开挖河道、打井取水等行为。根据《治安管理处罚法》第 35 条的规定，在铁路沿线非法挖掘坑穴、采石取沙的，处 5 日以上 10 日以下拘留，可以并处 500 元以下罚款；情节较轻的，处 5 日以下拘留或者 500 元以下罚款。

8. 在铁路线路上私设道口、平交过道行为

在铁路线路上私设道口、平交过道行为，是指在铁路线路上私设道口、平交过道的行为。这里的"私设"，是指没有经过有关部门批准擅自设立。铁路道口，是指铁路上铺面宽度在 2.5 米及以上，直接与道路贯通的平面交叉。平交过道，即平交道口和人行过道的简称，平交道口是指铁路与城市道路交叉的道口。根据《治安管理处罚法》第 35 条的规定，在铁路线路上私设道口、平交过道的，处 5 日以上 10 日以下拘留，可以并处 500 元以下罚款；情节较轻的，处 5 日以下拘留或者 500 元以下罚款。

9. 擅自进入铁路防护网行为

铁路防护网是铁路运输企业为保障铁路运输安全，保护公众人身安全、财产安全，防止行人、牲畜、车辆等进入铁路线路而设置的防护措施。擅自进入铁路防护网行为，是指擅自进入铁路防护网，影响铁路行车安全的行为。根据《治安管理处罚法》第 36 条的规定，擅自进入铁路防护网的，处警告或者 200 元以下罚款。

10. 违法在铁路线路上行走坐卧、抢越铁路行为

违法在铁路线路上行走坐卧、抢越铁路行为，是指在列车来临时，在铁路线路上行走坐卧或者抢越铁路，影响铁路行车安全的行为。根据《治安管理处罚法》第 36 条的规定，违法在铁路线路上行走坐卧、抢越铁路的，处警告或者 200 元以下罚款。

（四）妨害公共道路安全行为的认定与处理

根据《治安管理处罚法》第 37 条的规定，该类型的妨害公共安全行为有 5 种：擅自安装、使用电网；安装、使用电网不符合安全规定；道路施工不设置安全防护设施；故意损毁、移动道路施工安全防护设施；盗窃、损毁路面公共设施。

1. 妨害公共道路安全行为的认定

（1）擅自安装、使用电网行为

擅自安装、使用电网行为，是指未经主管部门批准，安装、使用电网的行为。安装电网是一些特殊单位的要求，如重要军事设施、重要厂矿、监狱等，其他单位和个人未经主管部门批准，不能随意安装和使用电网。

案例精选

王某是某高校电气工程专业大三学生，某次寒假和父母一起回农村的爷爷家过年。王某的爷爷在后院空地处养了30多只鸡，原来每天早上都能收到20个左右的鸡蛋，但10月中旬以来，就隔三岔五地只能收到几个鸡蛋，爷爷怀疑夜里有人进鸡圈偷走了鸡蛋，可一直也抓不到人。于是，王某凭借专业知识在鸡圈周围搭了一圈地网，入夜后会通上电。2天后，当地公安分局某派出所来到爷爷家，经调查，王某未经批准在鸡圈周围安装地网的行为已构成违法，遂对其进行了批评教育，并作出300元罚款的处罚决定。王某积极认错，接受了处罚并保证不会再犯，也向公安人员反映了爷爷家经常丢失鸡蛋的事情。经过调查，偷走鸡蛋的人正是向公安机关举报王某私设电网的村民郑某，郑某自10月中旬起一共到王某的爷爷家偷走了236个鸡蛋，且大部分鸡蛋已被其售卖出去，遂对郑某作出拘留14日并处500元罚款的处罚决定。

【案例解析】本案涉及擅自安装、使用电网行为的认定与处理。本案中，王某未经批准在鸡圈周围安装、使用地网，公安机关认定其构成擅自安装、使用电网已构成违法，由于情节不算严重，作出300元罚款的处罚决定也是合法的。在农村，如确有必要，则必须依据相关法律规定，经主管部门批准方可安装、使用电网，并且安装、使用电网必须符合安全规定。

（2）安装、使用电网不符合安全规定行为

安装、使用电网不符合安全规定行为，是指经批准安装、使用电网，但不按照安全规定正确安装、使用电网的行为。经批准后安装、使用电网，必须符合安全规定，如地网须安设内、外刺线护网，其高度不得低于一米五；电网四周明显处，须设置白底红字警示牌等。

（3）道路施工不设置安全防护设施行为

道路施工不设置安全防护设施行为，是指在车辆、行人通行的地方施工，对沟井坎穴不设覆盖物、防围和警示标志，尚未造成严重危害后果的行为。覆盖物、防围，是指在道路施工中为了防止非机动车、行人跌落或者机动车损毁的发生，用于遮拦开凿挖掘的沟井坎穴所使用的铁板、帆布、护栏等。警示标志，是指警示灯、旗帜、标志杆、警告牌等。

（4）故意损毁、移动道路施工安全防护设施行为

故意损毁、移动道路施工安全防护设施行为，是指故意损毁、移动在车辆、行人通行的地方设置的覆盖物、防围和警示标志，尚未造成严重危害后果的行为。

（5）盗窃、损毁路面公共设施行为

盗窃、损毁路面公共设施行为，是指盗窃、损毁路面井盖、照明灯设施，尚未造成严重危害后果的行为。路面井盖、照明灯设施，主要有自来水、热力、排污等管道井盖，广场照明、路灯以及消火栓、交通设施、邮筒等。

2. 妨害公共道路安全行为的处理

根据《治安管理处罚法》第 37 条的规定，妨害公共道路安全的，处 5 日以下拘留或者 500 元以下罚款；情节严重的，处 5 日以上 10 日以下拘留，可以并处 500 元以下罚款。

（五）违规举办大型活动行为的认定与处理

违规举办大型活动行为，是指举办文化、体育等大型群众性活动，违反有关规定，有发生安全事故的危险。这种行为主要表现为：一是未经许可，擅自举办大型群众性活动；二是超过核准人数举办大型群众性活动，如某大型群众性活动核准为 1 万人，而实际参加有 2 万人；三是活动场地及其附属设施不符合安全标准，存在安全隐患；四是活动场地消防设施不符合法定要求；五是没有制定安全保卫工作方案。①

根据《治安管理处罚法》第 38 条的规定，违规举办大型活动的，责令停止活动，立即疏散；对于组织者处 5 日以上 10 日以下拘留，并处 200 元以上 500 元以下罚款；情节较轻的，处 5 日以下拘留或者 500 元以下罚款。

案例精选

罗某是某高校法学专业大二学生，其得知某公司正在当地某区的文化馆举办“古生物进化与恐龙展”大型活动，于是和室友约好周末一起前去参观。当罗某和室友一行人到达文化馆后，发现文化馆外已经聚集了千余名参观者，但“古生物进化与恐龙展”的展览馆只能容纳 100 余人，而且展览馆内外的安全管理人员只有三四人，现场秩序十分混乱。罗某和室友商议后，向该区公安分局派出所举报了这一情况。闻讯后，派出所民警立即赶赴现场，经调查了解，此次活动的主办方事前未向当地公安机关申报便擅自开展活动。于是，公安机关负责人当即责令停止该活动，并要求对主办方和场地提供方依法进行处罚。随后，经过民警 1 个多小时的疏散，现场秩序恢复正常。

经公安机关调查决定，对主办该活动的负责人邓某处 7 日拘留，并处 500 元罚款，对场地提供方——区文化馆处 2 万元罚款。

【案例解析】本案涉及违规举办大型活动行为的认定与处理。本案中，作为主办方负责人的邓某及场地提供方——区文化馆，既未按规定事前申报活动，也未提供相关安全保障，已经构成违规举办大型活动，且情节严重。故此，公安机关对两者作出的处罚决定是正确且合法的。

（六）公共场所经营管理人员违反安全规定行为的认定与处理

公共场所经营管理人员违反安全规定行为，是指旅馆、饭店、影剧院、娱乐场、运动场以及展览馆，或者其他供社会公众活动的场所（如网吧、酒吧等）的经营管理人员，违反安全规定，致使该场所有发生安全事故危险，经公安机关责令改正，拒不改

① 由力 . 治安管理处罚法百问［M］. 吉林：吉林人民出版社，2010：55.

正。作为公共场所的经营管理人员，有责任也有义务为社会公众提供一个安全、舒适的活动场所，相关法律法规和规章制度对此也有明确规定。需注意的是，对于公安机关的责令改正通知，这些场所能够及时采取相应的整改措施并予以改正，则不构成该种违法行为。

根据《治安管理处罚法》第 39 条的规定，公共场所经营管理人员违反安全规定的，处 5 日以下拘留。

第四节　妨害社会管理违法行为及处理

一、妨害社会管理违法行为的概念

关键术语

社会管理是指党委和政府以及其他社会主体运用法律、法规、政策、道德、价值等社会规范体系，直接或间接地对社会领域各方面、各环节进行服务、协调、组织、监控的过程和活动。社会管理的根本目的是维护社会秩序、促进社会和谐，其基本任务包括协调社会关系、规范社会行为、解决社会问题、化解社会矛盾、促进社会公正、应对社会风险、保持社会稳定，创造既有活力又有秩序的经济社会发展环境。

妨害社会管理行为，是指违反国家对社会管理秩序的正常管理，妨害社会管理秩序的活动。

二、妨害社会管理行为的构成特征

第一，妨害社会管理行为侵犯的客体是国家对社会的管理秩序。社会管理秩序是国家行政机关管理社会生活所维护的秩序，它由有关的行政管理法律、法规加以规范，即国家通过立法并授权一定的国家机关及其工作人员，依法对社会进行管理活动，以建立和维护社会得以存在和发展的基本条件。妨害社会管理秩序行为的实质，就是违反了国家管理社会生活的法律、法规，妨害了国家行政管理活动，破坏了社会管理秩序。①

第二，妨害社会管理行为在客观方面表现为使用各种手段妨害社会管理秩序，一般对社会的管理秩序造成了一定的危害后果，或者对社会造成一定的影响，但尚未造成严重损失，情节尚未达到严重程度；如果造成严重损失，情节严重，社会危害性大，则可能构成犯罪。

第三，妨害社会管理秩序行为的主体是自然人，即达到法定责任年龄、具有责任能力，能够承担违反治安管理责任的任何自然人。同时，有些行为主体的构成还要符合特定条件，如涉及有关旅馆业工作人员的违反治安管理行为，行为主体的构成要件是旅馆

① 应松年 . 行政法与行政诉讼法［M］. 北京：法律出版社 . 2011：62.

业工作人员。

第四，妨害社会管理秩序行为的主观方面一般由故意构成。

三、妨害社会管理行为的种类

根据《治安管理处罚法》第50—75条的规定，妨害社会管理行为具体包括拒不执行人民政府在紧急状态情况下依法发布的决定、命令、阻碍国家机关工作人员依法执行职务等51种。

四、妨害社会管理行为的认定与处理

根据《治安管理处罚法》的相关规定，可以将上述51种具体的妨害社会管理行为归纳为15大类型。下面将围绕法律条文的规定，对9个常见类型的妨害社会管理行为的认定与处理进行全面阐释。

（一）妨碍公务行为的认定与处理

根据《治安管理处罚法》第50条的规定，该类型的妨害社会管理行为有4种。

1. 妨碍公务行为的认定

（1）拒不执行人民政府在紧急状态情况下依法发布的决定、命令

该行为的主体是能够承担违反治安管理责任的任何自然人，主观方面是故意的，即明知该行为会造成危害后果，但仍希望或放任危害后果发生。侵害的直接客体是国家机关的正常活动，表现为紧急状态、拒不执行人民政府依法发布的决定、命令的、行为人有能力执行但拒不执行的。

紧急状态在我国法律当中并没有做出明确规定，一般认为，紧急状态就是现实的或即将发生的特别的、迫在眉睫的威胁到人民生命财产安全和国家政权机关正常活动的危机或危险局势（即将发生特别重大突发事件）。需要国家机关行使紧急权力予以控制、消除其社会危害和威胁时，有关国家机关按照宪法和法律规定的权限决定并宣布局部地区或者全国实行的一种临时性的严重危急状态。

（2）阻碍国家机关工作人员依法执行职务的行为

该行为是指阻碍国家机关工作人员根据合法职权所进行的公务活动。公务活动，既包括在国家机关工作时间和场所内的活动也包括根据特定的命令在其他场所的公务活动，但国家机关工作人员超越其职权范围的活动，或者滥用其职权侵犯国家和群众利益的活动，不在此列。

（3）阻碍执行紧急任务的消防车、救护车、工程抢险车、警车等车辆通行

该行为是指行为人以各种方法和手段，实施的阻挠、妨碍车辆通行，阻碍车辆通行的对象是正在执行任务的消防车、救护车、工程抢险车、警车等车辆。根据道路交通安全法的规定，这些车辆在执行紧急任务时，享有优先通行权，其他车辆和行人应当让行。

（4）强行冲闯公安机关设置的警戒带、警戒区

为保障公共安全，处理突发事件，维护社会秩序，公安机关可以在一些特定的场

所、地区设置警戒带，划设警戒区，在场人员应当服从人民警察的指令，无关人员应当及时退出警戒区，未经允许任何人不得跨越警戒带、进入警戒区。

2. 妨碍公务行为的处理

根据《治安管理处罚法》第 50 条第 1 款的规定，上述行为处警告或者 200 元以下罚款；情节严重的，处 5 日以上 10 日以下拘留，可以并处 500 元以下罚款。

（二）招摇撞骗行为的认定与处罚

根据《治安管理处罚法》第 51 条的规定，该类型的妨害社会管理行为有 2 种。

1. 招摇撞骗行为的认定

（1）冒充国家机关工作人员或者以其他虚假身份招摇撞骗

该行为是指为谋取非法利益，冒充国家机关工作人员或者以其他虚假身份招摇撞骗。

该行为的主体是能够承担违反治安管理责任的任何自然人，主观方面具有故意的状态，即犯罪目的是谋取非法利益。侵犯的客体是国家机关工作人员的威信及其正常活动，表现为冒充国家机关工作人员的身份进行招摇撞骗。

（2）冒充军警人员身份招摇撞骗

2. 招摇撞骗行为的处理

根据《治安管理处罚法》第 51 条第 1 款、第 2 款的规定，该行为处 5 日以上 10 日以下拘留，可以并处 500 元以下罚款；情节较轻的，处 5 日以下拘留或者 500 元以下罚款。冒充军警人员招摇撞骗的，从重处罚。

案例精选

贾某，男，28 岁，农民，冒充某部队的后勤主管人员，先后去某市面粉厂、饮料厂、服装厂等企业，谎称部队要大量采购相关产品，自己正在对几个厂家进行考察、比较，如能符合条件，部队将在今后与其建立长期供货关系。并且，贾某还毫不犹豫地承诺，只要使他“满意”的价格，产品的价格可以高于市场价，贾某由此骗得了这些企业领导的信任，不仅让他住进高级饭店和宾馆，而且临走时还送他名烟名酒以及土特产。

【案例解析】贾某的行为构成冒充国家机关工作人员（军警人员）招摇撞骗。构成这一行为，必须具备三个条件：第一，主观上出于故意，目的是骗取财物或者其他非法利益；第二，行为人实施了冒充国家机关工作人员的身份或职称进行招摇撞骗的行为；第三，行为情节轻微，危害较小，尚未构成犯罪，不够刑事处罚。本案中，贾某冒充某部队的后勤主管人员，到处招摇撞骗，骗吃骗喝并骗得少量财物，应当给予治安管理处罚。根据《治安管理处罚法》第 51 条的规定：“冒充国家机关工作人员或者以其他虚假身份招摇撞骗的，处 5 日以上 10 日以下拘留，可以并处 500 元以下罚款；情节较轻的，处 5 日以下拘留或者 500 元以下罚款。冒充军警人员招摇撞骗的，从重处罚。”因此，贾某冒充某部队的军官，应从重处罚。

（三）伪造、变造、买卖公文、证件、证明文件、印章行为的认定与处理

根据《治安管理处罚法》第 52 条的规定，该类型的妨害社会管理行为有 4 种。

1. 伪造、变造、买卖公文、证件、证明文件、印章行为的认定

（1）伪造、变造或者买卖国家机关、人民团体、企业、事业单位或者其他组织的公文、证件、证明文件、印章

该行为是指伪造、变造、买卖国家机关、人民团体、企事业单位或其他组织的公文、文件、印章等行为。主体是能够承担违反治安管理责任的任何自然人，故意侵犯国家机关工作人员的威信及其正常活动，表现为冒充国家机关、企事业单位等，损害其信誉与正常活动。

这里的国家机关包括立法机关、行政机关与司法机关，以及中国共产党的各级机关和中国人民政治协商会议的各级机关。公文，是指以国家机关名义制作的处理公务的文书，即公文书；证件，一般是指有权制作的国家机关颁发的，用以证实身份、权利义务关系或者其他事项的凭证。印章，应包括印形与印影。①

（2）买卖或者使用伪造、变造的国家机关、人民团体、企业、事业单位或者其他组织的公文、证件、证明文件

（3）伪造、变造、倒卖车票、船票、航空客票、文艺演出票、体育比赛入场券或者其他有价票证、凭证

该行为分为三种情形：一是伪造车票、船票、航空客票等或者其他有价票证、凭证。这里所说的“其他有价票证、凭证”，是指类似于车票、船票、航空客票、文艺演出票、体育比赛入场券的，具有营业性质的，代表一定数额现金的证明票据，如邮票、公园门票、彩票等。二是变造车票、船票、航空客票等或者其他有价票证、凭证。三是倒卖车票、船票、航空客票等或者其他有价票证、凭证。这里所说的“倒卖”，是指为了某种目的，违反规定购买、销售车票、船票、航空客票、文艺演出票、体育比赛入场券或者其他有价票证、凭证的行为。

（4）伪造、变造船舶户牌，买卖或者使用伪造、变造的船舶户牌，或者涂改船舶发动机号码

该行为包括以下五种情况：一是伪造船舶户牌。“船舶户牌”，是指船舶登记管理机关依法统一制作、颁发、悬挂在船舶指定位置，载明船籍港名称、船舶名称、船舶性质、用途简称、编号等内容的牌证。二是变造船舶户牌。三是买卖伪造、变造的船舶户牌。四是使用伪造、变造的船舶户牌。五是涂改船舶发动机号码。这里所说的“涂改”，是指采用打磨、重新上色等方式涂去原有的船舶发动机号码，按照正规船舶号码的样式，重新在船舶发动机上刻写号码的行为。

2. 伪造、变造、买卖公文、证件、证明文件、印章行为的处理

根据《治安管理处罚法》第 52 条第 1 款的规定，上述行为处 10 日以上 15 日以下拘留，可以并处 1000 元以下罚款；情节较轻的，处 5 日以上 10 日以下拘留，可以并处

---

① 赵秉志等 . 危害公共安全与妨害社会管理秩序 .《中国刑法典型案例研究》［M］. 北京：北京大学出版社 .2008.

500 元以下罚款。

案例精选

目前，就业难困扰着每一位即将毕业的大学生，对一些用人单位对学历的高要求，非名校毕业生不要的现状，不少学生打起了歪主意：利用“牛皮癣”线索联系造假者购买名校的毕业证书、学位证书，英语和计算机等级证书等，这种现象屡见不鲜。张某毕业后由于找工作屡屡受挫，于是从某网店购买了北京某 985 大学的毕业证书以及学位证书，由此获得了工作机会。

【案例解析】张某的行为违反了《治安管理处罚法》第 52 条的规定，属于伪造、变造或者买卖国家机关、人民团体、企业、事业单位或者其他组织的公文、证件、证明文件、印章的行为。构成这一行为需要具备以下几个要件：第一，张某在主观上是出于故意，第二，其购买北京某高校的毕业证书和学位证书，第三，其行为损害该大学正常活动。应处10日以上15日以下拘留，可以并处1000元以下罚款；情节较轻的，处 5 日以上 10 日以下拘留，可以并处 500 元以下罚款。

（四）非法以社团名义进行活动行为的认定与处理

根据《治安管理处罚法》第 54 条的规定，该类型的妨害社会管理行为有 3 种。

1. 非法以社团名义进行活动行为的认定

（1）违反国家规定，未经注册登记，以社会团体名义进行活动，被取缔后，仍进行活动

该行为指违反法律规定，未经注册登记，以社团名义进行活动，被取缔后仍进行的。即能够承担违反治安管理责任的任何自然人，故意侵害国家对于社团的管理制度，具体表现为该团体未注册登记就以社团名义进行活动，且被取缔后仍进行的。

（2）被依法撤销登记的社会团体，仍以社会团体名义进行活动

（3）未经许可，擅自经营按照国家规定需要由公安机关许可的行业

该行为体现在两方面：一是实施了擅自经营的行为。擅自经营包括两种情况：一种是违反有关规定，未取得许可，擅自经营特种行业；另一种是虽然取得了许可，但是超出许可范围，擅自从事其他依法需要由公安机关许可的特种行业。二是擅自经营的是需要由公安机关许可的行业。根据法律、法规和有关规定，需要由公安机关许可的行业主要有：旅馆业、典当业、公章刻制业、保安培训业、保安服务等特种行业。按照法律、法规和有关规定，这些行业必须取得公安机关许可后方可营业。

2. 非法以社团名义进行活动行为的处理

根据《治安管理处罚法》第 54 条第 1 款的规定，该行为处 10 日以上 15 日以下拘留，并处 500 元以上 1000 元以下罚款；情节较轻的，处 5 日以下拘留或者 500 元以下罚款。

（五）隐藏、转移、变卖、损毁扣押、查封、冻结的财物行为的认定与处理

根据《治安管理处罚法》第 60 条的规定，该类型的妨害社会管理行为有 4 种。

1. 隐藏、转移、变卖、损毁扣押、查封、冻结的财物行为的认定

（1）隐藏、转移、变卖或者损毁行政执法机关依法扣押、查封、冻结的财物

该行为是指隐藏、转移、变卖或者损毁行政执法机关依法扣押、查封、冻结的财物的行为。即能够承担违反治安管理责任的单位或自然人，故意侵害行政执法机关依法查封、扣押、冻结的财物，表现为明知该财物是行政机关依法查封、扣押、冻结的财务仍将其非法藏匿、转移、变卖或毁损。

（2）伪造、隐匿、毁灭证据或者提供虚假证言、谎报案情，影响行政执法机关依法办案

（3）明知是赃物而窝藏、转移或者代为销售

赃物是指违法犯罪人员利用各种非法手段获取的国家、集体、他人的物品，包括现金、存折、信用卡、有价证券、各种实物等。该行为须符合三点：第一，明知是赃物，如果不知道是赃物而销售，不构成该条规定的违法行为；第二，实施了窝藏、转移或者代为销售赃物的行为；第三，情节显著轻微，不构成犯罪的。

（4）被依法执行管制、剥夺政治权利或者在缓刑、暂予监外执行中的罪犯或者被依法采取刑事强制措施的人，有违反法律、行政法规或者国务院有关部门的监督管理规定的行为

2. 隐藏、转移、变卖、损毁扣押、查封、冻结的财物行为的处理

根据《治安管理处罚法》第 60 条第 1 款的规定，上述行为处 5 日以上 10 日以下拘留，并处 200 元以上 500 元以下罚款。

（六）故意损害文物、名胜古迹行为的认定与处理

根据《治安管理处罚法》第 63 条的规定，该类型的妨害社会管理行为有 2 种。

1. 故意损害文物、名胜古迹行为的认定

（1）刻划、涂污或者以其他方式故意损害国家保护的文物、名胜古迹

该行为是指刻划、涂污或者以其他方式故意损害国家保护的文物、名胜古迹的行为。即能够承担违反治安管理责任的自然人，故意侵害国家对文物或名胜古迹的保护管理制度，表现为明知是国家保护的文物、名胜古迹仍实施刻划、涂污或以其他方式加以毁损。

（2）违反国家规定，在文物保护单位附近进行爆破、挖掘等活动，危及文物安全

如果违反国家有关规定，在文物保护单位附近进行爆破、挖掘等活动，危及文物安全的，应当予以处罚，并不要求造成文物损毁的实际后果或者造成严重后果。还应当注意的是，如果由于爆破、挖掘活动故意或者过失造成全国重点文物保护单位、省级文物保护单位的文物损毁，达到犯罪标准的，应当依照刑法的规定追究刑事责任。

2. 故意损害文物、名胜古迹行为的处理

根据《治安管理处罚法》第 63 条第 1 款的规定，该行为处警告或者 200 元以下罚款；情节较重的，处 5 日以上 10 日以下拘留，并处 200 元以上 500 元以下罚款。

（七）破坏、污损坟墓行为、毁坏、丢弃他人尸骨、骨灰行为的认定与处理

根据《治安管理处罚法》第 65 条的规定，该类型的妨害社会管理行为有 2 种。

1. 破坏、污损坟墓行为、毁坏、丢弃他人尸骨、骨灰行为的认定

（1）故意破坏、污损他人坟墓或者毁坏、丢弃他人尸骨、骨灰

该行为是指故意毁坏他人坟墓或者破坏、丢弃他人尸骨、骨灰的行为。即能够承担违反治安管理责任的自然人故意侵害社会管理秩序，表现为明知是他人尸骨、坟墓或骨灰仍故意毁坏、丢弃他人尸骨、骨灰。

（2）在公共场所停放尸体或者因停放尸体影响他人正常生活、工作秩序，不听劝阻

对于在公共场所停放尸体或者因停放尸体影响他人正常生活、工作秩序的，首先应当进行耐心劝阻，帮助当事人解决实际问题，只有造成恶劣影响或者确实影响他人正常生活、工作秩序，且不听劝阻的，才能予以治安管理处罚。

2. 破坏、污损坟墓行为、毁坏、丢弃他人尸骨、骨灰行为的处理

根据《治安管理处罚法》第 65 条第 1 款的规定，上述行为处 5 日以上 10 日以下拘留；情节严重的，处 10 日以上 15 日以下拘留，可以并处 1000 元以下罚款。这里的“情节严重”，一般是指因停放尸体造成了恶劣影响，或者停放时间比较长等情况。

（八）卖淫、嫖娼行为的认定与处理

根据《治安管理处罚法》第 66 条的规定，该类型的妨害社会管理行为有 2 种。

1. 卖淫、嫖娼行为的认定

（1）卖淫、嫖娼

该行为是指不特定男女之间以金钱、财务为媒介发生不正当关系。即能够承担违反治安管理责任的自然人故意侵害社会管理秩序，表现为实施了卖淫或者嫖娼的行为。

（2）在公共场所拉客招嫖

这里的“公共场所”，主要是指街道两侧、宾馆、饭店、车站、码头、娱乐场所等公共场所。认定拉客招嫖，需要注意两点：一是卖淫人员必须有拉客招嫖的具体行为，如有公开拉扯他人、阻挡他人等行为，并有向他人要求卖淫的表示。如果没有上述行为的证据，不能认定构成拉客招嫖。二是拉客招嫖必须是卖淫人员自己招引嫖客的行为，而不是介绍他人实施卖淫的行为。

2. 卖淫、嫖娼行为的处理

根据《治安管理处罚法》第 66 条第 1 款、第 2 款的规定，该行为处 10 日以上 15 日以下拘留，可以并处 5000 元以下罚款；情节较轻的，处 5 日以下拘留或者 500 元以下罚款。此处的情节严重是指破坏、污损程度很大，造成较大影响的或者给死者家属造成很大精神伤害等情形。①在公共场所拉客招嫖的，处 5 日以下拘留或者 500 元以下罚款。

（九）为赌博提供条件行为的认定与处理

1. 为赌博提供条件行为的认定

该行为是指以营利为目的，为赌博提供条件的行为，即能够承担违反治安管理责任的自然人故意并以营利为目的，侵害社会治安管理秩序，表现为明知是赌博仍为其提供便利条件。

---

① 杨柳 . 卖淫嫖娼现象在消费社会的新呈现及其治理 . 华东理工大学学报［J］，2013（8）.

2. 为赌博提供条件行为的处理

根据《治安管理处罚法》第 70 条的规定，该行为处 5 日以下拘留或者 500 元以下罚款；情节严重的，处 10 日以上 15 日以下拘留，并处 500 元以上 3000 元以下罚款。

案例精选

某县公安局在一日晚间接到群众举报王某在家中开设了一个地下赌场，从中收取场地费，遂到王某家中进行检查，发现赌资 700 余元，麻将若干，用作赌注的珍贵字画两幅，淫秽书刊和录像带若干。于是公安机关当场扣押了这批物品。

【案例解析】本案中王某开设地下赌场，并收取场地费，构成“以营利为目的，为赌博提供条件”，根据《治安管理处罚法》第 70 条的规定，处 5 日以下拘留或者 500 元以下罚款；情节严重的，处 10 日以上 15 日以下拘留，并处 500 元以上 3000 元以下罚款。

第五节　治安管理处罚种类

一、警告

治安管理处罚的警告是行政法上的一种申诫罚，是指公安机关依法对违反治安管理行为人发出警诫，通过对其名誉施加影响所给予的书面形式的谴责和告诫。警告的目的是使违反治安管理行为人在精神名誉方面受到惩戒，申明其有违法行为，使其停止违法并避免重新违法，它是既具有教育性质又具有强制性质的处罚。

在治安管理处罚的种类中，警告是最轻的一种治安管理处罚，一般适用于违反治安管理初犯、偶犯、情节较轻微、危害后果较轻的人，包括公民、法人或者其他组织。虽然如此，但有学者认为，由于警告的制裁方式是通过损毁行为人的社会声望来加以惩处和约束，通常对处于社会底层、社会地位不高的人所产生的影响并不大，但对于有一定社会地位、有一定社会声望的人而言，则是相当严厉的处罚方式。①

由于警告被认为是治安管理处罚中最轻的一种，其所占比重并不大。《治安管理处罚法》所设定的条（款、项）共计 127 项，适用警告处罚的仅 10 项，约占处罚总项的 8%。因此，警告处罚的适用并不普遍，一般适用于初次或偶尔违反治安管理的，或者违反治安管理情节轻微、社会危害程度不大的违法行为。适用警告处罚的方式共有三种：一是单独适用警告处罚的，即第 58 条和第 75 条设定的“制造噪声干扰他人正常生活”和“饲养动物，干扰他人正常生活”两种行为；二是处警告或是 200 元以下罚款，如第 50 条：拒不执行人民政府在紧急状态情况下依法发布的决定、命令的；三是处警告，情

① 李春华 . 治安管理处罚法［M］. 北京：中国人民公安大学出版社，2009：68.

节严重可处 5 日以上 10 日以下拘留，如第 63 条：违反国家规定，在文物保护单位附近进行爆破、挖掘等活动，危及文物安全的。对于后两种形式，需要由公安机关视行为的情节与后果决定选择哪种处罚方式。

关于《治安管理处罚法》中的警告处罚需要注意三点。一是警告应以书面方式进行。公安机关对违反治安管理行为适用警告处罚时，应当制作"处罚决定书"，即裁决书。裁决书必须向被警告人宣布并送交本人，裁决书副本还要同时交给被警告人所在单位和常住地派出所。二是警告处罚不是一般的批评教育，它是公安机关代表国家对违反治安管理行为作出的处罚，对违反治安管理行为的危害性进行谴责，并告诫行为者及时改正违法行为，不再重犯。警告处罚虽然具有批评教育的性质，但它是依法实施的处罚方法，具有法律强制性，被处罚者须承担受警告处罚引起的法律后果，如果不服可以依法提起复议或者诉讼。三是警告处罚也不同于警告处分。警告处分，是指机关、团体、企事业单位依法对违反行政纪律和内部纪律的当事人所给予的处分，属于行政处分，其实施的主体、适用的客体以及制裁的依据都是截然不同的。

二、罚款

罚款，是指公安机关依法责令对违反治安管理行为人限令其在一定期限内向国家缴纳一定数额货币的一种治安管理处罚。罚款是针对违法行为人的合法收入而并非非法收入，对于非法收入应是没收而非罚款。这便是没收与罚款的主要区别。这一处罚方式通过对违反治安管理行为人实施经济制裁，从而达到惩戒行为人的目的。罚款是一种财产罚，是治安管理处罚方式中适用范围最广泛的一种，既适用于自然人，也适用于单位；适用方式也更为灵活，既可单处，也可并处。

《治安管理处罚法》设定各种违反治安管理行为及其处罚的基准法条时，根据行为性质情节、社会危害程度等设定了与之相适应的不同罚款幅度和罚档，如 200 元以下、500 元以下、1000 元以下、200 元以上 500 元以下、500 元以上 1000 元以下、1000 元以上 5000 元以下、2000 元以下、3000 元以下、5000 元以下等。关于罚款的裁决及收缴权限的规定也是需要注意的问题。公安机关裁决罚款处罚，500 元以下可由公安派出所决定，对其余的罚款处罚须由县级以上公安机关决定（派出所执行）。对于当场处罚的，其裁决罚款的额度必须是 200 元以下。收缴罚款时，要遵循罚缴分离的原则。除了法律规定对 50 元以下罚款可以当场收缴外，公安机关和民警不得自行收缴罚款。受到罚款处罚的当事人应当自收到处罚决定书的 15 日内，到指定银行缴纳罚款。

罚款不同于罚金。罚金，是强制犯罪分子或者犯罪的单位在判决指定的期限内向国家缴纳一定数额的金钱的刑罚方法。罚款，是强制违反行政部门法律法规或者规章的违法分子，在 15 日内或者当场缴付一定数额的金钱的行政处罚或者治安管理处罚方法。其法律性质、适用对象、决定机关等均有所不同。

案例精选

某日晚6时，大学生刘某因在其自家的宾馆3楼与一熟人打招呼，忽然被该镇派出所几名干警带回，以涉嫌卖淫对其进行盘问。到晚上9时，在没有做笔录也没有查出任何事实后，警察用手铐将其双手铐在发烫的暖气片上，致使其双手有轻度灼伤。这期间刘某多次要求通知其家人，均遭拒绝。直至次日晚9时警察在未进行任何调查就口头向刘某宣布对其“卖淫”行为处以3000元罚款，并让其找家属来交钱才放人。刘某在绝望下，吞食了重达5.5克的金戒指，想以此证明自身清白，后经医院抢救脱离危险。本案中，公安机关的做法有哪些不符合《治安管理处罚法》的规定?

【案例解析】《治安管理处罚法》第66条第1款规定：卖淫、嫖娼的，处10日以上15日以下拘留，可以并处5000元以下罚款；情节较轻的，处5日以下拘留或者500元以下罚款。民警向刘某宣布罚款3000元不符合上述规定，且提出让其家属交钱放人，严重违法。

三、行政拘留

行政拘留，又称作治安拘留。是指公安机关对违反治安管理行为人依法在短期内限制其人身自由的一种治安管理处罚。行政拘留属于人身罚或者自由罚，是治安管理处罚中最严厉的一种，因此适用于性质、情节较严重的违反治安管理行为人，而且只适用于自然人，不适用于单位。根据有关法律规定，对以下人员一般不裁决或不执行拘留：孕妇或者正在哺乳自己未满1周岁婴儿的妇女；不满18岁的未成年人；精神病人和其他残疾人；正在患严重疾病或性病以外的传染病的，以及家庭有年迈老人、小孩或者严重病人、残疾人等确需被处罚人扶养、护理的人。

由于这一处罚手段限制人身自由，又基于人身自由的宪法性权利，行政拘留的处罚权利只能由公安机关行使。且严格限定行政拘留期限，行政拘留的期限为15日以下，合并执行行政拘留处罚的，最长不得超过20日。《治安管理处罚法》根据各种违反治安管理行为的性质、情节、社会危害程度等设定了行政拘留的三个不同罚档：5日以下、5日以上10日以下、10日以上15日以下。

行政拘留不同于刑事拘留，后者是公安机关对罪该逮捕的现行犯或重大犯罪嫌疑人实施的一种强制措施。两者虽然都是由公安机关作出的，但有重大区别。行政拘留权属于行政权的范围，因而行政拘留为行政法所规定，遵循行政程序，期限为1日以上15日以下。行政拘留的目的是对违反治安管理的相对方进行制裁。而刑事拘留权是司法权的组成部分，因此刑事拘留为刑事诉讼法所规定，按司法程序进行。一般应于拘留后3日内提请检察院批准逮捕。刑事拘留的目的是防止现行犯或犯罪嫌疑人对社会造成危害。

行政拘留也不同于司法拘留，后者是人民法院对妨碍民事诉讼、行政诉讼程序的行为人采取的一种限制其人身自由的强制措施。行政拘留也不同于扣留措施，海关法规定的扣留是一种临时性的强制措施，最长期限不得超出48小时。

案例精选

某公安局开始以为小新只是小偷小摸了 500 元，对其行政拘留 5 日。拘留完毕，公安局发现小新事实上偷盗了 5 万元，经过刑事审判，小新被判处了 5 年的有期徒刑。此时，应该用 5 日的行政拘留折抵 5 日的有期徒刑，也就是有期徒刑应当少执行 5 日。

【案例解析】行政处罚和刑罚在实践中可能产生竞合问题，此时就可能会涉及刑罚和行政处罚的折抵问题。在一个行为同时构成行政违法和刑事犯罪，并受到行政处罚和刑事处罚的情况下，应当将行政拘留折抵相应的拘役和有期徒刑的刑期，或将行政罚款折抵相应的刑罚罚金。但是，行政处罚中的没收不能与刑罚上的没收相折抵。这是因为行政处罚中的没收针对的是与当事人违法行为有关的财产，而刑罚上的没收则针对当事人的各种财产，两者针对的对象并不相同。

四、吊销公安机关发放的许可证

吊销公安机关发放的许可证，是剥夺违反治安管理行为人已经取得的由公安机关依法发放的从事某项行政许可事项的许可证，使其丧失继续从事该项行政许可事项的权利或者资格的一种处罚。公安机关对于涉及公共安全、社会治安秩序或者其业务内容、经营方式同社会治安密切相关的一些行业，依法实行特定的治安管理，这种特定的方法就是发放许可证。经营者只有获得许可证，才能经营这些行业，如果吊销许可证，那么被吊销者则失去了经营这些行业的资格而不能再经营这些行业。公安机关吊销的许可证，只能是公安机关发放的，如《特种行业许可证》《烟花爆竹运输许可证》《爆炸物品安全许可证》《持枪证》《枪支制造、配售许可证》《边境管理区通行证》《出海船民证》《台湾居民登陆证》等。[①] 如《治安管理处罚法》第 54 条第 3 款规定，未经许可，擅自经营按照国家规定需要由公安机关许可的行业的。公安机关无权吊销其他行政机关发放的证照；同理，其他行政机关也不能吊销公安机关发放的许可证。

关于吊销许可证的权限，即吊销许可证的处罚，应由县以上或者相当于县一级的公安机关治安管理部门书面作出。被公安机关吊销许可证的当事人有权申请进行听证，这是《治安管理处罚法》对此处罚规定的可供选择的程序。

案例精选

申某，男，40 岁，某市一家典当行老板。某日晚，典当行马上要闭店时，一青年男子到店内要求典当几件白金镶钻首饰。店员觉得男子提供的首饰与最近电视新闻中展示的珠宝行特大盗窃案中的被盗首饰十分相似，于是向申某报告了此事。申某也有所怀疑，但因男子开价很低，申某在高额利润的诱惑下，未报告公安机关，将首饰收

① 章昌志 . 治安行政法学［M］. 武汉：武汉法学出版社，2018：182.

下。后被公安机关查获。公安机关欲对申某处以五日拘留，1000 元以下罚款，并且准备吊销申某所开典当行的许可证。申某以自己当时确实不知是赃物要求听证，而公安机关认为有店员为证人，申某的违法事实确凿，拒绝了其听证的要求，作出了处罚决定书。

【案例解析】根据《治安管理处罚法》第 59 条的规定，典当业工作人员承接典当的物品，不查验有关证明、不履行登记手续，或者明知是违法犯罪嫌疑、赃物，不向公安机关报告的，处 500 元以上 1000 元以下罚款；情节严重的，处 5 日以上 10 日以下拘留，并处 500 元以上 1000 元以下罚款。此外，根据《治安管理处罚法》第 54 条第 3 款的规定，取得公安机关许可的经营者，违反国家有关管理规定，情节严重的，公安机关可以吊销许可证。本案中，申某作为典当行老板，承接有赃物重大嫌疑的典当物品，不查验有关证明，不履行登记手续，也不向公安机关报告，其行为已违反了典当治安管理的相关规定，公安机关依照《治安管理处罚法》第 54 条和第 59 条的规定，对其作出的处罚决定是正确的。

五、限期出境或者驱逐出境

限期出境或者驱逐出境是附加刑。根据《治安管理处罚法》第 10 条第 2 款的规定，对违反治安管理的外国人，除依法受到治安管理处罚外，还可以附加适用限期出境或者驱逐出境。限期出境或者驱逐出境属于资格罚，是公安机关对实施违反治安管理行为的外国人（包括无国籍人）限制或者剥夺其在我国居留或停留资格的处罚。在我国领域内的外国人，其合法权益受我国法律保护，同时其也要尊重和遵守我国法律的规定。

近年来，随着改革开放的不断深入，到我国境内旅游、经商的外国人越来越多。来自公安部的数字显示，1980 年，外国人入境仅 74 万人次，2011 年已增至 2711 万人次。近 10 年来，外国人入境人次以年均 10% 左右的速度递增。外国人违反治安管理的行为也时有发生。[①]

限期出境，是指公安机关对在我国境内违反治安管理的外国人（包括无国籍人）依法采取的，限令其在一定的期限内离开我国国（边）境的一种治安管理处罚。对外国人决定限期出境的，应当同时规定外国人离境的期限、注销其有效签证或者停留居留证件，被处罚人应当在限定期限内自行离境。限期出境的期限不得超过 30 日，被处罚人应当在限期出境的最后期限到来之前离开，公安机关不得对被处罚人适用强制措施，但可以监督其离开。被处罚人未在规定期限内离境的，经县级以上公安机关负责人批准，可以决定遣送出境。外国人对遣送出境措施不服的，可以依法申请行政复议，该行政复议决定为最终决定。

驱逐出境，是指公安机关对在我国境内违反治安管理的外国人（包括无国籍人），依法采取的强制其离开我国国（边）境的治安管理处罚。在现有的规定中，仅适用于非

① 王理. 治安管理处罚法实训教程［M］. 北京：中国人民公安大学出版社，2016：16.

法入境且情节严重的外国人。相比限制出境，驱逐出境的惩罚更为严重，因此只适用于非法入境且情节严重的外国人。驱逐出境可以对被处罚人采取强制带离等强制措施。被驱逐出境的外国人，自被驱逐出境之日起10年内不准入境。

案例精选

3月15日15时许，朝阳公安分局接某小区卫生防疫工作人员报警称：一女子拒不配合社区防疫工作。接报警后，呼家楼派出所民警立即赶赴现场开展工作。经核查，梁某妍，女，47岁，澳大利亚籍，3月14日由首都机场入境进京，工作居留许可有效期至2020年9月5日。15日下午，本应在租住地居家观察的梁某妍未戴口罩在小区内跑步，社区卫生防疫工作人员发现后进行劝阻，但该人情绪激动，拒不配合。民警到场后，对梁某妍进行了批评教育，要求其严格遵守疫情防控相关规定，梁某妍表示服从管理，未再外出。梁某妍的行为在网上曝光后，引发社会关注，所在公司对其辞退处理。

【案例解析】疫情状态下，澳大利亚籍女子梁某妍拒不配合小区防疫人员工作，民警到场后，才接受管理。入境进京人员应与市民一道，严格遵守我国法律法规及北京市疫情防控相关规定，自觉履行防控责任和义务。北京市公安局出入境管理局依据《中华人民共和国出境入境管理法》第六十七条等规定，决定依法注销梁某妍工作类居留许可、限期离境。

✧ 思考与研讨题

1. 什么是行政？公共行政与一般行政的区别是什么？
2. 行政法基本原则有哪些？
3. 扰乱公共秩序违法行为有哪些？
4. 妨害公共安全行为有哪些？
5. 行政拘留处罚权限是什么？
6. 罚款与罚金的区别是什么？
7. 警察个人罚款权限与公安机关罚款权限分别是什么？
8. 治安管理处罚从轻、减轻、从重处罚的法定条件是什么？

第八章　大学生必备法律维权程序常识

◆ 本章要点

1. 法律纠纷的解决机制（调节、仲裁、诉讼）
2. 民事诉讼流程
3. 刑事诉讼流程
4. 行政诉讼流程

第一节　法律纠纷解决机制概述

我国当前解决法律纠纷的处理机制可以概括为：一调一裁一审。这是指我国负责处理法律纠纷的组织或机构有调解委员会、仲裁委员会和法院三类。以下将对我国法律纠纷的现有处理模式展开分析。①

一、法律纠纷的调解机制

调解不同于仲裁和诉讼。第一，调解由双方自愿进行。当事人自愿，包括程序上的自愿和实体上的自愿。程序上的自愿，指以调解的方式来解决争议必须征求当事人的同意，当事人拒绝调解或不同意以调解的方式结案的，人民法院不能强迫当事人接受调解。实体上的自愿，是指达成调解协议必须双方自愿，调解协议必须是双方当事人互谅互让，自愿达成的。第二，调解必须是合法的，包括程序上合法与实体上合法。程序上合法，是指人民法院主持的调解活动必须合法，必须符合民事诉讼法关于调解的程序规定。实体上合法，是指调解协议的内容合法，即双方达成的调解协议不得违反法律的规定，不得损害国家、集体和他人的合法权益。从进行程序来看，调解的程序要求最简单，其次是仲裁，而诉讼的程序要求最严格。第三，按照民事诉讼法的规定，调解应当查明事实，分清是非。这就要求人民法院应当在查明事实、分清是非的基础上进行调解。调解是解决法律纠纷的基本程序之一。法院调解是在人民法院审判人员的主持下，双方当事人通过自愿协商，达成协议，解决民事争议的活动和结案方式。由于是在诉讼中进行的，这也被称为“诉讼调解”或“诉讼上的调解”。法院调解制度是当事人行使

① 张谆谆. 论人民调解制度的衰微及未来趋向［D］. 湖南大学，2008.

处分权与人民法院行使审判权相结合的产物。从当事人的角度讲，是否用法院调解的方式解决纠纷取决于双方当事人的自愿。从人民法院的角度讲，法院调解又不仅仅是纯粹当事人之间私权合意。法院调解不仅是一种重要的审判行为，也是一种重要的结案方式，是人民法院依法行使审判权的一种方式。在调解过程中，人民法院是以法制教育和思想疏导方式，促成当事人达成协议结束诉讼，行使其审判权。并非所有案件都适用调解。除了不适用普通程序和简易程序的案件，如适用特别程序、督促程序、公示催告程序、破产还债程序的案件外，涉及确认婚姻关系和身份关系的案件也不适用法院调解。

案例精选

2019 年 7 月 1 日，王建军驾驶豫 Q ***** 号普通货车，沿周项路由东向南左转弯行驶时，与由南向北行驶的王新江驾驶的豫 N ***** 号重型半挂牵引车、豫 N94**** 号重型仓栅式半挂车相遇，造成车辆受损的道路交通事故。本次事故经交警部门认定，被告王建军承担此次事故的主要责任，王新江承担次要责任。王新江驾驶的车辆行驶证登记所有人为商丘市某物流公司所有，实际车主为宋金凤。另查明被告王建军所有的豫 Q ***** 普通货车在被告保险公司投保有交强险及第三者责任险，且在保险期间内。原告宋金凤诉被告王建军、阳光财产保险股份有限公司周口中心支公司机动车交通事故责任纠纷一案经本院主持调解，双方当事人自愿达成如下协议：一、被告阳光财产保险股份有限公司周口中心支公司于 2020 年 10 月 1 日前赔偿原告宋金凤车损、鉴定费共计 59 539.7 元；二、原告自愿放弃其他诉讼请求。案件受理费 1438 元减半，收取 719 元，由被告王建军负担。①

【案例解析】调解制度化解民间矛盾纠纷，消除当事人之间的隔阂，促进社会成员之间的诚信友爱，最大限度地避免当事人对簿公堂，其在构建社会主义和谐社会中的独特优势主要体现在：

一是便民性。人民调解根植于人民群众之中，人民调解员来自于民，服务于民，进百家村，入千家门，依据法律、政策和公民道德开展调解工作。各级人民调解组织和人民调解员遍及人民群众生产生活的各个领域、各个角落，并且人民调解工作调解民间矛盾纠纷方式灵活，没有时间、地点、条件和管辖的限制，程序简单，方便利民。

二是主动性。抓早、抓小、抓苗头，把工作的重心放在预防预测上，把矛盾纠纷消除在萌芽状态，是调解的优势所在。

三是亲和性。人民调解员都是群众推选出来的，在群众中威信高，对群众感情深，做工作和风细雨，循循善诱，思想容易交流和沟通。他们身在基层，贴近群众，人熟、地熟、情况熟，发生矛盾纠纷能及时发现，及时调处解决。

---

① 宋金凤与王建军、李邦亭机动车交通事故责任纠纷一审民事调解书［EB/OL］.（2020-10-12）［2022-7-18］. https://wenshu.court.gov.cn/website/wenshu/181107ANFZ0BXSK4/index.html?docId=94aad27c413c4a61b3c7ac5200ba3113.

四是低耗性。人民调解工作便民、利民，一般纠纷在田头、炕头、口头就能够化解。这是人民调解区别于其他调解的最大优势和特点。

五是和谐性。人民调解的优势在于有利于矛盾纠纷的弥合，有利于增进人与人之间的和睦，有利于促进社会的稳定与和谐。

二、法律纠纷的仲裁机制

仲裁作为一种纠纷司法解决的替代方式，其相对诉讼来说成本较低，能高效率解决纠纷，在化解社会矛盾方面发挥了重要的作用。为了让仲裁能够更多地发挥这种替代作用，法律明确规定了仲裁与民事诉讼的关系。一旦当事人双方协议选择了仲裁，就排除了司法管辖，当事人不得就该纠纷向人民法院提起诉讼。作为法律纠纷处理机制的必要程序，法律仲裁具有很多优势，包括更及时、更简单、更灵活以及更低的争议处理成本。相较于诉讼，首先，仲裁具有更大的选择性，仲裁当事人可以协议选择仲裁机构、选任仲裁员、选择审理的方式。其次，仲裁解决争议的范围小。可仲裁的范围仅限于平等主体的公民、法人和其他组织之间发生的合同纠纷与其他财产权益纠纷，在实践中多数是法人之间的合同纠纷；仲裁的审理以不公开为原则。再次，仲裁实行一裁终局制，即一旦作出裁决就发生法律效力。一般而言，法律仲裁可以使双方更容易接受仲裁。它不会像直接诉讼一样容易发生冲突。它能够更平和、更高效地对所涉及法律关系的稳定进行保护，解决短期法律纠纷，减少长期法律纠纷带来的负担。仲裁相关机构只能用仲裁的手段处理法律纠纷，不能以结果为依据来实施仲裁，更不能直接对当事人的财产进行处分。

按照我国现行的仲裁制度，司法对仲裁的监督均为事后被动监督。监督的路径主要有三种（也是当事人寻求司法救济的三种途径）：一是通过对要求法院对仲裁协议的有效与否的审查进行监督；二是在仲裁裁决做出之后，通过当事人提起的撤销仲裁裁决的请求，通过对请求的审查进行监督；三是在对方申请执行仲裁裁决之后，通过另一方提起要求法院不予执行该仲裁裁决的审查进行监督。在我国，这三种程序统称为“仲裁司法审查程序”。

案例精选

2008年4月，即将大学毕业的赵丽与学校及甲公司签订了一份《毕业生就业协议书》，协议约定：赵丽毕业后必须在甲公司服务5年，否则要赔偿公司1万元。2008年8月，赵丽到公司工作后又与该公司签订了3年期限的劳动合同，约定试用期为4个月，在试用期内可以提前书面通知甲公司解除本合同并在工作交接完毕后离开公司。3个月后，赵丽认为自己不适合这份工作，按劳动合同要求向公司提出书面辞职，而甲公司以未缴纳违约金为由不予办理解除劳动合同的有关手续。赵丽向北京市劳动争议仲裁委员会申请仲裁，北京市劳动争议仲裁委员会认为，《劳动法》第16条规定：

劳动合同是劳动者与用人单位确立劳动关系、明确双方权利和义务的协议。建立劳动关系应当订立劳动合同。根据上述规定，毕业生与用人单位在签订就业协议时，双方尚未形成劳动关系，所签订的就业协议，不是劳动合同。就业协议的功能在于确保协议一方当事人按照协议到约定地点工作，工作后应该签订劳动合同。就业协议条款没有得到劳动合同的确认，与劳动合同相冲突时，应以劳动合同为准。劳动合同中已对试用期内双方的权利义务作出了明确的约定，该试用期条款，合法有效。赵丽的诉讼请求，应予以支持。甲公司应该为赵丽办理解除劳动合同的各项手续，赵丽不必交付违约金。①

【案例解析】仲裁制度的优势：

一、首先，仲裁程序比较灵活、简便，当事人可以协议选择仲裁程序，避免烦琐环节，及时解决争议。其次，仲裁实行一裁终局，裁决后即发生法律效力。最后，目前法院积案严重，从受理到判决生效，往往需要较长时间。

二、有些纠纷的事实判别强于法律判断，而这些事实判别又需要相当丰富的专业方面的知识，仲裁员多是各行各业的专家，他们拥有丰富的专业知识，也知道与行业相关的法律法规、惯例，具备多年的实践经验和仲裁经验，因而审理案件更具有权威性和说服力，有利于这些纠纷的解决。

三、仲裁机构独立于行政机关，仲裁员是兼职，是从法律和经济贸易领域里公道、正派的专家、学者中选聘，仲裁裁决由仲裁庭独立做出。仲裁实行协议管辖制度，当事人可不受地域管辖、级别管辖的限制，据自己意愿从全国各地仲裁机构中选择自己信赖的仲裁机构审理仲裁案件。避免了由于体制原因造成的对案件审理的不当干扰。

四、首先，当事人在是否仲裁的问题上，法律赋予当事人以选择权。其次，在选择仲裁机构及仲裁员问题上，当事人自主决定，增加了对仲裁结果的信任程度。最后，在仲裁裁决书的内容上，当事人可以取舍，当事人协议不愿写明争议事实和裁决理由的，可以不写。这样更有利于化解矛盾，不但解决了纠纷，而且不至于激化矛盾，有利于维护社会和谐。

五、仲裁的开庭审理以不公开为原则，公开为例外，只要没有特别的规定或约定，仲裁的进行均不对外公开。这充分体现了保护当事人商业秘密、维护当事人商业信誉，同时又尊重当事人的原则。

六、我国《仲裁法》规定，仲裁裁决与法院判决具有同样的执行力；我国是《承认和执行外国仲裁裁决公约》的缔约国。我国仲裁机构作出的仲裁裁决在缔约的140多个国家、地区得到承认和执行，而法院判决只在本国领域里有强制执行的效力。法院的判决，如果没有司法互助协议，是不能得到外国法院的承认和执行的。

---

① 孙永欣. 大学生就业协议不能替代和对抗劳动合同［EB/OL］.（2009-7-18）［2022-7-18］. https://bjgy.chinacourt.gov.cn/article/detail/2009/08/id/870621.shtml.

三、法律纠纷的诉讼机制

“诉讼”一词是由“诉”和“讼”两字组成的。“诉”为叙说、告诉、告发、控告之意，“讼”为争辩是非、曲直之意。两个字连用即为向法庭告诉，在法庭上辩冤、争辩是非曲直。如果就“诉讼”一词从法律角度下定义，可以简要地概括为：诉讼就是国家专门机关在诉讼参与人的参加下，依据法定的权限和程序，解决具体案件的活动。诉讼作为一种法律行为，是指纠纷当事人通过向具有管辖权的法院起诉另一方当事人解决纠纷的形式，分为民事、刑事和行政三类。民事诉讼里，原诉人是受害者当事人，因为有未可解决的争议，所以诉诸法律。刑事诉讼涉及刑事犯罪，由检察院控告疑犯。行政诉讼即俗称“民告官”的诉讼，适用当事人对政府行政行为存在争议的情况。

我国的诉讼程序一般实行两审终审制度，分为一审和二审，诉讼程序包含两方面的规定性：一方面是程序活动的阶段和过程，一方面是一种关系安排，体现了程序主体之间的关系结构。诉讼程序有广义和狭义之分。在广义上，由于诉讼活动既包括审判行为、侦查行为、执行行为，又包括当事人的诉讼行为，因而诉讼程序也相应地有审判程序、侦查程序、执行程序以及当事人诉讼行为的程序之分。在狭义上，诉讼程序仅指审判权和诉讼权行使的程序。大凡诉讼，必然涉及国家司法权力，尤其是审判权力，故有不少学者习惯上将诉讼程序简称为审判程序。

案例精选

原告系嘉兴市某小区业主，被告是为该小区提供服务的物业公司。2021 年 2 月 15 日原告接到被告客服中心电话告知家中漏水，因疫情原因，原告自 2020 年 5 月起至事发时家中无人居住，故当即将进户门密码告告知客服，客服进屋后发现原告住宅一楼（楼层为 3 层）全部被水浸泡，积水高出地面 1cm 左右。客服随即安排人员对表面污物污水进行清扫，并在排查中发现是厨房下主干管受堵返水所致，此后维修人员对下水主干管进行清掏。2 月 16 日起原告多次向被告询问责任划分及赔偿进展，均未得到明确答复；4 月 26 日经所在的永利村村委会调解亦无结果。原告认为住宅厨房下水主干管道为共用资产，日常维修管理属于物业公司职责范围，被告没有尽到清掏下水主管道、保证排水管道畅通的责任，这是导致管道返水的主要原因。在审理过程中，原告变更第 2 项诉讼请求为：放弃误工费 6000 元的请求，交通费请法院酌情判决。

法院在审理后认为，原告的部分诉讼请求有事实与法律依据，本院予以支持。依照《中华人民共和国民法典》第 186 条，第 1165 条、《中华人民共和国民事诉讼法》第 64 条、第 142 条之规定，判决如下：第一，被告物业公司于判决生效之日起七日内赔偿原告装修损失 20 253 元、交通费 200 元，合计 20 453 元；第二，驳回原告其他诉讼请求。如果被告未按上述期限履行给付金钱义务，依照《中华人民共和国民事诉讼法》第 253 条之规定，加倍支付迟延履行期间的债务利息。案件受理费 800 元，由原告负担 488 元，被告负担 312 元，于判决生效之日起七日内交纳；司法鉴定费

3000 元，由原告负担 1000 元，被告负担 2000 元，该款原告已预交，被告负担部分于判决生效之日起七日内支付原告。[①]

【案例解析】诉讼制度的优势：

一是客观性。其是基于法院代表国家作为纠纷处理的主体主持民事诉讼活动，保证了解决过程和结果的客观性，处理过程与结果均不受当事人的干扰，相较在其他纠纷处理方式中发挥重要影响作用的一些传统习俗、观念等因素而言，其对诉讼过程及结果的干扰降至最低。

二是公平性。由于诉讼活动严格依照民事诉讼法等相关法律制度规定程序进行案件审理，追求程序公平，保证了纠纷的有序公平解决，而其他方式在这一点上略微有所不足。

三是强制性。国家强制力在诉讼过程和结果中得到了充分体现，在诉讼过程中，法院有权对妨碍诉讼秩序的行为人采取强制措施，在当事人不履行判决时甚至可以依法采取强制执行等措施。这也成为当事人首选诉讼解决纠纷的主要原因。

以诉讼程序形式调整社会关系，是统治者维护其政治稳定和经济秩序，解决社会矛盾和冲突的需要。诉讼程序适用的范围，在很大程度上取决于社会矛盾和冲突对统治秩序的危害大小，危害越大，就越有必要采用诉讼程序来调整。诉讼程序以国家的司法权为依托，是解决社会矛盾和冲突的最有力的和最终的救济方式。按解决冲突的内容可以把诉讼程序细分为刑事诉讼程序、行政诉讼程序、民事诉讼程序三类。

第二节　民事诉讼程序流程

一、民事诉讼概述

（一）民事诉讼的概念

民事诉讼是指人民法院在当事人和其他诉讼参与人的参加下，以审理、判决、执行等方式解决民事纠纷的活动。[②] 诉讼活动由法院代表国家行使审判权，具有公权性；只要原告的起诉符合法律规定，无论被告是否愿意，诉讼均会发生，对于法院的裁决，当事人不自动履行，法院可以强制执行，具有强制性；无论是法院还是当事人和其他诉讼参与人，都应当按照民事诉讼法设定的程序实施诉讼行为，具有程序性。

（二）民事诉讼的基本原则

民事诉讼应遵循一定的原则，这些原则包括：当事人诉讼权利平等原则（诉讼地位平等、平等行使诉讼权利、适用法律平等）、同等原则和对等原则（外国人、无国籍人、外

① 杨军、郝燕等财产损害赔偿纠纷一审民事判决书［EB/OL］.（2022-6-15）［2022-7-18］. https://wenshu.court.gov.cn/website/wenshu/181107ANFZ0BXSK4/index.html?docId=302159e108b64d928727aeb500c64c7a.

② 宋朝武等编著 . 民事诉讼法学（第二版）［M］. 北京：高等教育出版社，2018：18.

国企业和组织与中国公民、法人和其他组织享有同等的诉讼权利）、法院调解自愿和合法原则、处分原则、辩论原则、检察监督原则（人民检察院有权对民事审判活动进行法律监督）、支持起诉原则（机关、团体、企业事业单位对损害国家、集体或者个人民事权益的行为，可以提供提起诉讼的支持）、辩论原则（辩论权的行使贯彻民事诉讼的整个过程，辩论的内容，是程序方面和实体方面的问题。辩论的方式可以通过口头和书面方式进行）。

另外，还有处分原则，即指民事诉讼的当事人有权在法律规定的范围内，处分自己的民事权利和诉讼权利。在起诉时，可以自由确定请求司法保护的范围和选择保护的方法。在诉讼开始后，原告可以变更诉讼请求。在诉讼中，原告可以放弃诉讼请求，被告可以部分或者全部承认原告的诉讼请求。当事人双方可以达成或者拒绝达成调解协议，在判决未执行完毕之前，双方当事人随时可以就实体问题自行和解。诉讼权利的处分主要体现为“不告不理”，是否撤诉、上诉均由当事人自己决定。我国法律在赋予当事人处分权的同时，也要求当事人不得违反法律规定，不得损害国家的、社会的、集体的和公民个人的利益。

（三）民事诉讼的基本制度

1. 合议制度

这是指由若干名审判人员组成合议庭对民事案件进行审理的制度。合议庭由 3 个以上的单数的审判人员组成。合议庭的评议，实行少数服从多数，且少数意见应当如实记入评议笔录。

2. 回避制度

这是指为了保证案件的公正审判，要求与案件有一定利害关系的审判人员或其他有关人员，不得参与本案的审理或其他诉讼活动的审判制度。回避制度除了适用于审判人员和人民陪审员以外，还适用于书记员、翻译人员、鉴定人员等。

3. 公开审判制度

这是指人民法院审理民事案件，除了法律规定的情况以外，审判过程及结果应当向群众、社会公开的制度。向群众公开是指允许群众旁听案件审判过程；向社会公开则是指允许新闻媒体采访及报道。

4. 两审终审制度

我国人民法院审理民事案件实行两审终审制。所谓两审终审，是指一个民事案件经过两级人民法院审判后即告终结的制度。根据两审终审制度，当事人不服一审的判决、裁定，可以上诉至二审人民法院。二审为终审，从二审判决、裁定作出之日起，即发生法律效力。另外，对于二审终审制，法律另外规定了再审制度予以补充。如果当事人对生效的判决、裁定仍不服的，可在两年内申请再审，但不影响判决、裁定的执行。

（四）当事人提起诉讼的条件

根据我国《民事诉讼法》的规定，当事人提起诉讼必须符合下列条件：原告是与本案有直接利害关系的公民、法人和其他组织；有明确的被告；有具体的诉讼请求和事实、理由；属于人民法院受理民事诉讼的范围和受诉人民法院管辖。

当事人还须具备以下条件：当事人没有事先或事后约定由仲裁机构裁决的协议；当

事人没有就同一事实、同一诉讼标的再行向法院提起诉讼。

二、民事诉讼程序流程

民事诉讼审理程序是人民法院审理案件适用的程序，可以分为一审程序、二审程序和审判监督程序。①

（一）一审程序

一审程序包括普通程序和简易程序。所谓简易程序，是指基层人民法院及其派出法庭审理简单民事案件时所适用的较一审普通程序简单的审判程序。简易程序的特点：起诉方式简便，当事人可以口头起诉；受理程序简便，当事人双方可以同时到基层法院或者它的派出法庭请求解决纠纷，法院或其派出法庭可以当即审理，也可以择期审理；传唤方式简便，法院可以简便方式传唤、通知当事人、证人，不要求必须采用传票、通知书形式；审判组织简便，由审判员一人独任审理；庭审程序简便，不必按照普通程序那样严格，按照程序进行法庭调查、辩论等；审限短，从立案次日起 3 个月内审结，并且不得延长；重视调解，当事人同时到庭的可以先行开庭进行调解。

普通程序是《民事诉讼法》规定的民事诉讼当事人进行第一审民事诉讼和人民法院审理第一审民事案件所通常适用的诉讼程序。

适用普通程序审理的案件，根据《民事诉讼法》的规定，应当在立案之日起 6 个月内审结。有特殊情况需要延长的，由本院院长批准，可以延长 6 个月；还需要延长的，报请上级法院批准。具体流程为：起诉与受理，法院收到起诉状，经审查，认为符合起诉条件的，应当在 7 日内立案并通知当事人；开庭审理，包括开庭准备、宣布开庭、法庭调查、法庭辩论、合议庭评议、宣告判决。

（二）二审程序

二审程序，是指由于民事诉讼当事人不服地方各级人民法院尚未生效的第一审判决或裁定，在法定上诉期间内，向上一级人民法院提起上诉而引起的诉讼程序。由于我国实行两审终审制，上诉案件经二审法院审理后作出的判决、裁定为终审的判决、裁定，诉讼程序即告终结。

1. 上诉期间

当事人不服地方人民法院第一审判决的，有权在判决书送达之日起 15 日内向上一级人民法院提起上诉；不服地方人民法院第一审裁定的，有权在裁定书送达之日起 10 日内向上一级人民法院提起上诉。

2. 上诉状

当事人提起上诉，应当递交上诉状。上诉状应当通过原审法院提出，并按照对方当事人的人数提出副本。

3. 二审法院对上诉案件的处理

第二审人民法院对上诉案件，经过审理，按照下列情形，分别处理：（1）原判决认

---

① 叶青. 民事诉讼法：案例与图表［M］. 北京：高等教育出版社，2018：178.

定事实清楚，适用法律正确的，判决驳回上诉，维持原判。（2）原判决适用法律错误的，依法改判。（3）原判决认定事实错误，或者原判决认定事实不清。证据不足，裁定撤销原判决，发回原审人民法院重审，或者查清事实后改判。（4）原判决违反法定程序，可能影响案件正确判决的，裁定撤销原判决，发回原审人民法院重审。

第二审法院作出的具有给付内容的判决，具有强制执行力。如果有履行义务的当事人拒不履行，对方当事人有权向法院申请强制执行。

对于发回原审法院重审的案件，原审法院仍将按照一审程序进行审理。因此，当事人对重审案件的判决、裁定，仍然可以上诉。（如图 8-1）

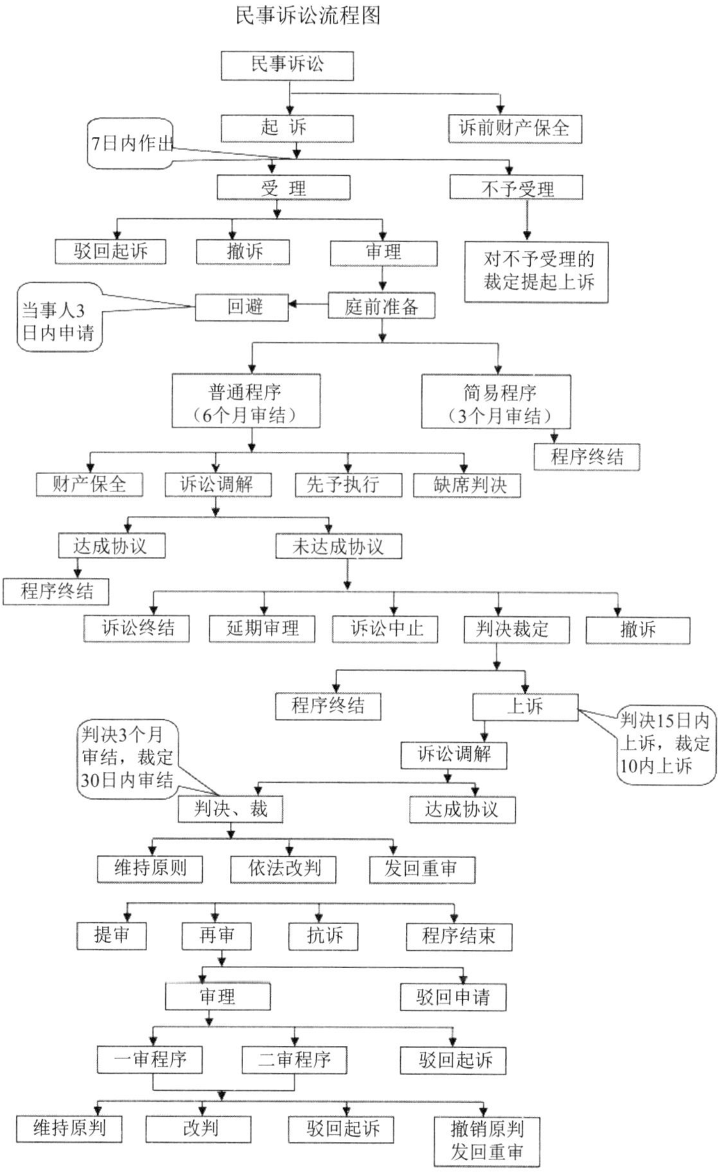

图 8-1 民事诉讼流程图

（三）审判监督程序

审判监督程序即再审程序，是指由有审判监督权的法定机关和人员提起，或由当事人申请，由人民法院对发生法律效力的判决、裁定、调解书再次审理的程序。

1. 人民法院提起再审，必须是已经发生法律效力的判决裁定确有错误。其程序为：各级人民法院院长对本院已经发生法律效力的判决、裁定，发现确有错误，认为需要再审的，应当提交审判委员会讨论决定。最高人民法院对地方各级人民法院已经生效的判决、裁定，上级人民法院对下级人民法院已生效的判决、裁定，发现确有错误的，有权提审或指令下级人民法院再审。按照审判监督程序决定再审的案件，裁定中止原判决的执行。

2. 当事人申请再审，当事人对已经发生法律效力的判决、裁定，认为有错误的，可以向上一级人民法院申请再审，但不停止判决、裁定的执行。

3. 人民检察院的抗诉，抗诉是指人民检察院对人民法院发生法律效力的判决、裁定，发现有提起抗诉的法定情形，提请人民法院对案件重新审理。

最高人民检察院对各级人民法院已经发生法律效力的判决、裁定，上级人民检察院对下级人民法院已经发生法律效力的判决、裁定，发现有符合当事人可以申请再审情形的，应当按照审判监督程序提起抗诉。地方各级人民检察院对同级人民法院已经发生法律效力的判决、裁定，发现有符合当事人可以申请再审情形的，应当提请上级人民检察院向同级人民法院提出抗诉。

案例精选[①]

原告柳青向其所在地的人民法庭起诉其子柳允，要求柳允承担其赡养义务。人民法庭受理案件后，认为此案法律关系简单，事实清楚，遂决定适用简易程序，由陪审员李军独任审理此案。李军审阅一下案卷，分别询问了当事人一些情况，就作出了判决，并在判决书上加盖了该人民法庭的公章。根据以上所述，请回答：

（1）该案在审理过程中有哪些不妥之处，正确的做法应该是什么？

（2）如果人民法庭在审理过程中，发现此案并不是简单的诉讼案件，人民法庭应该怎么办？

【案例解析】

（1）本案中不正确的做法有：①根据《民事诉讼法》关于管辖的规定，一般诉讼案件适用“原告就被告”的原则。故此案应由被告所在地人民法庭审理，而不应由原告所在地人民法庭审理。②简易程序审理的案件，不能由陪审员一人独任审判。根据《民事诉讼法》的规定，适用简易程序审理的案件，应由审判员一人独任审理。③人民法庭径行作出判决是错误的。根据我国《民事诉讼法》的有关规定，应当开庭审理。④人民法庭在判决书中加盖人民法庭的印章的做法是错误的。《民事诉讼法》规

---

① 江伟．民事诉讼法练习题集（第四版）[M]．北京：中国人民大学出版社，2015：175.

定，人民法庭制作的判决书、裁定书、调解书，必须加盖基层人民法院的印章，不得用人民法庭的印章代替基层人民法院的印章。

（2）人民法庭应该改为普通程序，由合议庭审理此案，审理期限从立案的次日起计算。

关键术语

民事诉讼是指人民法院在当事人和其他诉讼参与人的参加下，以审理、判决、执行等方式解决民事纠纷的活动。

第三节　刑事诉讼程序流程

一、刑事诉讼的概念

刑事诉讼是指人民法院、人民检察院和公安机关（含国家安全机关等）在当事人及其他诉讼参与人的参加下，依照法律规定的程序，解决被追诉者刑事责任问题的活动。也就是说，当犯罪事实发生以后，代表国家行使立案、侦查、检察及审判权力的国家机关依照法定的诉讼程序以及刑事实体法律规定追究犯罪嫌疑人是否承担刑事责任以及承担何种刑事责任的问题。刑事诉讼程序流程具体包括立案程序、侦查程序、审查起诉程序、审判程序。

二、刑事诉讼程序的特征

（一）刑事诉讼是公、检、法机关主持进行的活动

人民法院、人民检察院和公安机关是国家专门机关，在刑事诉讼中分别行使一定的专门职权，其中人民法院行使审判权，人民检察院负责批准或者决定逮捕、对直接受理的案件的立案侦查、审查起诉和提起公诉、对刑事诉讼实行法律监督，公安机关负责对刑事案件的立案、预审、侦查、拘留、执行逮捕等。我国刑事诉讼在不同阶段分别由上述专门机关主持进行。

（二）刑事诉讼是实现国家刑罚权、解决被追诉者刑事责任问题的活动

国家刑罚权是国家对实施了犯罪行为的人加以刑事处罚的权力。刑事诉讼的具体内容就是依法查明犯罪事实是否已经发生，谁实施了犯罪及其有关情节，并通过适用刑法予以处罚。

（三）刑事诉讼是依法律规定的程序进行的活动

刑事诉讼的结果直接关系到人的生命、人身自由和财产权利，而且诉讼过程也与被追诉人的人身自由和财产权利密切相关。因此，办案机关追诉犯罪的活动，必须依照法

律规定的程序和规则进行，以防止权力滥用。当事人和其他诉讼参与人也只有严格遵循法定程序进行诉讼活动，才能有效地维护自己的诉讼权利。

（四）刑事诉讼是在当事人及其他诉讼参与人的参加下进行的一种活动

由于刑事诉讼的中心内容是解决被追诉人的刑事责任问题，因此，除少数特别程序外，刑事诉讼都必须有犯罪嫌疑人、被告人参加。为了在诉讼中查明案件事实，维护犯罪嫌疑人、被告人和被害人的合法权益，也需要有辩护人、代理人和证人、鉴定人、翻译人员等参加诉讼。

三、刑事诉讼程序的专门机关

刑事诉讼中的专门机关，是指依照法定职权进行刑事诉讼活动，并在诉讼中承担一定职能的国家机关，具体包括公安机关（含国家安全机关等部门）、人民检察院和人民法院。

（一）公安机关

公安机关是国家的治安保卫机关，性质上属于行政机关。公安机关在刑事诉讼程序中对于一般性刑事案件行使立案、侦查的刑事司法职能。

（二）人民检察院

人民检察院是专门的法律监督机关，同时也是唯一代表国家行使公诉权的司法机关。人民检察院在刑事诉讼程序中，一方面根据侦查机关移送审查的案件向人民法院提起公诉；另一方面对于法律规定的有人民检察院依法行使侦查权的案件行使立案侦查权，主要指的是人民检察院在对诉讼活动实行法律监督中发现的司法工作人员利用职权实施的非法拘禁、刑讯逼供、非法搜查等侵犯公民权利、损害司法公正的犯罪。

（三）人民法院

人民法院是代表国家行使审判权的司法机关。在审判阶段，人民法院始终处于主导地位，负责主持和指挥全部诉讼活动并对案件作出裁决。人民法院根据人民检察院提起的公诉或者自诉人提起的自诉，根据刑事诉讼法和刑事实体法律规定对被告人进行定罪量刑。

四、刑事诉讼程序的具体流程

（一）立案

当社会上出现了涉嫌刑事犯罪的案件后，享有刑事侦查权的国家机关依据有关单位或个人报案、控告、举报以及犯罪嫌疑人自首等原因而介入刑事案件中，在该机关进行初步调查后，如果认为该事件中存在犯罪事实并应该对犯罪人追究刑事责任，则依据《刑事诉讼法》的规定予以立案，从而启动了刑事诉讼程序。刑事诉讼的立案程序是启动整个刑事诉讼的开端。这里的侦查机关，一般指公安机关。刑事案件主要由公安机关立案侦查。

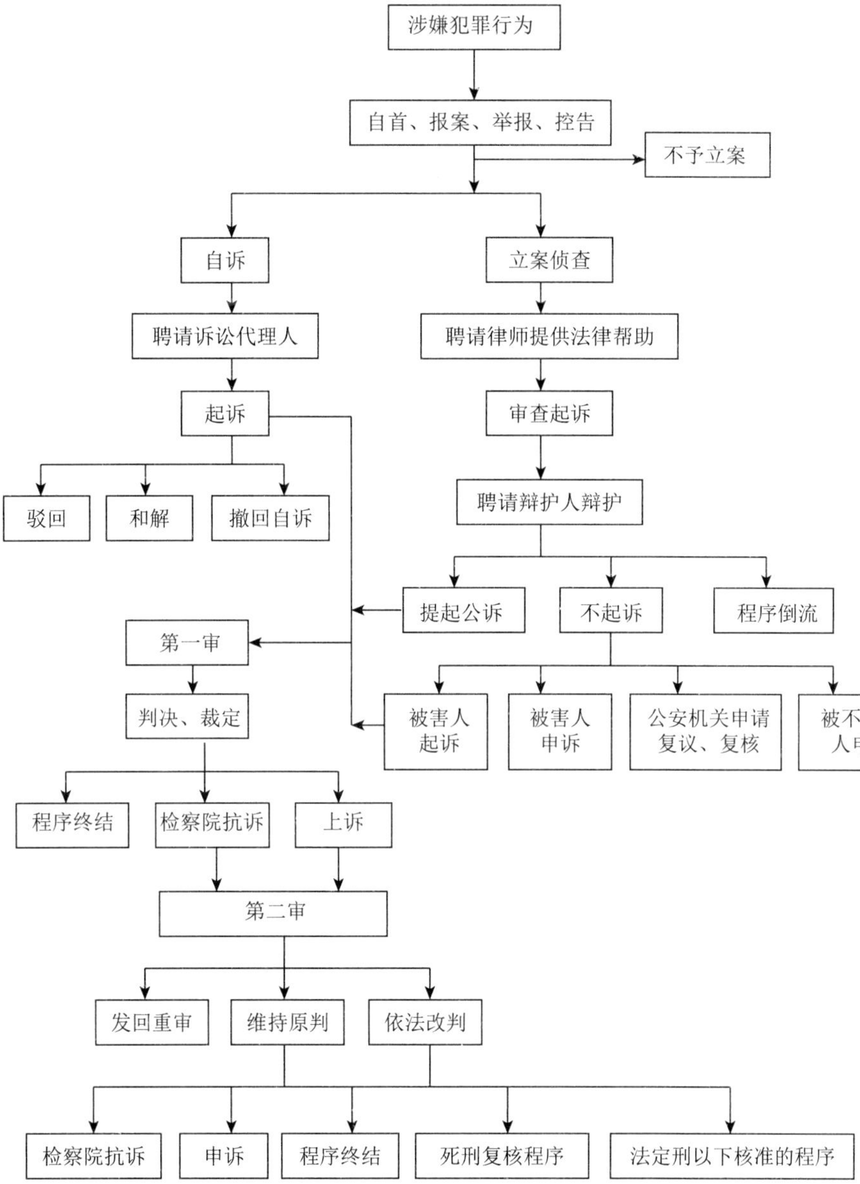

图 8-2　刑事诉讼流程图

另外，检察院负责侦查涉及司法工作人员利用职权实施的非法拘禁、刑讯逼供、非法搜查等侵犯公民权利、损害司法公正的犯罪；军队保卫部门负责侦查涉嫌军职犯罪案件；监狱内的犯罪案件，由监狱负责侦查；国家安全机关负责侦查涉嫌危害国家安全犯罪案件。

根据我国《刑事诉讼法》的规定，有些案件不宜动用国家刑事侦查权而只能由当事人到人民法院提起自诉，以此追究行为人的刑事责任，公安机关和人民检察院均不介入刑事诉讼程序，也就是图 8-2 中所谓的自诉案件，比如告诉才处理的案件，它包括侮辱、诽谤案件（严重危害社会秩序和国家利益的除外）、暴力干涉婚姻自由案件、虐待案件、侵占案件。当然还有部分案件因为社会危害性并非极其严重，被害人（自诉人）可以选择到公安机关进行报案或者到人民法院提起自诉。除此之外，还有部分案件虽然是公诉案件，但是在诉讼程序中公安机关不予立案或撤销案件、检察院作出不起诉处理决定等情形，在符合刑事诉讼法规定的前提下，被害人也可以到公安机关提起自诉。

案例精选

甲和乙素有嫌隙。某日甲乙因争吵而动手，强壮的甲连捶瘦小的乙的鼻子数拳，导致乙鼻梁发生严重骨折和脑震荡。乙的父母知晓后立即报警。公安机关对乙的伤情鉴定后，认为构成轻伤二级，后公安机关对甲采取取保候审措施。

【案例解析】本案中甲的行为涉嫌故意伤害罪，根据《刑事诉讼法》的规定，故意伤害罪属于公诉案件，而且属于一般刑事案件，其立案、侦查权属于公安机关。此外，故意伤害罪如果导致的损害结果是致人轻伤的，受害人还可以选择直接到人民法院提起刑事自诉，则此时公安机关、人民检察院不再参与。因本案乙的父母已经选择到公安机关报案，则整个刑事诉讼流程应按照公诉案件进行。

（二）侦查

侦查机关对刑事案件进行立案以后，便开始进行刑事侦查。刑事侦查的目的有两个：一是找到实施犯罪的犯罪分子；二是收集到能够证明犯罪嫌疑人实施犯罪的确实充分的证据。在整个刑事诉讼流程中，对有证据证明存在犯罪嫌疑的人为了防止其阻碍诉讼的正常进行，如防止犯罪嫌疑人串供、毁灭证据、逃跑、自杀等情形，可以采取强度不同的强制措施，常见的如取保候审、拘留、逮捕等。为了弄清事实真相和收集证据，公安机关有权采取讯问犯罪嫌疑人和询问证人，进行勘验、检查、搜查，扣押物证、书证，组织鉴定、发布通缉令等侦查措施。当然，犯罪嫌疑人在被侦查机关第一次讯问后或者采取强制措施之日起，可以聘请律师作为辩护人为其提供法律咨询、代理申诉、控告。

侦查机关经过一系列侦查活动，对于侦查过程中发现不应对犯罪嫌疑人追究刑事责任的，应当作出撤销案件的决定，并制作《撤销案件决定书》，犯罪嫌疑人已被逮捕的，应当立即释放，并发给释放证明。认为案件事实已经基本查清，证据确实充分，犯罪性质和罪名认定正确，依法应当追究犯罪嫌疑人刑事责任的，会写出《起诉意见书》，连同案卷材料、证据，一并移送同级人民检察院审查决定。认为犯罪情节轻微，依法不需要判处刑罚或者免除处罚的，公安机关在移送审查起诉时，可以注明具备不起诉的条件，由检察院审查决定起诉或者不起诉。

案例精选

甲和乙素有嫌隙。某日甲乙因争吵而动手，强壮的甲连捶瘦小的乙的鼻子数拳，导致乙鼻梁发生严重骨折和脑震荡。乙的父母知晓后立即报警。公安机关对乙的伤情鉴定后，构成轻伤二级，后公安机关对甲采取取保候审措施。

【案例解析】本案中甲的行为涉嫌故意伤害罪，言外之意就是，本案中存在了犯罪事实，犯罪嫌疑人需要被追究刑事责任，根据《刑事诉讼法》的规定，公安机关应当立案侦查。如果公安机关认为甲犯罪情节轻微，依法可能免除刑罚的，可以在移送检察院审查起诉的同时，注明甲具备不起诉的条件，由人民检察院审查是否对甲提起公诉。

（三）审查起诉

刑事案件在侦查机关侦查终结后，会将案件全部卷宗移送到人民检察院。人民检察院接到侦查机关移送的案件以后，案件便进入审查起诉阶段。在这一阶段，检察院会对《起诉意见书》以及全部案卷材料和证据进行全面审查，讯问犯罪嫌疑人，听取被害人的意见，听取犯罪嫌疑人、被害人委托人的意见，调查核实其他证据，认为案件事实不清，证据不足，需要对案件作进一步侦查时，可以决定退回侦查机关补充侦查。

除上述退回补充侦查，由侦查机关作出撤销案件处理的以外，检察院审查后，在案件事实已经查清，证据确实、充分的前提下，会有两种处理方式：一是对于犯罪事实清楚，证据确实充分，依法应当追究犯罪嫌疑人刑事责任，而且立案侦查程序符合法律规定的，向同级人民法院起诉；二是对于依法不应追究刑事责任，或者依法不需要判处刑罚、免除处罚的，或者补充侦查的案件证据仍然不足的，不将案件交付人民法院审判，即不起诉。

案例精选

女大学生甲因涉嫌盗窃舍友乙的财物被公安机关采取了强制措施。公安机关侦查终结后将案件移送到人民检察院。人民检察院审查起诉过程中，认为甲情节显著轻微，依法不需要判处刑罚，继而对甲作出不起诉处理。

【案例解析】本案中甲的行为涉嫌盗窃罪，人民检察院根据《刑事诉讼法》的规定，认为甲情节显著轻微，依法不需要判处刑罚，对甲作出不起诉处理。乙针对检察院作出的不起诉决定，可以就该案件向人民法院直接提起刑事自诉。

（四）审判

法院在收到并审查检察院移送起诉的案件后，除涉及国家秘密或个人隐私的案件外，一般会公开开庭审理。法庭审理后，根据已经查明的事实、证据和有关的法律规定，分别作出以下判决：

1. 案件事实清楚，证据确实、充分，依据法律认定被告人有罪的，作出有罪判决；
2. 依据法律认定被告人无罪的，作出无罪判决；
3. 证据不足，不能认定被告人有罪的，作出证据不足、指控的犯罪不能成立的无罪判决。

判决宣告后，如被告人和检察院不提出上诉或抗诉，则该判决在 10 日后生效并交付执行。被告人如果对判决不服，可以在 10 日内以口头或书状形式提出上诉。检察院不服判决可以提起抗诉。

二审法院接到上诉或抗诉后，可能开庭审理，也可能只是进行书面审理。其如果认为一审法院认定事实和适用法律正确的，维持原判；认为原审法院认定事实正确但适用法律错误的，撤销原判，直接改判；原审法院审判过程中违反程序的，撤销原判，发回重审。二审法院作出的判决是终审判决，一般情况下，刑事诉讼程序到此终结。

（五）执行

执行是指刑事执行机关为了实施已经发生法律效力的判决和裁定所确定的内容而进行的活动，在我国，刑事执行的主体主要是人民法院、公安机关和监狱等国家机关。

第四节　行政诉讼程序流程

一、行政诉讼概述

（一）行政诉讼的概念

行政诉讼是指公民、法人或者其他组织认为行政行为侵犯其合法权益，依法向人民法院提起诉讼，由人民法院进行审理并作出裁判的诉讼制度。行政诉讼以行政争议的存在为前提，在人民法院主持下审查行政行为合法性，解决特定范围内的行政争议，行政诉讼的当事人具有恒定性。行政诉讼的目的是通过解决行政争议，对违法行政行为所造成的消极后果进行补救，以保护行政相对人的合法权益不受侵害。

（二）行政诉讼的基本原则

行政诉讼应遵循的一般原则与民事诉讼原则基本一致，行政诉讼特有的原则包括：

1. 人民法院对行政行为实行合法性审查的原则

人民法院审查的对象和范围是行政行为的合法性，依据是法律、行政法规和地方性法规，人民法院只对行政行为的合法性进行审查，对行政行为的适当性、合理性原则上不予审查。

2. 司法有限变更原则

人民法院在审理行政案件的过程中，对行政机关的行政决定应予尊重，原则上不予改变；只有在一定条件下，才享有部分或全部改变行政机关的行政决定的权力。

3. 司法最终裁决的原则

对同一行政争议案件的行政机关的行政裁决必须服从人民法院的裁判，司法裁决具有最终的效力。依照法律、法规的规定，必须先经过行政复议阶段，对复议裁决不服，再向人民法院起诉的行政案件，人民法院有权管辖并依法作出裁判。法律、法规规定当事人可以选择行政复议和行政诉讼的，当事人在向上一级行政机关申请复议的同时，又向人民法院起诉的行政案件，应由人民法院管辖并由人民法院作出最终裁判。对于经过行政机关复议并作出裁决的案件，当事人不服该裁决，在法定期限内向有管辖权的人民法院起诉的，人民法院依法作出的裁判为最终裁判，行政裁决必须服从司法裁判。①

行政诉讼的基本制度与民事诉讼基本制度大体一致。

（三）行政诉讼的受案范围

根据我国《行政诉讼法》规定："公民、法人或者其他组织认为行政机关和行政机关工作人员的行政行为侵犯其合法权益，有权依照本法向人民法院提起诉讼。"

这其中包括：对行政处罚、行政强制措施和行政强制执行、行政许可、行政机关确认自然资源所有权和使用权、征收、征用以及补偿决定、不履行法定职责不服的；以及认为侵犯经营自主权或者农村土地承包经营权、农村土地经营权、侵犯公平竞争权、违法要求履行义务、行政机关没有依法支付抚恤金、最低生活保障待遇或社会保险待遇，行政机关不依法履行、未按照约定履行或者违法履行变更、解除政府特许经营协议、土地房屋征收补偿协议等协议的，以及其他认为行政机关侵犯人身权和财产权等其他合法权益的。

以下行为不属于行政诉讼的受案范围：国防、外交等国家行为，抽象行政行为，奖惩、任免等内部行政行为，行政最终裁决行为，刑事司法行为，行政调解和行政仲裁行为，行政指导行为，驳回当事人对行政行为提起申诉的重复处理行为，不产生外部法律效力的行为，为作出行政行为而实施的准备、论证、研究、层报、咨询等过程性行为，执行人民法院生效判决、协助执行通知书的行为，上级行政机关基于内部行政层级关系对下级行政机关作出的听取报告、执法检查、督促履行等行为，针对信访事项作出的登记、受理、交办、转送、复查、复核意见等行为，对行政相对人权利义务不产生实际影响的行为。

案例精选

田永是某大学应用科学学院物理化学系94级学生。1996年2月29日，田永在参加电磁学课程补考时，中途去厕所，掉出随身携带写有电磁学公式的纸条，被监考老师发现，停止了田永的考试。学校根据该校文件《关于严格考试管理的紧急通知》的规定，决定对田永按退学处理，并填发了学籍变动通知。但是，学校没有直接向田永宣布处分决定和送达变更学籍通知，也未给田永办理退学手续。田永继续在该校以在校大学生的身份参加学校组织的活动，并完成了学校制订的教学计划、学习成绩和毕业论文已经达到高等学校毕业生水平。1998年6月临近毕业时，学校有关部门以田永不具有学籍为由，拒绝为其颁发毕业证、学位证。田永认为该行为违法，侵犯了其基本权利，向法院提起诉讼。②

①《行政法与行政诉讼法学》编写组．行政法与行政诉讼法学［M］．北京：高等教育出版社，2018：327.

② 十大行政诉讼案例判析：田永诉北京科技大学案［J/OL］．（2019-7-31）［2022-7-18］．http://fzzfyjy.cupl.edu.cn/info/1075/10922.htm.

【案例解析】目前，我国某些事业单位和社会团体虽然不具有行政机关的权力，但是法律赋予它们行使一定的行政管理职权，它们是依法授权的行政主体。这些单位、团体与管理相对人之间不存在平等的民事关系，而是特殊的行政管理关系。它们之间因管理行为而发生的争议不是民事诉讼，而是行政诉讼。高等学校作为公共教育机构，虽然不是法律意义上的行政机关，但是其对受教育者颁发学业证书与学位证书等的权力是国家法律授予的，其在教育活动中的管理行为是单方面作出的，无须教育者的同意。《教育法》第 28 条授予学校和其他教育机构 9 项权利，在这里的权利有些具有权力（行政权）的性质，例如，招生权、学籍管理和处分权（主要指其中的开除学籍权）、授予学业证书（包括毕业证和学位证）权等即具有行政权力的性质。根据《行政诉讼法》第 25 条第（4）项的规定，由法律、法规授权的组织作出的具体行政行为，该组织是被告。

二、行政诉讼程序流程

行政诉讼审理程序是人民法院审理案件适用的程序，可以分为一审程序、二审程序和审判监督程序。（如图 8–3）

（一）一审程序

行政诉讼的原告和被告是恒定的，不允许反诉。原告是指认为自己的合法权益受到行政主体的行政行为侵犯或者实质影响而向人民法院提起诉讼的人，包括公民、法人或者其他组织。

行政诉讼的被告是指原告指控其行政行为违法，侵犯原告合法权益，并经人民法院通知应诉的具有国家行政职权的机关和组织。

一审程序包括普通程序和简易程序。普通程序是《行政诉讼法》规定的行政诉讼当事人进行第一审行政诉讼和人民法院审理第一审行政案件所通常适用的诉讼程序。

简易程序适用被诉行政行为是依法当场作出的；案件涉及款额 2000 元以下的；属于政府信息公开案件的；以及除前款规定以外的当事人各方同意适用简易程序的第一审行政案件。

适用简易程序的案件，由审判员一人独任审判，应当在立案之日起 45 日内审结。简易程序的庭审阶段简化，庭审可以省略普通程序审理的某些诉讼环节，以迅速、准确审结案件，简易程序也可以根据情况变更为普通程序。

（二）二审程序

行政诉讼的第二审程序，又称上诉审程序或终审程序，是指上级人民法院对下级人民法院所作的第一审案件的裁判，在其发生法律效力之前，基于当事人的上诉，依据事实和法律，对案件进行审理和裁判的活动。

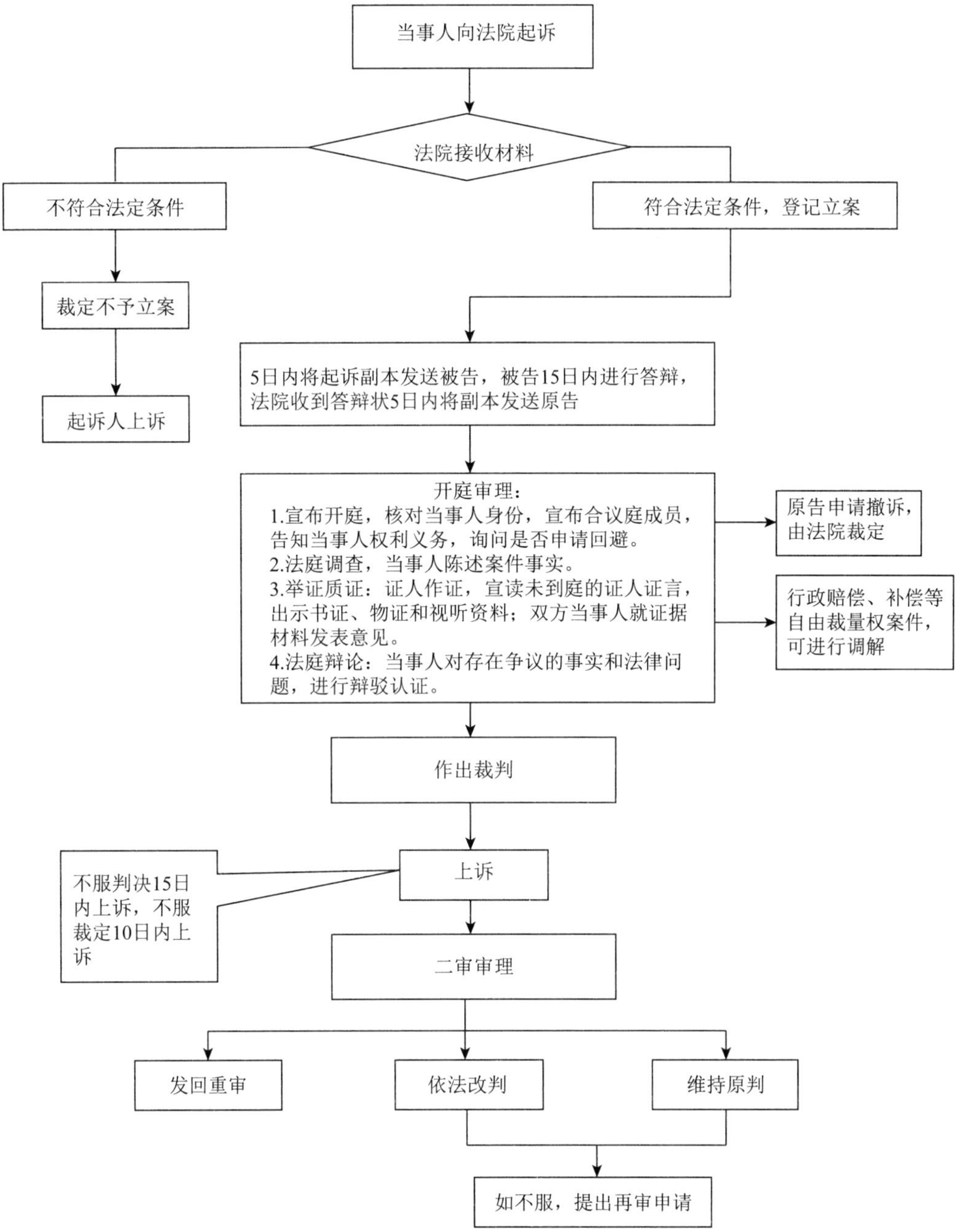

图 8–3　行政诉讼流程图

二审判决会有以下几种情况：

1. 原判决、裁定认定事实清楚，适用法律、法规正确的，判决或者裁定驳回上诉，维持原判决、裁定。

2. 原判决、裁定认定事实错误或者适用法律、法规错误的，依法改判、撤销或者变更。

3. 原判决认定基本事实不清、证据不足的，发回原审人民法院重审，或者查清事实后改判。

4. 原判决遗漏当事人或者违法缺席判决等严重违反法定程序的，裁定撤销原判决，发回原审人民法院重审。原审人民法院对发回重审的案件作出判决后，当事人提起上诉的，第二审人民法院不得再次发回重审。

（三）审判监督程序

审判监督程序，又称为再审程序，是指人民法院或人民检察院对已经发生法律效力的判决、裁定，发现确有错误，或者违反法律、法规规定的，依法进行再次审理的程序。

提起再审的权利主体必须是依法享有审判监督权和法律监督权的国家机关及其工作人员。提起再审的必须是已经发生法律效力的判决或裁定违反法律、法规的规定。

（四）行政诉讼的举证责任

行政诉讼中被告承担主要的举证责任。被告承担举证责任的范围：（1）被告对行政行为承担举证责任；（2）被告对行政行为的合法性承担举证责任；（3）被告需对行政行为合法性的证据和依据承担举证责任。

原告对特定事项负有举证责任：（1）证明起诉符合法定条件；（2）在起诉被告不作为的案件中，行政相对人提供证据证明其在行政程序中曾经提出过申请的事实；（3）在一并提起行政赔偿诉讼中，证明因受被诉行为侵害而造成损失及损失数额大小的事实。

被告应当在收到起诉状副本之日起 15 日内向人民法院提交作出行政行为的证据和所依据的规范性文件。在诉讼过程中，被告及其诉讼代理人不得自行向原告和证人收集证据。《最高人民法院关于行政诉讼证据若干问题的规定若干解释》第 26 条规定被告在提出答辩状时一并提交作出具体行政行为的证据和依据，实际上是要求被告在庭审前进行“证据开示”。确立证据开示制度的意义在于保证诉讼的公正与效率。

关键术语

行政诉讼是指公民、法人或者其他组织认为行政行为侵犯其合法权益，依法向人民法院提起诉讼，由人民法院进行审理并作出裁判的诉讼制度。

✧ 思考与研讨题

1. 什么是法律纠纷的解决机制？
2. 大学生应当如何维护自身的合法权益？
3. 如何做好诉讼前的准备？
4. 行政诉讼与民事诉讼有什么不同？诉讼时应注意什么？

参考文献

［1］宋随军，胡馨予．论中国特色法治建设方针的发展［J］．中州学刊，2021（5）．

［2］王硕，马青连．论习近平新时代中国特色社会主义法治思想的当代价值［J］．青年时代 2021（2020-3）．

［3］赵立霞，王孝坤．中国特色社会主义法治建设的深化分析［J］．江汉论坛 2021.

［4］王晨．以习近平法治思想为指导 坚定不移走中国特色社会主义法治道路［J］．求是，2021（22）．

［5］喻中．中国特色社会主义法治政府理论的体系化构建［J］．中国司法，2021（10）．

［6］刘启源．新时代中国特色社会主义法治文化建设的探索及思考［J］．中国科技投资，2021（6）．

［7］何林彬．新时代中国特色社会主义法治文化建设的基本路径［J］．山海经：教育前沿，2021（9）．

［8］张谆谆．论人民调解制度的衰微及未来趋向［D］．湖南大学，2008.

［9］刘源．论我国劳动争议仲裁法律机制的完善［J］．中共贵州省委党校学报，2010（1）．

［10］顾培东．社会冲突与诉讼机制［M］．北京：法律出版社，2004.

［11］朱应平．宪法学基础［M］．北京：北京大学出版社，2016.

［12］周叶中．宪法［M］．北京：高等教育出版社，2010.

［13］王利明等编著．民法学［M］．北京：高等教育出版社，2019.

［14］王利明．民法（第七版）［M］．北京：中国人民大学出版社，2018.

［15］王利明等编著．民法学［M］．北京：高等教育出版社，2019.

［16］陈慧芳编著．身边的民法［M］．上海：上海大学出版社，2017.

［17］王轶．民法练习题集［M］．北京：中国人民大学出版社，2018.

［18］王利明．民法总则［M］．北京：中国人民大学出版社，2017.

［19］房绍坤．合同法练习题集（第四版）［M］．北京：中国人民大学出版社，2019.

［20］吴鹏．姓名权的“映射”侵权研究［D］．北京：中国政法大学出版社，2011.

［21］丁某诉北京古城堡图书有限公司、赵某某案［EB/OL］．（2019-08-01）［2021-12-08］．https：//www.bjinternetcourt.gov.cn/.

［22］王利明，杨立新．侵权行为法［M］．北京：法律出版社，2000.

［23］杨大文，龙翼飞，夏吟兰．婚姻家庭法学［M］．北京：中国人民大学出版社．

2007.

[24] 吴霞 . 关于婚姻法与妇女权益保护的思考 [J] . 法制与社会，2018.

[25] 杜建 . 社会工作师辅助审理解决离婚纠纷 [J] . 法庭内外，2017.

[26] 贾宇 . 刑法学（上册·总论）[M] . 北京：高等教育出版社，2019.

[27] 贾宇 . 刑法学（上册·总论）[M] . 北京：高等教育出版社，2019.

[28] 陈兴良:《刑法适用总论》(上卷)，2 版，[M] . 北京：中国人民大学出版社，2006.

[29] 最高人民法院刑事审判第一庭、第二庭 . 刑事审判参考第 11 辑 [M] . 北京：法律出版社，2001.

[30] 国家法官学院、中国人民大学法学院 . 中国审判案例要览（2001 年刑事审判案例卷）[M] . 北京：中国人民大学出版社，2003.

[31] 黄明儒 . 刑法总则思与辨 [M] . 湖南：湘潭大学出版社，2018.

[32] 高铭暄，马克昌 . 刑法学 [M] . 北京：北京大学出版社、高等教育出版社，2016.

[33] 刘春田 . 知识产权法（第五版）[M] . 北京：高等教育出版社，2015.

[34] 李昌麒 . 经济法学 [M] . 北京：法律出版社，2016.

[35] 廖向阳，王琪 . 论金融消费者的界定及司法救济的功能定位 [J] . 人民司法，2014.

[36] 徐媛媛 . 案例指导制度中的理性建构偏好——基于审判指导性案例的展开 [J] . 国家检察官学院学报，2019（5）.

[37] 马克思恩格斯文集：第 5 卷 [M] . 北京：人民出版社，2009.

[38] 崔建远 . 合同法（第三版）[M] . 北京：法律出版社，2003.

[39] 姜颖 . 劳动合同法 [M] . 北京：法律出版社，2006.

[40] 喻术红 . 劳动合同法专论 [M] . 武汉：武汉大学出版社，2009.

[41] 王全兴：劳动法 [M] . 北京：法律出版社，1997.

[42] 中国社会科学院语言所词典编辑室编 . 现代汉语词典 [M] . 北京：商务印书馆，1996.

[43]《行政法与行政诉讼法学》编写组 . 行政法与行政诉讼法学 [M] . 北京：高等教育出版社，2018.

[44] 张树义 . 行政法与行政诉讼法学 [M] . 北京：高等教育出版社，2007.

[45] 王理主编 . 治安管理处罚法实训教程 [M] . 北京：中国人民公安大学出版社，2016.

[46] 由力 . 治安管理处罚法百问 [M] . 吉林：吉林人民出版社，2010.

[47] 李春华，熊一新主编 . 治安案件查处教程 [M] . 北京：中国人民公安大学出版社，2015.

[48] 应松年 . 行政法与行政诉讼法 [M] . 北京：法律出版社 .2011.

[49] 赵秉志，等 . 中国刑法典型案例研究 [M] . 北京：北京大学出版社，2008.

[50] 杨柳 . 卖淫嫖娼现象在消费社会的新呈现及其治理 . 华东理工大学学报 [J] .2013.

[51] 李春华 . 治安管理处罚法 [M] . 北京：中国人民公安大学出版社，2009.

[52] 章昌志 . 治安行政法学 [M] . 武汉：武汉法学出版社，2018.

[53] 宋朝武，等 . 民事诉讼法学（第二版）[M] . 北京：高等教育出版社，2018.

[54] 叶青 . 民事诉讼法：案例与图表 [M] . 北京：高等教育出版社，2018.

[55] 江伟 . 民事诉讼法练习题集（第四版）[M] . 北京：中国人民大学出版社，2015.